Dictionnaire philosophique d'un monde sans Dieu

Du même auteur

Allegro Barbaro, Éditions de l'Observatoire, 2020.

Tu finiras clochard comme ton Zola, Éditions de l'Observatoire, 2019.

Cachez cette identité que je ne saurais voir, Grasset, 2017.

C'était Charlie, Grasset, 2015.

Malaise dans l'inculture, Grasset, 2015.

Si ça continue, ça va pas durer. Chroniques, Les Échappés, 2009.

Reviens Voltaire, ils sont devenus fous, Grasset, 2008.

Traité de savoir-survivre par temps obscurs, Grasset, 2007 ; LGF, 2008.

Le Référendum des lâches. Les arguments tabous du oui et du non à l'Europe, Le Cherche Midi, 2005.

Les Années Charlie, avec François Cavanna, Hoëbeke, 2004.

Bons baisers de Ben Laden, Le Cherche Midi, 2004.

Bonjour l'ambiance, Le Cherche Midi, 2001.

No problem, Le Cherche Midi, 2000.

Fin de siècle en solde, Le Cherche Midi, 1999.

Allez-y, vous n'en reviendrez pas, Le Cherche Midi, 1994 ; J'ai lu, 1997.

Philippe Val

Dictionnaire philosophique d'un monde sans Dieu

Éditions de L'Observatoire

ISBN : 979-10-329-1907-1
Dépôt légal : 2022, février
2e tirage : 2022, mars

170 *bis*, boulevard du Montparnasse, 75014 Paris

Avertissement au lecteur

Lorsque j'étais enfant, j'aimais les encyclopédies et les dictionnaires. Comme beaucoup de ma génération, j'y recherchais les mots interdits qui étaient des brèches dans le mur sévèrement maçonné par les adultes. Quand on tombait sur la définition d'« urètre » ou de « clitoris », ça nous faisait un an ou deux. Aujourd'hui, les ados vont sur YouPorn.

Passé l'âge des curiosités anatomiques, ma passion pour l'univers rangé par ordre alphabétique n'a pas faibli. Les dictionnaires entretiennent la passion enfantine de la curiosité. Certains se consultent, d'autres se lisent comme un roman, d'autres enfin peuvent se consulter et se lire comme une histoire, en dépit de l'arbitraire alphabétique.

C'est à cette troisième catégorie qu'appartenait le Dictionnaire philosophique portatif *de Voltaire. À son époque,*

Diderot consacrait sa vie à la fameuse Encyclopédie, *symbole du Siècle des lumières et de l'émancipation de tous par le savoir. Voltaire y contribuait. Malgré l'admiration qu'il portait à Diderot, il n'a pu s'empêcher de fabriquer dans son coin un dictionnaire qu'il a voulu simple, léger, « portatif », un peu pour se moquer des trois mètres linéaires qu'occupait l'*Encyclopédie, *mais surtout pour y concentrer sa critique de toutes les religions.*

Sa fureur antireligieuse, décuplée par le supplice du chevalier de la Barre et l'affaire Calas, parsème son dictionnaire d'étincelles qui ont mis le feu à toutes les soutanes d'Europe. Sitôt l'ouvrage publié, les réactions ont été si vives, c'est-à-dire si menaçantes, que le rusé Voltaire nia farouchement en être l'auteur.

Et pourtant, soit par précaution, soit par conviction métaphysique, il n'excluait pas un dieu horloger pour expliquer l'existence de l'univers. Contrairement à Épicure, à Lucrèce, à quelques penseurs et artistes de la Renaissance et de la première partie du XVIIe siècle, il ne concevait pas le monde sans un principe créateur. L'historien anglais Jonathan Israel, auteur des Lumières radicales *(2005), raconte cet étonnant recul de la plupart des philosophes du XVIIIe siècle, qui combattaient les cultes en épargnant leur objet.*

J'ai lu ce Dictionnaire philosophique portatif *il y a quelques dizaines d'années. Deux siècles et demi s'étaient écoulés depuis sa publication. Entre-temps, il y avait eu la Révolution française. Darwin, Nietzsche et Freud étaient passés par là.*

L'Europe avait connu deux guerres mondiales. Hitler avait mis en œuvre l'extermination des Juifs d'Europe. La jungle d'Internet commençait à gagner sur la civilisation... Je me suis dit qu'il serait peut-être utile et divertissant d'en écrire une nouvelle version, en y ajoutant des entrées inimaginables au temps de Voltaire.

Pour paraphraser Brassens, révérence gardée envers le bon maître, si la prose de Voltaire vaut mieux que la mienne, les entrées de mon dictionnaire ne débouchent pas tout à fait sur le même monde. Dans mes pages, point de Dieu. Pascal, autre maître en la matière, effrayé par l'idée de l'absence d'un Dieu compatissant, préféra faire le pari de son existence. À l'intérieur de mon livre, le vertige d'un ciel vide est le même que chez Pascal, mais je n'ai pas trouvé d'argument qui me convainque vraiment qu'un monde créé par un esprit surnaturel soit plus amusant, plus gai, plus consolant, en un mot, plus vivable que l'autre.

Si Voltaire m'a donné la forme de l'ouvrage, son contenu doit bien davantage à d'autres artistes et philosophes. Entre l'Antiquité grecque et l'Europe moderne, ils ont été finalement assez peu nombreux à décrire une réalité qui doit son existence au hasard. La morale qui en découle n'est pas la même lorsqu'une divinité organise le Grand Tout, laissant espérer qu'après la mort il se passera quelque chose qui donne un sens au tragique de la vie... Sans la promesse d'un au-delà qui nous remboursera de nos souffrances et récompensera notre abnégation, qu'est-ce qui peut bien justifier la souffrance et l'abnégation ?

Croire est beaucoup plus facile que ne pas croire. Il est naturel de croire que ce qui existe trouve son origine primordiale dans un esprit créateur. Beaucoup de ceux qui se pensent athées sont des croyants qui s'ignorent. Ils adhèrent souvent à des aberrations, et s'ils ne croient pas en Dieu, c'est plutôt par négligence ou par flemme, parce qu'ils pensent à autre chose, aux impôts, à la carrière, à leurs amis sur Facebook, à la Coupe du monde, aux prochaines vacances, à Gaïa... L'athée véritable a fait un long travail philosophique, au contraire de l'incroyant paresseux qui n'a pas encore eu l'occasion de penser à la mort.

Penser qu'il n'y a que la réalité et rien d'autre que la réalité, et que rien ne se cache derrière ni devant, incite, pousse, incline, oblige à cultiver l'étonnement, l'émerveillement, la joie de vivre dans cette tragi-comédie qu'on appelle la condition humaine. La vraie mécréance condamne à une quête de la vie bonne, réussie, pleine, intense, sans jamais laisser passer l'occasion d'une joie, d'une admiration, d'un amour inattendu, d'une rédemption, et d'un instant de grâce.

Toute la gamme des affects s'en trouve changée. La tristesse peut être élégante, la mélancolie délicieuse, l'humour – surtout l'humour – devient le témoignage d'une belle humeur, peut-être cruelle, mais étrangère au ressentiment.

Cette philosophie, pas plus qu'une autre, ne garantit contre l'abattement, le découragement et l'angoisse, mais, contrairement aux diverses métaphysiques, elle ne cesse de chercher des arguments pour contester la pertinence de la tristesse. Elle ne cesse de murmurer que, puisqu'il est stupéfiant d'être en vie, d'écouter de la musique, de lire des livres, d'être transporté par l'amour pour des êtres vivants, pour des œuvres de l'esprit, pour certains lieux à certains moments, pour un geste gracieux, pour un acte de courage ou de délicatesse, rien ne justifie que la vie soit autre chose que le désir d'accueillir ces instants d'amour et de plaisir.

Dans un néant sans limites et dans un temps infini, tu ne sauras jamais pourquoi, lecteur, tu es en train d'exister, ni pourquoi, à cet instant précis, tu tiens ce livre entre tes mains en cet endroit de l'univers. Il y a de quoi cultiver la curiosité jusqu'à la rendre insatiable, ce que je souhaite à tous. Je crois en effet que puiser sans cesse dans la rivière inépuisable du savoir, ne jamais cesser de cheminer pour faire reculer l'horizon de l'ignorance, c'est cela réussir sa vie. La philosophie d'un monde sans Dieu incite à rebâtir entièrement sa propre vie, puisque personne d'autre ne s'en charge.

Les philosophes et les artistes qui m'ont accompagné dans mon travail ont un point commun, de l'ordre de l'évidence chez les penseurs politiques comme Hobbes, Machiavel, Montaigne ou Spinoza : ils organisent la réalité pour établir la paix et éviter la guerre. Si peu nombreux fussent-ils, c'est à eux que l'on doit nos libertés, notre émancipation et nos droits fondamentaux.

Il ne s'agit pas de morale, mais de pratique. Sans la paix à laquelle nous invite cet univers sans transcendance, sans cette humanité dont la culture desserre l'étau des fatalités naturelles et des aberrations religieuses ou idéologiques qui prétendent leur donner un sens, il n'y a pas de liberté. La liberté, ce n'est que le nom du temps où l'on ne souffre pas, où l'on s'amuse, où l'on est gai, ému, et surpris de vivre.

Fidèle à mes maîtres, je sais que je ne sais rien, et que la raison n'est qu'un esquif fragile sur la houle de la folie. Mais je sais aussi que, sans la raison, point de voyage ni d'accostage sur l'île de Calypso. Sans la raison, Ulysse n'aurait pas repris la mer, au mépris de l'immortalité que Calypso lui proposait. J'aime cette idée : Ulysse choisit la fatalité de la mort par amour de la réalité d'Ithaque, de Pénélope, et de son chien Argos. Il sait que cette réalité mortelle est infiniment plus fascinante qu'une promesse d'éternité. C'est en se touchant que les fils à haute tension de la philosophie et de la poésie éclairent nos vies d'une précieuse étincelle.

Lecteur, le Dictionnaire philosophique d'un monde sans Dieu *n'a qu'un but bien modeste : te convier à une promenade dans le jardin extraordinaire de cette réalité que déjà le sage Ulysse préférait aux brumes de la magie. Si, au hasard d'une page, tu trouves matière à sourire, à oublier tes préoccupations quotidiennes, à réveiller ta soif de fantaisie et de légèreté, à trouver une idée qui, confrontée à la tienne, te donne envie d'aller à la page suivante, alors j'aurai atteint mon but.*

AH !
ALGORITHME
AMOUR
ART
ARTISTE

A

AH !

Interjection exprimant la stupéfaction. « Ah ! » précède le jugement. Il est l'atome de sincérité autour duquel viendra, plus tard, s'agréger l'adhésion ou la réprobation que l'on partagera avec les autres. Mais « Ah ! » est le cri de l'individu libre, seul, singulier, sans droit, sans morale, sans idéologie, sans croyance, affecté dans son corps par une joie inattendue ou une frayeur indicible qui ne regarde que lui. C'est sa réaction la plus intime, qu'il habillera après coup d'un discours social plus ou moins en adéquation avec ce qu'il a ressenti. « Ah ! » se situe avant le langage. Il traduit la même surprise chez l'homme préhistorique qui se retrouve nez à nez avec un tigre à dents de sabre que chez Gustave Courbet nez à nez avec *L'Origine du monde*. « Ah ! » signifie la satisfaction subite d'un désir intense aussi bien que l'horreur, l'amour spontané comme l'épouvante, l'attirance irrésistible ou la répulsion impuissante. On cherche une chose, on s'attend à une chose, et c'est une autre chose qui surgit, ou bien c'est la chose que l'on désirait, mais qui ne produit pas l'effet qu'on en attendait. Alors « Ah ! » traduit l'émerveillement ou la déception, c'est selon.

Un jour, une troupe de théâtre offrit un cadeau d'anniversaire à son directeur. C'était un petit paquet rectangulaire qui laissait présager un stylo. Le directeur a tourné lentement la boîte dans ses mains avant de l'ouvrir, les yeux brillants, les gestes pleins de précautions. Toute la troupe le regardait en silence, guettant l'émotion de son directeur, qui, lentement, dénouait le petit ruban doré. En découvrant sur le coffret laqué de noir la marque – réputée pour fabriquer les stylos les plus prestigieux –, le directeur a crié : « Ah ! » Quelques larmes ont coulé furtivement sur les joues des comédiens les plus sensibles car tous étaient conscients d'avoir réalisé le rêve de leur directeur. Avant de l'ouvrir, il a serré la boîte contre son cœur, et il a regardé amoureusement chacun de ses acteurs, dans une muette action de grâce. Puis le directeur a ouvert la boîte et il a encore crié « Ah ! ». Le visage soudain décomposé, il a violemment jeté le stylo dans le saladier de mousse au chocolat, à la consternation de l'assistance. Il a fallu quatre ou cinq secondes pour que le langage développe le « ah ! » : « J'étais sûr que c'était le modèle à plume, et vous m'avez acheté le modèle à bille. J'ai toujours voulu ce stylo à plume... J'en ai rien à foutre du stylo à bille ! Vous êtes des salauds, comme mes parents, qui m'avaient promis des soldats de plomb à Noël, et quand j'ai ouvert la boîte c'était des soldats de bois. Je leur ai jamais pardonné ! » Et là-dessus, il s'est levé en faisant tomber sa chaise et il est parti.

Le « ah ! » de l'émerveillement et le « ah ! » de la déception sont de même nature. C'est le son que produit en nous la rencontre avec la réalité. « Ah ! » traduit la conscience fulgurante et fugitive d'une réalité dénuée de tout mystère parce qu'elle existe immédiatement et parce que son imprévisibilité tient au nombre inépuisable de ses causes.

« Ah ! », c'est le moment où nous saisissons que la réalité existe par hasard, pour notre plus grande jubilation ou notre plus grande souffrance. Ensuite, nous mettons des mots, nous expliquons, nous en cherchons les causes, nous en jugeons les conséquences, nous transformons la réalité en lui donnant un sens esthétique ou moral et, ce faisant, nous nous éloignons d'elle. On tente de l'arracher au hasard, pour se rassurer, pour oublier aussi peut-être que nous en faisons partie et que nous aussi sommes imprévisibles. Notre vie n'a de sens que celui qu'on lui donne. Et le seul qui vaille, c'est la jubilation de la connaissance. Il n'y a pas de connaissance tragique, scientifique, esthétique et surtout philosophique qui ne soit précédée de ce « ah ! » de l'étonnement, sésame de toutes les curiosités et de toutes les découvertes humaines. C'est la matrice de toutes les langues. Une fois le « ah ! » prononcé, il va falloir qu'on parle.

Ce dictionnaire philosophique commence par le « ah ! » parce que chacun de ses articles est né de lui. J'ai voulu, dans chacune des définitions, non pas oublier l'étonnement primitif comme il est d'usage, mais, au contraire, lui être fidèle. « Ah ! » est le *la* de ce dictionnaire, et j'ai tenu, du premier au dernier mot, à respecter le *tempérament* qu'il commande (au sens du *Clavier bien tempéré*).

« Avec le temps, chantait Léo Ferré, on n'aime plus... » Il voulait dire qu'avec le temps on ne disait plus « Ah ! ». Pour magnifique que soit la chanson, je pense qu'elle prend le problème à l'envers. « Ah ! » se cultive avec le temps. C'est lorsque l'on néglige la curiosité qui s'ensuit que tarit la joie de vivre. Et c'est alors que le temps n'est plus que le messager de la mort. On peut discuter de tout, mais pas du moment précis de l'effroi ou de l'émerveillement. Les mots changent de sens selon le moment où on les prononce, et selon qui les prononce. Nous comprenons ce qu'ils veulent dire, mais avec une marge d'erreur ou avec la conscience que les autres ne les entendent peut-être pas tout à fait de la même façon. Au contraire du « ah » universel devant la beauté ou l'horreur. C'est la raison pour laquelle je tiens à la philosophie qu'il implique : elle commence par l'émerveillement et se poursuit par la conscience que la comédie et la tragédie sont deux versions de la même réalité.

Malgré la bastonnade, il est beaucoup plus joyeux de vivre dans *Les Fourberies de Scapin* que dans *Phèdre*. Pourtant les deux ont leur beauté, l'une comique, l'autre tragique. Mais nous avons tout intérêt à percevoir intensément la beauté de l'une et de l'autre parce que, quoi qu'il arrive, au cours de notre existence, nous connaîtrons les deux. Ce que nous apprend la grande connaissance, c'est à percevoir la fantaisie des choses dans la réalité tragique. L'humour n'est pas tant le sens de la satire ou de la blague que la capacité d'exprimer les évidences que dissimulent nos préjugés.

À Ricky Gervais – le philosophe le plus drôle de notre époque –, qui déclarait être parfaitement athée, le journaliste – qui, lui, était croyant – a demandé comment il était possible de ne pas croire en Dieu. Ricky Gervais a répondu : « C'est très simple, à travers le monde on croit environ à 3 000 dieux différents. Vous ne croyez pas en 2 999 d'entre eux. Eh bien moi, c'est pareil, plus un. »

Devant l'évidence, le journaliste s'est retenu de faire « Ah ! », mais il a éclaté de rire, ce qui revient au même. Une autre fois, un journaliste lui demande si ce n'est pas un peu vaniteux de ne jamais prier. Ricky Gervais a répondu : « Qui est le plus vaniteux, moi qui ne prie jamais ou vous qui priez, pour retrouver vos clefs, un dieu qui n'a pas levé le petit doigt quand on a assassiné six millions de Juifs ? »

Le rire qui s'ensuit est l'exemple même du rire tragique et de l'humour véritable, à des années-lumière du ricanement complaisant qui fait semblant d'avoir tout compris. L'humour ne comprend pas, il saisit. Il provoque des cascades de « ah ! » en jonglant avec des évidences. Il leur redonne la vertu comique de leur imprévisibilité.

Rien n'est plus étonnant que l'évidence : ne jamais l'oublier, c'est cultiver la joie de vivre.

Entre les deux guerres, et bien que son génie poétique ne souffre aucun débat, on a reproché à Apollinaire d'avoir écrit ce vers de *L'Adieu du cavalier* : « Ah Dieu ! que la guerre est jolie ». Apollinaire, émigré, s'était engagé pour la France en 1914. Il a connu l'horreur des tranchées et fut gravement blessé. Dans la boue, au milieu des rats, pataugeant dans le sang, il écrivait des poèmes et de stupéfiantes lettres d'amour à sa maîtresse. Quand on lit « Ah Dieu ! que la guerre est jolie / Avec ses chants ses longs loisirs / Cette bague je l'ai polie / Le vent se mêle à vos soupirs » et qu'on pense qu'il est scandaleux d'oser écrire que la guerre est jolie, on invente la *cancel culture*, et, du même coup, on interdit toute possibilité d'éprouver la joie de vivre.

On ne se comprend jamais mieux qu'en partageant le « ah ! » de l'émerveillement et de la stupeur, du rire et de l'effroi. Si quelques instants de cette compréhension mutuelle adviennent à la lecture de mon livre et, mieux encore, se poursuivent après l'avoir refermé, alors j'aurai atteint mon but.

ALGORITHME

Suite d'opérations mathématiques plus ou moins complexe destinée à résoudre un problème ou à fournir une réponse. L'invention d'ordinateurs dotés d'une très grande puissance de calcul a permis aux algorithmes d'intervenir de plus en plus loin dans l'étude et l'influence des comportements humains les plus divers.

Imaginons par exemple un individu abonné à une plateforme audiovisuelle qui choisit de regarder un documentaire sur Ray Charles. Au moment où il s'apprête à tout éteindre, l'algorithme lui propose de regarder un autre documentaire sur Gilbert Montagné, ou sur Stevie Wonder, ou sur un institut d'aveugles, ou sur une fabrique de lunettes noires, ou sur les toiles de Soulages, selon qu'il aura été programmé pour repérer votre intérêt pour la musique, pour les Noirs aveugles musiciens, pour la couleur noire, pour les aveugles en général, ou pour les musiciens aveugles de n'importe quelle couleur... On perfectionne les opérations de calcul pour se rapprocher le plus possible des goûts profonds du spectateur. Généralement, ça tombe complètement à côté de la plaque. Par exemple, quand je viens de regarder un concert de Ray Charles, je n'ai aucune envie d'enchaîner avec un documentaire sur l'usine Ray-Ban.

Quand on sait que, depuis l'Antiquité, il se trouve une proportion significative d'individus qui consultent leur horoscope avant de prendre une décision, on devine quel succès remporte aujourd'hui ce que nous proposent les algorithmes. Bien qu'impuissant à calculer la configuration de la réalité à venir, bien qu'impuissant à abolir le hasard qui régit la totalité de l'univers, il faut avouer que l'algorithme est sensiblement plus crédible que l'horoscope. Si les étoiles ne peuvent rien savoir de nous, l'algorithme, en revanche, ne cesse d'être enrichi par une multitude d'informations nous concernant. Mais si je commande *À la recherche du temps perdu* sur une plateforme de distribution, l'algorithme va me proposer soit un autre auteur homosexuel, comme Jean Genet, soit l'autre grand nom de la littérature française de cette époque, Louis-Ferdinand Céline, soit l'adresse d'un pâtissier réputé pour ses madeleines. Or, si je voue une passion à l'œuvre de Proust, je suis allergique à Genet, à Céline et aux madeleines, qui m'écœurent également. Ça peut marcher, mais la part de hasard – donc la marge d'erreur – est d'autant plus grande que le consommateur est cultivé et construit intellectuellement.

L'algorithme est un concept mathématique ancien, mais l'avènement du calcul numérique l'a hissé au rang d'une divinité aussi aberrante que toutes celles qui sont censées nous guider sur le chemin de la vie dans notre quête de bonheur. Les divinités, depuis leur invention, sont toutes des algorithmes imaginaires auxquels on prête la puissance de calcul suffisante pour expliquer le passé, gouverner le présent, détenir les clefs de l'avenir et répondre à la question : pourquoi y a-t-il quelque chose plutôt que rien ?

Tout comme derrière les divinités il y a toujours eu des individus qui leur font dire ce qu'ils veulent, derrière les algorithmes il y a toujours des hommes qui décident de leur utilisation, pour le meilleur ou pour le pire. Lorsqu'il s'agit de traiter à grande vitesse des millions d'informations afin de répondre à la question de l'efficacité d'un vaccin, par exemple, c'est pour le meilleur. Lorsqu'ils sont utilisés dans les réseaux sociaux, pour mettre en avant les mensonges ou les propos scandaleux, parce qu'ils éveillent davantage de curiosité que les faits vérifiés, c'est pour le pire.

Cette seconde utilisation de la puissance algorithmique agit, pour l'utilisateur naïf, comme un ascenseur grâce auquel on descend toujours plus bas, mais qui n'a pas de commande pour remonter. Si vous tapez « Proust », si vous vous laissez guider par les propositions de l'algorithme, de choix en choix vous pouvez parfaitement arriver à « *poppers* » et « *backroom* ». Tandis que si vous tapez « *poppers* » et « *backroom* », vous n'avez aucune chance d'aboutir à Proust. Si, pour Gide, « il est bon de suivre sa pente, pourvu que ce soit en montant » (le croyait-il vraiment, c'est une autre question…), pour l'algorithme, c'est l'inverse.

Pourquoi, dira-t-on ? On peut parfaitement utiliser la puissance calculatrice pour définir des choix toujours plus élevés. Les cas existent, d'ailleurs, mais effroyablement minoritaires, et ce, pour une raison statistique. Plus on élève le niveau, moins on a d'amateurs. Comme les choses précieuses sont rares, généralement elles sont proposées contre un abonnement payant, contrairement à l'immense vague de médiocrité numérique qui, elle, est proposée gratuitement. La puissance de calcul des réseaux sociaux conforte l'utilisateur – grâce au nombre de partages –, regroupe par affinités et renforce par la diffusion tout ce que l'esprit humain est capable de penser de plus idiot, de plus barbare, de plus niais, de plus paranoïaque et de plus narcissique. Un raisonnement logique répété douze fois ne pèse rien face à un délire répété des millions de fois. Si vous postez que l'eau bout à plus ou moins cent degrés, selon la pression atmosphérique et divers autres facteurs, vous aurez beaucoup moins de « vues » que si vous prétendez avoir rencontré un chaman qui fait bouillir l'eau rien qu'en imposant les mains sur la casserole. Si bien que l'algorithme, élaboré pour multiplier les clics qui font la fortune de la firme qui l'exploite, choisira de mettre le chaman en avant au détriment du chimiste. L'algorithme est con. Il fait ce qu'on lui dit de faire. C'est un outil au service d'un pouvoir, lequel fait fortune en mettant la technologie la plus savante au service de l'idée la plus vulgaire. Il se justifie en jargonnant une philosophie futuriste, laquelle, au bout du compte, se résume en une demi-douzaine de syllabes : « Plus c'est gros, plus ça passe. »

Nous vivons l'âge de pierre de l'utilisation des données personnelles optimisée par la puissance de calcul des algorithmes. Je n'ai aucun doute, ni sur la barbarie qu'elle engendre ni sur les progrès prodigieux qu'elle peut apporter à l'organisation de la société humaine. Mais quand ? Après quelle catastrophe ? C'est comme si, lorsque l'on avait inventé l'automobile, on ne l'avait utilisée que pour écraser les piétons ; avant de découvrir, après quelques années, qu'en fait elle servait à nous transporter de l'endroit que l'on veut quitter à celui où l'on veut arriver. Ainsi en ira-t-il sans doute, un jour, avec le développement fulgurant de notre puissance de calcul. Mais entre-temps, garderons-nous assez de temps de solitude et de réflexion pour découvrir que son utilité n'est pas tant de programmer les désirs humains que de laisser chaque individu réfléchir sur la façon de bricoler une existence où la comédie l'emportera sur la tragédie ? À savoir choisir entre un pessimisme aigri et un désespoir joyeux ? Entre maudire cette vie qui nous échappe ou rendre grâce parce qu'on est en vie ?

Aucun algorithme ne trouvera la réponse à cette question dont l'incertitude est l'essence de la condition humaine. Seul un corps humain avec ses organes, sa chair, ses os, son système nerveux et son cerveau – le tout agencé différemment selon chaque individu, au hasard implacable d'une génétique qui n'a jamais reproduit deux fois le même organisme –, peut trouver une réponse provisoire à cette question éternelle.

AMOUR

« Une joie qu'accompagne l'idée d'une cause extérieure. » C'est ainsi que Spinoza définit l'amour, au milieu de la troisième partie de l'*Éthique*, c'est-à-dire au cœur même de son livre. Schopenhauer, de son côté, ne voit dans l'amour qu'un piège que l'espèce nous tend pour se perpétuer, ce qui le réduit aux différentes formes d'expression que prend le désir sexuel entre un homme et une femme, puisqu'il s'agit pour l'espèce d'assurer la reproduction. Il ne s'agit que d'un cas particulier de l'amour. La plupart des poètes, des philosophes, des éthologues, des biologistes et des sociologues vont au plus pressé, et traitent chacun à leur façon le cas particulier que définit Schopenhauer. Spinoza, au contraire, conçoit l'amour comme le fil conducteur d'une vie humaine qui chemine vers la sagesse, fil qu'il tire depuis la première définition de l'*Éthique* jusqu'à la conclusion. Dans sa toute dernière démonstration, Spinoza affirme que la béatitude consiste dans l'amour envers Dieu, et que cet amour se rapporte à l'esprit en tant qu'il *agit*. Il faut préciser que, pour Spinoza, il n'existe aucun Dieu doué de pouvoir, de conscience ou de volonté. Il ne reconnaît aucun Dieu d'aucune religion. Il n'emploie ce mot que pour éviter – d'ailleurs en vain – d'être accusé d'athéisme. Il entend par « Dieu » tout ce qui constitue la réalité, la totalité de ce qui existe, la « face totale de l'univers ». En clair, Spinoza pense que l'activité (le contraire de la passivité) de l'esprit consiste à éprouver de la joie à l'idée de l'*existence de la réalité*. L'amour spinoziste, au-delà du sentiment amoureux entre deux êtres, est un principe philosophique majeur dont il est certain qu'il permet de vivre en connaissant la joie malgré notre condition de mortel dans un univers privé de toute signification. C'est ce qu'il expose tout au long des raisonnements un peu ardus de l'*Éthique*, mais c'est aussi ce que développe Montaigne sous une autre forme, plus familière et quotidienne, au fil apparemment un peu erratique des trois livres de ses *Essais*. Apparemment, parce que la pensée de Montaigne est aussi structurée que celle de Spinoza. Un peu comme si, vers la fin du XVIe siècle, Montaigne avait fait un exposé pratique de ce que Spinoza tentera de démontrer deux générations plus tard en utilisant une minutieuse méthode géométrique.

Comment se débrouiller dans un monde sans Dieu pour que les hommes, privés du flic métaphysique, ne cèdent aux passions (c'est-à-dire à la passivité) et ne passent le plus clair de leur temps à s'étriper ? L'amour chez Montaigne comme chez Spinoza est une activité de l'esprit, une attirance activement réfléchie pour la joie. L'amitié de Montaigne pour La Boétie est sans doute à l'origine des *Essais*. De la satisfaction profonde qu'ils ont éprouvée à se connaître et à se fréquenter, et du vide laissé par la mort de La Boétie, Montaigne a hérité une stupéfiante liberté. Il ne pouvait pas perdre davantage. Cette mort n'avait aucun sens. De ce dénuement et de cette absence de sens, qui sont les fondements de notre condition humaine, il a tiré un art de vivre. Non pas naïvement, mais sans préjugé et intensément, il a aimé, analysé, moqué, ridiculisé, admiré, et, au bout du compte, exprimé les effets que toutes les manifestations possibles et imaginables de la réalité faisaient sur lui. Les *Essais* sont une histoire d'amour dans laquelle la réciprocité est bienvenue, mais anecdotique, car elle ne dépend pas de l'auteur, mais du hasard. C'est la grande histoire d'amour moderne, celle de l'individu libre qui aime, parce qu'il sait que, sans cet amour qu'il éprouve, la vie ne vaut rien. Pour Montaigne, comme pour l'individu capable de joie, de fantaisie, de légèreté et de profondeur tragique, l'activité de l'esprit qui se traduit par l'amour de la perception surprenante de la vie et de l'univers est le principe même d'une existence, et peut-être sa seule justification. Ce n'est pas par hasard si Dante a choisi d'appeler « comédie » le long périple à travers l'enfer, le purgatoire et le paradis. Divine peut-être, mais surtout comédie, laquelle se conclut par la constatation de « l'amour qui met en mouvement le Soleil et les autres étoiles ». Dans *Le Songe d'une nuit d'été*, Shakespeare ne dit pas autre chose. L'amour philosophique est un rire divin, une blague aux ressorts tragiques, une farce que racontent Molière et La Fontaine, une fiction dont Darwin révèle les dessous du scénario, un roman pour lequel Cervantès, Nietzsche, Freud et quelques autres donnent quelques clefs afin de pouvoir s'en divertir autant qu'il est possible.

Pascal, contemporain de Spinoza, et qui avait lu Montaigne avec un douloureux mélange d'admiration et de terreur, face au vertige tragi-comique d'une réalité sans autre but que son existence présente, a préféré faire le pari d'un Dieu qui donne un sens à la vertu en la récompensant après la mort. Il a pensé que le commun des mortels n'aurait jamais la force d'aimer la vertu – c'est-à-dire l'amour – pour elle-même, s'il n'y avait pas un espoir de bénéfice éternel.

C'est la puissance d'être qui fait aimer l'amour librement, sans aucune espérance d'un bénéfice futur, mais comme une activité de l'esprit qui est à elle-même sa propre récompense, comme une manière de chorégraphie de la grâce et de la décence, qui persévère dans l'amélioration de ses figures et de ses effets, au mépris de la mort, qui viendra y mettre fin.

Au pasteur qui lui demandait s'il pensait à sa vie dans l'au-delà, Thoreau agonisant répondit : « Une vie après l'autre. » Diderot est mort en se penchant pour se resservir de sorbet, et Renoir après avoir trouvé un nouveau truc pour faire vibrer la lumière sur un champ de fleurs. Heureux hommes, qui ont aimé au point de danser avec légèreté jusqu'au tomber de rideau.

ART

Seule invention humaine qui survit au temps. L'art consiste à saisir l'instant où l'esprit humain est capable d'exprimer un fragment de réalité *sub specie aeternitatis* (« sous l'espèce de l'éternité ») ou, plus simplement, comme un fragment arraché à ce qui est éternel dans la réalité. C'est pourquoi l'œuvre d'art est censée procurer la sensation, rare, souvent brève, mais intense, d'une vie sans limites, ou bien d'une vie où les limites n'ont pas d'importance, ce qui revient au même. L'œuvre d'art n'a d'intérêt qu'en produisant un instant d'égalité sensible entre l'émetteur et le récepteur. Chaque jour, dans le monde d'aujourd'hui, des milliers de spectateurs ou de lecteurs revivent la réalité d'une histoire d'amour entre deux adolescents, dans la Vérone de la Renaissance. Aucun d'entre eux n'entendra plus jamais les noms de Roméo ou de Juliette sans penser à la pièce de Shakespeare. L'art est toujours le commentaire de l'art : Shakespeare a trouvé son sujet dans l'histoire de Pyrame et

Thisbé qu'Ovide raconte quelques années avant la naissance du Christ. L'art se situe toujours dans une tradition dont l'origine se confond sans doute avec la prise de conscience, par l'individu humain, de la finitude de sa vie. Un trait d'humour d'un philosophe d'avant Socrate, une peinture rupestre réalisée il y a trente mille ans sur une des parois de la grotte Chauvet, une histoire de Jin Ping Mei, une ballade que l'on chantait au XVe siècle pour célébrer les dames du temps jadis, un profil de Piero della Francesca, un chant de pèlerin sur la route de Compostelle au XIIIe siècle, un ange de Chagall, *L'Adieu* d'Apollinaire, par exemple, continuent à modifier le monde d'aujourd'hui. Tout ce qui était contemporain de leur création a disparu corps et biens dans le néant du passé. Il ne reste plus rien de ce qui vivait alors du monde, sinon ce qu'en ont exprimé les artistes.

Certes, il y a de multiples témoignages historiques, politiques, archéologiques du passé. Mais ils nécessitent beaucoup de travaux savants et d'hypothèses réfutables avant de nous livrer quelques informations sur leurs époques. Tandis que l'œuvre d'art exprime une âme contemporaine de l'âme qui la découvre, quand bien même des siècles les séparent. L'art est ce que les mortels ont inventé pour jouir de l'éternité pendant leur vie brève.

À la question : « Quel est l'objet de l'art ? », le philosophe Henri Bergson répondait : « Si la réalité venait frapper directement nos sens et notre conscience, si nous pouvions entrer en communication immédiate avec les choses et avec nous-mêmes, je crois bien que l'art serait inutile, ou plutôt que nous serions tous artistes. [...] Nos yeux, aidés de notre mémoire, découperaient dans l'espace et fixeraient dans le temps des tableaux inimitables. » Ce pouvoir, précisément dépouillé de toute la magie, c'est-à-dire de tout jugement, est donné à chacun d'entre nous, mais à des degrés et des fréquences diverses. Il s'éprouve par petites séquences qui arrivent par surprise, et dure ce que durent les clignotements. Peut-être le but de la vie est-il d'être le plus souvent possible ébloui et réchauffé par l'éclair de ces phares que le hasard dispose sur le passage du temps.

L'art ne peut être le support de rien d'autre que lui-même. Il n'est pas au service d'idées, ce sont les idées qui sont à son service, et qu'elles soient bonnes ou mauvaises est infiniment plus important que leur moralité ou leur immoralité. L'humour, sans lequel il n'y a pas de véritable œuvre d'art, entretient une distance joyeuse avec la moralité et l'immoralité, lesquelles comptent parmi les plus sérieux obstacles qui empêchent la réalité dont parle Bergson de venir frapper directement nos sens et notre conscience. Dans la représentation du héros tragique, il y a une exagération des qualités humaines qui contient secrètement une forme de rire. Si l'on pousse un peu le caractère du Cid ou de Phèdre, on tombe dans la franche rigolade. Mais le génie s'arrête au bord du ridicule. Dans la représentation du héros comique, il y a une exagération de la noirceur humaine qui contient secrètement une forme de tragédie. Si l'on pousse un peu le caractère de Tartuffe ou de Géronte, on sombre dans la dépression. Le génie s'arrête au bord du pathos. L'art est une corde tendue entre le comique et le tragique, entre le jubilatoire et le désespoir, sa palette va du rire qui surgit d'une tristesse aux larmes qui perlent d'une joie.

Sartre a théorisé sur l'art engagé – et singulièrement sur la littérature engagée. Difficile de le contredire sur le point de départ. Si je publie une œuvre, je modifie le monde de façon infinitésimale ou grandiose, géniale ou médiocre, mais j'ajoute la réalité de ma création à la réalité du monde. Il en déduit que l'écrivain a une responsabilité morale, ce qui s'entend parfaitement, mais implique qu'il doit porter un jugement moral sur l'œuvre qu'il projette, avant de prendre la responsabilité de l'accomplir. C'est là que commencent les problèmes, car ce qui fait qu'un objet est un objet d'art, c'est d'abord la liberté dont il témoigne.

Au moment où il crée, précisément, le créateur est sourd à toute morale, sauf à devoir se couper les ailes. Il sera inconsciemment guidé par son éthique la plus profonde, car la liberté de l'artiste dépend de la confiance qu'il fait à sa propre éthique en bouchant ses oreilles aux commérages de la morale. Évidemment, il y a un risque, comme dans tout exercice de la liberté. Le hasard est une pièce maîtresse dans le jeu de l'art. Enlevez ce risque que prend Victor Hugo quand il écrit *Les Misérables*, il reste un tract du parti social-démocrate. Il y a dans *Les Misérables* – extraordinaire œuvre d'art baroque – une digression de plusieurs dizaines de pages sur les égouts. On sent qu'Hugo a été irrépressiblement capté par son sujet. Il développe une théorie de transformation de la merde en richesse dans le but d'abolir la misère. Il décrit par le menu le parcours de la fange jusque dans des banlieues où elle servira à enrichir les sols. Il a la vision d'une rédemption par l'ordure dont on peut discuter la pertinence, mais qui produit un choc esthétique indéniable.

Les arts connaissent des cycles, c'est-à-dire des épuisements et des renaissances.

Le théâtre classique français, par exemple, a fixé des règles strictes, comme celle de l'unité de temps, de lieu et d'action. Les artistes de l'époque ont tous plus ou moins respecté ces contraintes, et exercé leur génie à en surmonter les obstacles. Ces règles ont été édictées au nom, d'abord, de l'esthétique, ensuite, et dans une moindre mesure, au nom de quelques préjugés moraux. On pensait que le public ne comprendrait rien si on lui racontait en deux heures une histoire qui dure trente ans, se déroule dans trois lieux différents et entremêle les récits.

Deux siècles plus tard, Victor Hugo – c'était dans l'air du temps – a décidé de transgresser ces règles. Le scandale d'*Hernani* fut énorme. On se battit dans les théâtres, et l'autorité politique s'en mêla. Si les auteurs, Stendhal en tête avec son *Racine et Shakespeare*, se sont révoltés contre la règle, c'est qu'elle n'était plus tant un rappel à l'esthétique qu'un rappel à la morale. Quand les règles esthétiques vieillissent, elles perdent leur sens, et deviennent des règles morales que l'artiste devra transgresser pour continuer à créer librement. De contraintes fécondes, elles deviennent censure. Quand l'exigence de la forme devient une exigence morale, on n'est plus dans l'art, on est dans le catéchisme.

L'artiste qui sert une bonne cause ne doit pas le faire exprès. Plus il prémédite ses bonnes intentions, plus il s'éloigne de son objet. Il n'est dans un premier temps responsable qu'à l'égard de lui-même, non des foules, des riches ou des pauvres. S'il pense, avant de commencer, à sa responsabilité morale, il y a de fortes chances qu'il aura plus en commun avec le chien qui apporte sa laisse à son maître qu'avec Gustave Courbet. En revanche, lorsqu'il livrera l'œuvre au public, s'il décide de le faire, il en sera responsable, à ce moment-là seulement, pour le meilleur ou pour le pire.

On a vu récemment dans le théâtre, la littérature, le cinéma, des manifestations visant à « effacer » les œuvres d'autrefois qui ne respectent pas les exigences morales d'aujourd'hui, un peu comme si Picasso avait voulu effacer Goya parce qu'il n'était pas cubiste. Étrange démarche, puisque les œuvres du passé permettent, en mesurant les progrès accomplis, de se projeter dans un avenir ou d'autres progrès sont possibles. Elles en sont la preuve, et rien n'est plus encourageant. Vouloir les effacer, c'est tirer le paillasson sous les pieds et se priver de toute base sur quoi s'appuyer pour désirer plus de bonheur.

On en est même venu à étudier et à formaliser dans les universités la langue permise et la langue proscrite. La langue permise est celle qui est sommée de dire *certaines choses et pas d'autres*. C'est exactement la définition de la propagande. Au moment où le dictateur accède au pouvoir, son premier acte culturel est de sommer l'art de dire *certaines choses et pas d'autres*. C'est la marque de fabrique de tout totalitarisme. Il est étrange que ce soit au sein de démocraties que des mouvements de libération posent la première pierre de la dictature : convertir les artistes en propagandistes. Il faut dire que le XXe siècle artistique français a terriblement contribué à banaliser cette trahison. Alors qu'aucun pouvoir ne les y obligeait, combien ont mis leur génie au service d'idées, faisant ainsi preuve d'un manque d'orgueil coupable ! Sous Staline, les artistes soviétiques subissaient une censure idéologique qui fonctionnait grâce à la terreur qu'exerçait une police criminelle. En France, de nombreux artistes subissaient la même censure idéologique volontairement, sans qu'aucune police menace leur existence ni celle de leur famille. En courbant volontairement l'échine, ils légitimaient la répression féroce dont étaient victimes leurs confrères soviétiques. De la même façon, aujourd'hui, ils légitiment les militants de cette *cancel culture* dont on feint de croire qu'elle est une nouveauté, alors qu'elle est une tradition.

Rarement plus qu'aujourd'hui on s'est autant soucié de la culture, au point de la tenir pour une revendication révolutionnaire. On pourrait s'en réjouir si, rarement moins qu'aujourd'hui, on s'était soucié de sa nature qui est d'aller faire ses trouvailles des deux côtés de la frontière des conventions. Si les trouvailles sont des appels au meurtre ou à la haine contre des catégories humaines et que l'auteur décide de les publier, il sera responsable devant les lois qui, en imposant leur contrainte minimale, nous permettent de vivre ensemble dans une société où l'art est possible. Faire semblant de ne pas le comprendre, c'est prendre les autres pour des imbéciles.

ARTISTE

Personne qui accomplit quelque chose de plus grand qu'elle-même. Accepter l'idée que l'on est moins sensible, moins intelligent, moins beau, moins nécessaire que ce que l'on fait, et se résigner à ne jamais savoir pourquoi ni comment ça marche, tel est le destin des artistes. Être davantage habité par la peur de ne pas vivre que par la peur de mourir, telle est leur chance, tel est leur tourment.

Il arrive, paraît-il, que des artistes parviennent à la sérénité et rayonnent autant que leurs œuvres. C'est qu'ils ont été façonnés par ce qu'ils ont fait, et non l'inverse.

B

BARRAGE

BEAUTÉ

BOOMERS

B

BARRAGE

Manœuvre démocratique qui consiste à voter pour le moindre danger, quitte à être en contradiction avec ses propres idées politiques. La référence, dans l'histoire récente, est le barrage massif à l'élection de Jean-Marie Le Pen par une coalition républicaine de droite et de gauche, laquelle, accessoirement, a réélu Jacques Chirac à la présidence de la République. Elle n'avait pas d'autre choix. C'était l'un ou l'autre. À l'époque, seuls quelques vieux trotskistes mélancoliques ou quelques vieux maoïstes revenus de tout et assujettis à l'ISF se sont réveillés pour faire entendre la voix de leur sagesse politique.

« Non, disaient-ils, on ne tombera pas dans ce piège parfait que nous tend le capitalisme : nous faire choisir entre la droite et l'extrême droite. » En 2002, à la terrasse d'un café littéraire, on pouvait entendre ce dialogue :

« Tu vas t'abstenir, au second tour ?

— Non, mais ! Sans rire, tu m'imagines voter Chirac ?

— Ben oui, Ducon, sans rire, je pense que tu vas y aller. [À l'époque, le vermicelle de la *cancel culture* et autres intersectionnalités n'avait pas encore envahi le potage intellectuel, et il était encore assez fluide pour que l'on puisse appeler un contradicteur « Ducon » sans risquer d'être traité de duconophobe.]

— Je m'abstiendrai. Le piège est trop gros. Je ne veux pas participer à ça.

— Tu préfères prendre le risque de vivre dans un pays gouverné par Jean-Marie Le Pen et sa bande ?

— Il n'y a aucun risque, tu le sais bien. Il ne passera jamais...

— Il ne passera jamais parce qu'il y a des crétins comme moi qui vont aller voter pour Chirac dimanche prochain... C'est ça ?

— Chirac n'a pas besoin de ma voix pour être élu...

— En revanche, il a besoin de la mienne ! Comme tu sais que la masse des crétins dans mon genre ira voter Chirac, tu te dis qu'il est inutile d'aller te salir les mains. C'est quand même étrange, le trotskisme. Ça ne parle que du peuple, mais quand il faut aller faire barrage au Front national, ce peuple devient une bande d'abrutis qui tombent dans un piège, abrutis qui vont te permettre, après qu'ils auront voté Chirac, de continuer à contester le régime dans un journal qui te paye une dizaine de Smics par mois.

— Mais, pauvre naze [à l'époque, on pouvait se traiter de pauvre naze sans risquer le procès en pauvrophobie], tu ne comprends rien. Le face-à-face Chirac-Le Pen, c'est la preuve que le système est en train de pourrir et c'est très bien comme ça. Si je votais, je voterais pour un projet de société où un duel Le Pen-Chirac serait impossible. Donc je n'ai aucun intérêt à voter Chirac.

— Oui, mais là, tu vis dans une société où non seulement c'est possible, mais où cela arrive. Je comprends que tu aies envie de voter pour une société sans Le Pen et sans Chirac ; le seul problème, c'est qu'elle n'existe pas. En revanche, dans celle où tu vis réellement, il y a Le Pen et Chirac au second tour. D'accord si tu apportes ton suffrage à ce qui n'existe pas. Mais pour ce qui existe, tu comptes faire quoi ?

— Je compte ne pas collaborer.

— Ah, parce que, en plus, ceux qui vont voter contre Le Pen, outre des crétins, sont des collabos ? Tu es sûr que la connotation historique n'est pas un peu excessive ? Car si nous sommes des collabos, tu es un résistant. Autant je pense que tu exagères notre infamie, autant je pense que tu surestimes ta vertu.

— Écoute, petit [à cette époque on appelait communément « petit » un contradicteur naïf soupçonné de ne jamais avoir lu l'œuvre de Trotski], on en reparlera dans dix ans. Tu verras que j'avais raison de ne pas voter Chirac. Garçon, un autre *cuba libre* !

— Parce qu'en plus tu bois des *cubas libres*... Quand tu épouses une cause, tu ne laisses rien au hasard...

— Et toi, tu prends quoi ?

— Tu ne me laisses pas le choix... Un quart Vichy. »

Depuis, les années ont passé. Les vieux sages trotscards et maos survivants murmurent à l'oreille de la génération suivante en rêvant d'en faire le cheval de Troie qui réduira en cendres la société libérale capitaliste cosmopolite et sioniste. Avec quelques succès. Dans les premiers mois de l'année 2021, le quotidien *Libération*, partenaire militant de toutes les luttes antiracistes, antiféministes, antihomophobes, confronté à la perspective de devoir choisir à l'élection présidentielle entre Marine Le Pen et Emmanuel Macron, titra à la une : « J'ai déjà fait barrage, cette fois c'est fini ». Ce titre, qui faisait écho à une enquête effectuée par le quotidien auprès de ses lecteurs, aurait pu s'énoncer ainsi, et sans la précaution hypocrite des guillemets : « *Ils ont* déjà fait barrage, cette fois c'est fini ». Mais le choix de la rédaction a été de légitimer la déclaration en s'y associant. Nul doute, quand on connaît *Libé*, que le choix a été discuté au sein du journal. C'est une décision délibérée d'officialiser un choix considéré comme légitime. Un choix comme un autre. Un choix de gauche qui se respecte et se comprend. C'est vrai, quelle différence y a-t-il entre Le Pen et Macron, désormais, quand on se réclame de la vraie gauche ? Mais n'est-ce pas un cuisant échec, pour un journal qui se veut culturel et politique, de ne pas avoir su mettre en lumière, après un demi-siècle d'existence, la différence qu'il y a entre la doctrine néorocardienne d'Emmanuel Macron – à laquelle on a le droit de ne pas adhérer – et le national-populisme de Marine Le Pen, que tout démocrate universaliste, de droite ou de gauche, doit combattre ?

Que signifie, alors que le Rassemblement national, en vingt ans, a grimpé jusqu'à frôler les 50 % au second tour, « J'ai déjà fait barrage à l'extrême droite, cette fois c'est fini » ?

Cela signifie : depuis deux générations, grâce aux idées universalistes, nous avons spectaculairement gagné sur le front du féminisme, des lois antiracistes et antihomophobes. Eh bien, c'est fini, maintenant, on s'en fout... Je ne ferai plus barrage au Rassemblement national. Les femmes, les noirs, les immigrés, les homosexuels, les Juifs (encore que ces derniers, ça fait un moment que je les ai laissés tomber) n'ont plus qu'à aller se faire foutre, qu'ils se débrouillent avec l'extrême droite au pouvoir, ce n'est plus notre affaire. Tous les misérables, tous les fragiles, tous les exclus, tous les sans-papiers, tous les sans-abri, qui ont suscité tout mon engagement et toutes mes indignations vertueuses, soudainement, je les lâche en rase campagne pour les livrer sans état d'âme aux griffes du Rassemblement national pendant cinq ans. Et pour quelle raison supérieure je décide de ne pas interdire la victoire de l'extrême droite ? Parce que Emmanuel Macron, ça suffit. – Pardon ? C'est ton seul argument ? – Oui. – Ça fait cinquante ans que tu nous expliques que tu es le seul détenteur de la vraie morale de gauche, que tous les autres sont des traîtres, que tu pétitionnes, que tu manifestes, que tu te mets en grève pour lutter contre le fascisme, et le jour où il te suffit pour ça d'user de ton droit de vote, tu décides d'abandonner le boulot. Étrange, non ?

Pas tant que cela, en réalité. Pour s'en convaincre, il n'est que de se souvenir de ce qui s'est passé en Italie. Le mouvement gauchiste Cinque Stelle, après s'être construit contre l'extrême droite, a finalement passé une alliance avec la Lega, et partagé le pouvoir avec elle. Il y a quelques points communs entre Beppe Grillo et Jean-Luc Mélenchon, ce sont deux comiques ratés prêts à tout pour rester dans la lumière.

Et puis, au fond, pourquoi faire barrage ? Si je pense que l'universalisme n'est qu'une stratégie des mâles blancs pour recycler leur domination, et que, pour affirmer mon identité, je dois me réclamer de ma race, qu'est-ce qui me différencie, sur le fond, des lubies criminelles de l'extrême droite ? Quelques désaccords sur la régulation de l'immigration ? La relation à la bigoterie dans l'islam, autrefois combattue par l'extrême gauche laïque et encouragée par la droite identitaire, avant d'inverser les rôles, puisque désormais elle est combattue par l'extrême droite laïque et encouragée par la gauche identitaire ? Encore quelques allées et venues comme ça et plus aucune différence ne sera assez significative pour empêcher des alliances de gouvernement entre les extrêmes de la droite et de la gauche. La preuve ? Celle-ci ne voit déjà plus l'intérêt de faire barrage à celle-là.

BEAUTÉ

Attribut de certaines formes qui se révèle quand celui qui le perçoit se trouve dans un état particulier. Dès l'Antiquité, on a lié le vrai, le bien et le beau. On en déduit souvent que l'un entraîne les deux autres. Par exemple l'acquisition de la notion de vrai sera indissociable de celles du bien et du beau. On peut intervertir les termes... Dans l'idéal platonicien, le bien, le vrai et le beau vont de concert. Ça fait rêver, mais dans la vie réelle il arrive que le bien ne soit pas beau et que le beau ne soit pas vrai.

Comme ce sont des notions subjectives, ce divorce des trois idéaux est fatal. La philosophie substitue parfois le juste au vrai, ce qui est déjà plus facile à comprendre. En musique, n'est beau que ce qui est juste, et c'est vrai également pour la peinture, le jeu du comédien, les proportions d'une œuvre architecturale, les mots d'amour ou le discours politique. Quand ça « ne sonne pas juste », c'est laid, déplaisant et déprimant.

Dans la trilogie « Le beau, le vrai, le juste », il faut noter que le beau arrive en premier, comme si c'était la beauté qui éclairait la route du vrai et du juste.

Les Grecs se sont donné beaucoup de peine pour définir les critères de la beauté. Par exemple, ils ont conçu la beauté symétrique du Parthénon en prenant en compte l'erreur de perception qu'induit le point de vue de celui qui le regarde, avec l'éloignement nécessaire pour le voir en entier. Ils ont conçu l'édifice asymétrique, afin qu'on le perçoive symétrique, c'est-à-dire parfait. La perfection est une négociation avec nos sens. Si l'on accorde un piano avec des instruments électroniques qui mesurent la note avec une précision diabolique, il sonnera faux pour nos oreilles qui n'entendent pas les sons comme un appareil de mesure électronique. Pour que cela « sonne juste », il faut une marge d'intuition qui sépare l'exactitude éternelle des mathématiques de l'exactitude passagère de la vie.

La beauté ne peut être que parfaite, on ne peut lui ajouter ni lui retirer quoi que ce soit sans la détruire. Dans la statuaire grecque, le modèle de beauté masculine et féminine est fixé par les représentations d'Apollon et d'Aphrodite (Vénus). Ces modèles d'expression, qu'aucune passion spectaculaire – comme la colère, la jubilation, la souffrance – ne vient troubler, associent la beauté à une mystérieuse sagesse. « Je suis belle, ô mortels ! comme un rêve de pierre, / [...] / Je hais le mouvement qui déplace les lignes ; / Et jamais je ne pleure et jamais je ne ris », écrit Baudelaire. Baudelaire, athée notoire – mais qui, par moments, donne le sentiment qu'il le regrette –, à l'instar des Anciens situe la beauté dans une dimension transcendantale. Pour espérer s'en approcher « les poètes [...] / Consumeront leurs jours en d'austères études ». Elle est donc un idéal inatteignable, un de ces archétypes, ou une de ces *idées* dont Platon dit qu'elles sont les modèles parfaits de notre réalité imparfaite.

André Malraux, dans ses *Écrits sur l'art*, met en lumière un tournant esthétique décisif qui éloigne la beauté de sa conception platonicienne et qui correspond à un tournant anthropologique non moins décisif. Après que tout le bassin méditerranéen – et au-delà, jusqu'en Inde, où la statuaire bouddhique est une variation de celle d'Apollon – a sculpté pendant des siècles une beauté dont l'intensité n'était pas séparable de la sagesse qu'elle exprimait, l'art gothique a subverti la règle sacrée. Jusque-là, même le Christ et la Vierge étaient des apollons et des vénus. Le sculpteur gothique, qui représente Jésus souffrant et Marie dans la douleur au fronton des cathédrales, Giotto qui peint l'innocence du *Sermon aux oiseaux* d'Assise, et toute la gamme des sentiments d'affliction dans la chapelle des Scrovegni en représentant la *Déposition de croix* du Christ, rompent avec la beauté qui hait le mouvement qui déplace les lignes. À partir de Giotto, la beauté raconte autre chose.

L'art gothique introduit l'effet que produit la réalité sur les corps dans sa conception de la beauté, et c'est une révolution qui n'est pas seulement esthétique. Les monstres de Jérôme Bosch, les épouvantes de Goya, les foisonnements hypnotiques de Monet, les corps jouissant dans la lumière de Renoir et les grands à-plats lumineux de Nicolas de Staël multiplient les formes sous lesquelles il est désormais possible de percevoir une beauté que l'art gothique a rendue compatible avec l'expression de la douleur et de la joie.

Le roman *Notre-Dame de Paris*, de Victor Hugo, est un livre à propos d'un livre de pierre qui raconte la tragédie de la condition humaine. Parce que notre civilisation est littéraire, l'incendie récent de Notre-Dame de Paris a été ressenti comme la destruction d'une bibliothèque gardienne d'une langue commune, qui exprime une histoire qui déborde le christianisme. Il s'agit de l'histoire des hommes et des femmes qui, sachant qu'ils vont mourir, inventent de la beauté pour éprouver une joie plus profonde que le désespoir.

Spinoza, dans l'*Éthique*, affirme que tout ce qui existe existe parfaitement. Il veut dire que, pour le meilleur et pour le pire, tout ce qui existe – un camp de la mort, le Parthénon, un insecte, un nuage – existe pleinement, donc existe parfaitement. C'est cette perfection de ce qui existe qui s'exprime dans la beauté, autant qu'il est possible de voir de la beauté dans toute chose, ce qui est aussi inatteignable que la beauté idéale de Platon, seul point commun entre les deux conceptions. L'une s'abstrait du tragique, l'autre s'en nourrit. L'une est limitée par l'inexistence de son modèle originel, l'autre par l'existence des camps de la mort.

Bien sûr, il existe des critères. Pour arriver à ses fins d'exprimer la beauté comme réalité, l'art n'est qu'intolérance et exigence. Les choses doivent être ainsi et pas autrement. Jean-Sébastien Bach est un des artistes les plus impitoyables qui soient. La réalité qu'il donne à entendre doit exister pleinement, autrement dit, elle doit exprimer sa réalité avec la plus grande intensité possible. Si presque toute la musique de Bach est religieuse – son contrat de maître de chapelle lui interdisait de composer de la musique profane –, comme toute musique elle ne parle de rien d'autre que d'elle-même. Plus qu'évoquer la réalité de Dieu et de ses mystères, elle affirme sa propre réalité de musique. La jubilation à laquelle elle invite, il est vrai, incline à croire, le temps de son exécution, à une divinité dispensatrice de bonheur.

N'est pas Bach, Giotto ou Victor Hugo qui veut... En revanche, l'ouvrier, le commerçant, l'étudiant, le fonctionnaire, le paysan, dont le regard, plus ou moins consciemment, par une nuit d'été, cadre une lune montante entre les collines, et qui demeurent bouleversés par la beauté du spectacle, créent une œuvre d'art.

La beauté naît de sources diverses dont les artistes sont les sourciers. Mais ils n'ont pas le monopole de ses manifestations. La beauté est effet d'une réalité dont la plus grande part se trouve dans notre état d'esprit. Bien plus que d'être une somme d'objets admirables extérieurs à nous-mêmes – œuvres d'art, livres, musiques, paysages, corps parfaits, etc. –, la beauté est une manière de percevoir le monde. C'est une philosophie tragique qui cultive l'émerveillement.

Voir de la beauté, c'est percevoir la réalité sur le mode de la joie. Réveiller en soi l'étonnement d'être en vie, l'étonnement que l'univers existe, avoir conscience qu'il n'y a pas de demi-mesure à l'existence, laquelle est, par nature, parfaite, c'est cultiver la puissance d'être nécessaire et suffisante pour éprouver, çà et là, le sentiment ineffable de la beauté.

Si l'on est travaillé par le ressentiment et la déception de soi dont on accuse le monde d'être responsable, on a peu de chances de saisir la beauté des choses. Accablée de jugements moraux qui la condamnent, la beauté disparaît derrière la fiction d'une existence personnelle inexistante aussi vite qu'elle apparaît lorsque l'humour, qui est le passager clandestin de la beauté, déchire le rideau des préjugés.

Si finalement la beauté a tout à voir avec le « vrai » et le « juste », ce sont les *a priori* des jugements moraux qui la rendent invisible. Il y a deux sortes de militantisme politique irréconciliables. L'une s'exprime au nom d'un dégoût de la réalité, l'autre au nom d'une passion pour sa connaissance. L'une condamne la beauté comme un don illégitime pour privilégiés, l'autre en fait l'espoir secret de ses combats.

Charles Trenet raconte qu'après la Première Guerre mondiale des cohortes de réfugiés alsaciens, plus misérables les uns que les autres, traversaient la France pour y trouver du travail. Dans sa Narbonne natale, le jeune poète, encore lycéen, ému par ces exilés qui erraient dans les rues à la recherche d'un logis, composa un long poème en alexandrins, *Le Pauvre Alsacien*. Puis il l'a réécrit, et retravaillé, puis réécrit encore, jusqu'à ce qu'il prenne la forme d'une chanson qui connaîtra un immense succès : « Je chante ». Il y est question d'un vagabond qui chante sur les chemins, qui a faim, et qui chante, qui se fait arrêter par les gendarmes et qui chante, et qui, après s'être pendu, chante toujours sur les chemins. Tout Charles Trenet est dans cette chanson de jeunesse qui annonce qu'il chantera jusqu'à la fin la joie de vivre qui affronte la mort sans jamais se départir de sa dignité espiègle et sensuelle.

Si le désespoir et la tristesse sont des fatalités de la vie, le désir de voir de la beauté est une éducation sinon à les surmonter, du moins à vivre avec en bonne intelligence, autant qu'il est possible.

La beauté est le cadeau de la liberté intérieure.

Peut-être que les deux beautés ne font qu'une. Celle de Baudelaire qui hait le mouvement qui déplace les lignes, et la fugitive qui clignote au hasard des intermittences de l'âme. Beauté mystique ou beauté profane, qu'importe, pourvu qu'on ait l'ivresse.

BOOMERS

L'expression d'origine, « baby-boomers », désigne les personnes nées entre 1945 et 1975, pendant le baby-boom. L'expression connaît une popularité mondiale depuis peu, grâce aux réseaux sociaux, après qu'une jeune députée écologiste néo-zélandaise a cloué le bec à son contradicteur sexagénaire en lui répondant : « *OK, boomer.* »

Dans le contexte du débat, « *OK, boomer* » signifiait le plus clairement du monde : « Vous avez saccagé la planète, vous vous êtes gobergés avec les ressources naturelles, vous avez pollué les océans, vous avez déréglé le climat, alors maintenant, vous, les baby-boomers, taisez-vous. Votre tour est passé, la page est tournée, on ne veut plus vous entendre. » C'est du moins ainsi que ce fut compris par les millions d'internautes qui ont rendu la séquence virale.

Si le mot *boomer* s'est imposé dans le débat, désormais chargé des connotations susmentionnées, c'est qu'il correspondait au besoin d'avoir un concept facile à comprendre pour motiver un conflit de générations particulièrement radical.

On ne connaît pas d'époque sans conflits de générations. Montaigne, à la fin du XVIe siècle, se moque des jeunes Parisiens qui s'habillent à la mode rétro avec les vêtements disgracieux qu'on portait au début du XVIe siècle. Même si le sujet est frivole, il témoigne de la permanence de la contestation, par la génération montante, de la génération précédente et réciproquement. La littérature fourmille – voir la plupart des pièces de Molière – d'histoires de vieux cons ridiculisés par de jeunes cons, et plus rarement l'inverse. Cela prouve qu'à la fin du compte l'avantage revient à la jeunesse, ce qui est le signe d'une bonne santé de la société.

Les conflits de générations prennent les formes les plus diverses ; d'abord ils sont culturels, puis politiques, religieux, sociaux, etc. Ils ne prennent pas forcément la forme de manifestations qui débouchent sur des désordres sociaux. Ils sont le plus souvent porteurs d'un désir de desserrer l'étau moral des parents, et à travers eux, de la société.

L'effet des conflits de générations est facilement observable dans le domaine de la littérature, parce que, précisément, tout est écrit. L'observation appelle deux remarques, et la première n'est pas sans poser de multiples questions.

Dans l'opposition des générations, la question de la nature tient une grande place. Dès l'Antiquité, se développe une idéologie naturaliste qui est la matrice de l'idéologie écologiste d'aujourd'hui. Précisons que l'*idéologie écologiste* et l'*écologie* sont deux choses différentes. L'une, au nom d'un ordre naturel dont elle affirme l'existence, élabore une morale et une politique censées être en harmonie avec la nature. L'autre est une science dont le but est d'éviter ou de réparer les erreurs humaines qui menacent notre patrimoine planétaire commun.

L'un des fondateurs des idéologies naturalistes est Platon, un des premiers à dénoncer philosophiquement la dégradation de la *nature idéale* par l'homme. Il est intéressant d'observer que depuis, au cours des siècles, si la

« nature » et l'« ordre naturel » étaient au cœur du conflit de générations comme ils le sont encore aujourd'hui, c'étaient toujours les vieux, les réactionnaires, la génération d'avant, qui défendaient la « nature » et l'ordre moral qui en découlait, tandis que les jeunes en contestaient le bien-fondé. Pendant des siècles, la nature, qu'elle fût religieuse, ou politique, ou les deux, était la référence des anciens contestés par une jeunesse assoiffée d'émancipation. Les catégories de droite et de gauche n'existaient pas encore, mais, pour schématiser, la nature était à droite, et sa contestation à gauche. C'est avec Rousseau que les choses commencent à se compliquer. Il pratique l'ouverture, et propose un programme commun de la nature et de la gauche, philosophiquement aussi fou qu'une alliance entre le chat et la souris, mais politiquement très efficace. Pourtant, il faut attendre les années 1970 pour que la fusion se finalise et que le renversement s'accomplisse. La jeunesse s'érige désormais en dépositaire d'un ordre naturel pour contester la liberté culturelle de la génération précédente.

La seconde remarque concerne la façon dont se déclenchent et se résolvent les conflits de générations dans le domaine littéraire, représentatif d'une réalité historique. Stendhal, par exemple, dès le début du XIXe siècle, dans un essai intitulé *Racine et Shakespeare*, exige l'abandon de la règle de l'unité de lieu, de temps et d'action qui régit l'écriture dramatique, et tourne en dérision le « beau style » incarné par Chateaubriand. Le jeune Victor Hugo, de son côté, provoquera des émeutes en transgressant les règles de la prosodie classiques dès les premiers vers d'*Hernani*. L'histoire leur a donné raison, et ils sont les acteurs d'un siècle littéraire éblouissant. À ceci près qu'aujourd'hui on peut avoir autant de plaisir à lire Chateaubriand que Stendhal, Hugo que Racine, Barbey d'Aurevilly que Lamartine, Flaubert que la marquise de Sévigné. Le temps qui passe a déchargé de son actualité violente le conflit engendré par une mutation esthétique nécessaire, pour associer dans le panthéon d'aujourd'hui les génies qui s'affrontaient dans les débats d'hier. Nous sommes les héritiers de conflits de générations successifs dont les querelles d'héritage n'ont plus guère de signification qu'historique.

Le problème posé par l'expression « *OK boomer* », c'est qu'elle ferme la porte à l'hypothèse qu'il ne faudrait peut-être pas tout jeter du passage de la génération d'avant : elle est criminelle, elle s'est trompée sur tout, la preuve, la PLANÈTE est en danger.

Pourtant, si l'on fait la part des choses entre les militants politiques de l'époque (maos, trotskos, cocos, etc.) et le gros des manifestants, même les contestataires de 68 revendiquaient la liberté sexuelle, le droit des femmes ou la liberté d'expression. Le vieux slogan de

« L'Internationale », « Du passé faisons table rase », courait les rues, mais au fond, la plupart de tous ceux qui le braillaient avaient conscience que c'était une couillonnade, à peu près du même sérieux théorique que le « Mort aux vaches » chanté par Brassens seize ans plus tôt. *OK boomer*, en revanche, est un concept théorique sans humour et empreint de gravité, ce qui fait toute la différence. Le célèbre slogan de 68, sommet de l'enthousiasme bêbête, « Il est interdit d'interdire », voisinait avec cet autre, fulgurant, écrit à la peinture blanche sur les murs de l'Odéon : « Je suis un con ». On imagine le manifestant qui arrive de nuit devant l'Odéon avec son pinceau et son seau de peinture blanche, et qui s'applique pour que ce soit bien gros et bien lisible de loin afin que nul ne puisse l'ignorer. On a envie de lui dire : si on part de là, alors le débat est encore possible. Si tu es assez intelligent pour savoir que tu es con, on peut essayer de faire l'inventaire ensemble de ce qu'on jette et de ce qu'on garde.

Aucun humour mélancolique de ce genre ne vient réchauffer la condamnation glaçante du « *OK boomer* ». Elle annonce que le conflit entre les générations ne finira pas par un divorce à l'amiable, mais par une condamnation aux dépens.

Une fois de plus, c'est l'analyse de la réalité qui rend ce phénomène proprement stupéfiant. Rarement dans l'histoire une génération comme celle, précisément, des baby-boomers n'a apporté autant de progrès fulgurants dans tous les domaines. En l'espace d'un demi-siècle, la médecine a fait des pas de géant, recherche en génétique, traitement des maladies létales, transplantation d'organes, découvertes innombrables de traitements préventifs et curatifs, espérance de vie allongée de vingt bonnes années, révolution féministe, contraception, droit à l'avortement, droit des homosexuels, abolition de la peine de mort, protection de l'enfance, pénalisation du racisme, démocratisation de la culture, reconnaissance de l'autodétermination des peuples et décolonisation, libération de Mandela et fin de l'apartheid en Afrique du Sud, élimination des famines, à l'exception de celles qui ont été organisées par des régimes totalitaires... Et surtout, mise en place en Europe occidentale d'un ensemble de régimes constitutionnels pluralistes établissant une paix durable, laquelle est une grande première dans l'histoire plurimillénaire du continent.

Certes, personne ne niera qu'il y ait un passif à ce bilan, et notamment dans le domaine de l'écologie. Mais il faut noter que ce sont encore les baby-boomers des années 1970 qui, les premiers, ont alerté sur les problèmes écologiques que posaient diverses entreprises humaines. Il ne s'agit pas ici de faire un plaidoyer *pro domo*, mais d'étudier la réalité des choses. Faute de quoi, comment débattre avec la génération montante de ce que l'on garde et de ce que l'on jette pour rendre possible la mutation nécessaire au bien commun ?

L'opposition des générations qui s'exprime dans « *OK boomer* » relève davantage du schisme que du conflit. On en voit les symptômes chez les lycéens. Les études d'opinion qui ont suivi l'assassinat de Samuel Paty et l'affaire Mila révèlent chez eux un rejet de certains acquis qu'aucun conflit générationnel n'a jamais eu l'idée de contester. Et encore moins venant de la jeunesse. La liberté des enseignants à enseigner certaines matières scientifiques, littéraires ou historiques, est sourdement désapprouvée. Les principes fondamentaux de la laïcité sont jugés discriminatoires pour les croyants et rejetés par des lycéens français du XXIe siècle ! La liberté d'expression est condamnée si elle s'exerce pour critiquer la religion. On revendique pour les filles la possibilité de se voiler et on condamne les attitudes, les codes vestimentaires et la sexualité qui contreviennent aux principes religieux de quelques-uns ! Au lycée, là où généralement s'ourdissent toutes les révoltes contre les injustices, les oppressions, les inégalités et les discriminations réelles ou supposées, les athées et les homosexuels doivent se cacher !

Quel étrange phénomène a conduit la jeunesse spontanément assoiffée d'émancipation à contester les principes qui, précisément, autorisent l'émancipation ?

Peut-être faut-il y voir non pas l'adhésion à un relativisme profondément réactionnaire, mais l'effet d'une peur sourde qui fait régner sa loi tranquillement dans tout l'univers scolaire, de la petite école jusqu'à l'université. L'affaire Mila est présentée comme un cas extrême. En réalité, c'est un cas général, mais le gros de la population scolaire, élèves et enseignants, préfère transiger, concéder, s'adapter, plutôt que d'entrer en conflit ouvert avec une culture musulmane qui inquiète tout le monde par les formes violentes qu'elle peut prendre. L'intolérance religieuse, même minoritaire, qui s'exprime haut et fort au nom de l'islam, intimide toute une population scolaire qui préfère trouver un terrain d'entente en se réfugiant dans une radicalité naturaliste merveilleusement compatible avec n'importe quelle radicalité religieuse. Et tant pis pour les libertés dont ils jouissent grâce aux générations précédentes. C'est ainsi que, lorsqu'un enseignant se voit contester par un élève musulman d'enseigner la Shoah, il ne bénéficie d'aucun soutien des élèves non musulmans et guère plus de sa hiérarchie. Chacun, par crainte des représailles, s'écrase devant la ligne la plus dure. Et quand il y a un ou une qui déroge à la règle, ça donne l'affaire Mila, ou l'assassinat de Samuel Paty.

C'est pourquoi, lorsque la génération Y, les milléniaux, emploie l'expression *boomers*, en réalité, comme aurait dit Lacan, *ça* parle d'autre chose. Il s'agit plutôt d'un artifice rhétorique derrière lequel se dissimule une peur de l'autre, et qui trouve dans l'écologie naturaliste le moyen de transformer en lutte héroïque une capitulation en rase campagne.

Il faut dire qu'une bonne partie des *boomers*, notamment parmi les mieux lotis – universitaires, enseignants, acteurs politiques, journalistes –, en lâchant la barre des principes républicains pour caresser les barbus dans le sens du poil, par leur lâcheté, portent une lourde responsabilité.

C'est à travers la « culture rap » que l'on entend les meilleurs arguments en faveur de la haine générationnelle. La plupart des raps – exercices d'allitération et de scansions rythmiques qui par ailleurs ne sont pas toujours dénués de charme – véhiculent sans beaucoup de distance ni d'humour des appels au rejet radical de la société pluraliste, à la haine de telle ou telle catégorie sociale, professionnelle ou sexuelle… Tout ça n'aurait rien de bien nouveau si ça n'était associé à l'idée obsessionnellement ressassée que le coupable, c'est l'autre, l'oppresseur, la société. Cette idée qui traverse la culture rap selon laquelle, quoi que j'aie fait, qui que je sois, je suis définitivement victime d'une société définitivement coupable m'exonère d'être responsable de mes propos. Une fois de plus, l'autre que j'insulte, l'ordure qu'il faut combattre, éliminer, à laquelle il faut casser la gueule ou qu'il faut violer, est une personne abstraite, rendue irréelle par l'irresponsabilité qu'engendre tout discours victimaire. On l'a vu encore récemment lorsque des manifestants défilent avec des pancartes qui comparent la mise en place d'un passe sanitaire à l'extermination des Juifs d'Europe…

Qu'avons-nous omis de transmettre pour assister, accablés, à pareil spectacle ? *Boomers*, dont l'origine est l'onomatopée « Boum ! », annonce une explosion qui peut-être n'aura pas lieu, mais qui, portée par le tsunami des réseaux sociaux, conteste une liberté qui, pour la première fois, est considérée comme un privilège à abolir. Car les *boomers* ne sont pas seulement la génération précédente, ce sont tous les représentants – président, ministres, députés, juristes, scientifiques, enseignants, journalistes, syndicalistes, intellectuels – qui font l'objet d'une défiance mêlée de ressentiment. Être défiant à quinze ans est identitaire, l'être à quarante est lamentable. Si on ne l'est pas, on n'est rien. On se définit par ce que l'on rejette, alors on rejette n'importe quoi, les vaccins, les antennes-relais, les Juifs, les flics, les OGM, les députés…

Demain, un astéroïde peut percuter la Terre et tout cela n'aura plus aucune importance. Mais si ça n'est pas le cas, elle continuera à tourner. Dans la foule stupide qui recouvre de son hystérie les désirs secrets de ceux-là mêmes qui la constituent, milléniaux et *boomers* ne valent pas plus cher les uns que les autres. C'est lorsque la foule a mis en veilleuse sa grande gueule indignée que les désirs secrets deviennent assez audibles pour qu'on puisse discuter, en connaissance de cause, les conditions d'un bonheur présent éternellement ballotté entre un avenir incertain et un passé révolu. Quoi qu'ait été le passé, il n'y a aucune raison pour que l'avenir ne puisse pas être pire. Les jeunes de 1919 en ont fait l'expérience en 1940. Cela devrait rendre modestes ceux qui croient, sans un nuage de doute pour tempérer le feu de la conviction, que milléniaux et *boomers* sont des catégories pertinentes pour couper l'humanité en deux.

C

CÉLINE

CENSURE

CINÉMA

COLETTE

COLLAPSOLOGUE

COLONISATION

COMPLOTISTE

CULTURE

CÉLINE

Écrivain français du XXe siècle. Au cœur des débats du monde littéraire français, il y a la question de savoir si l'on doit dissocier l'homme de l'œuvre. La question ne sera jamais tranchée, et c'est préférable, car la réponse est moins intéressante que les débats qu'elle soulève. Céline est le symbole même de cette controverse. Il témoigne d'un trouble français persistant qui recouvre une passion pour le moins ambiguë.

La critique de l'œuvre de Céline ne brille pas par son sens de la nuance. D'un côté il y a les fanatiques, qui pensent qu'il est le plus grand auteur français du XXe siècle, pour lesquels il est l'inventeur d'une langue et un style sans précédents et sans successeurs. Ils y voient le cas unique d'un génie qui puise dans l'égout de l'humanité une matière qui, à la fois, séduit un lectorat populaire et fascine une élite savante. Là-dessus, on frôle le consensus national.

De l'autre côté, très minoritaires donc, il y a quelques kamikazes qui pensent que le style de Céline relève de la caricature, que ses romans sont ennuyeux, et que l'ensemble ne présente qu'un intérêt mineur.

Le débat sur la dissociation de l'homme et de l'œuvre transcende les deux côtés, ceux qui pensent qu'on ne peut pas les dissocier étant évidemment plus nombreux dans le second que dans le premier.

Peut-être ce débat est-il vain… Quoi qu'il arrive, on dissociera toujours les hommes des œuvres, parce que la réalité nous y contraint. Les vers d'Homère, de siècle en siècle, racontent aux hommes leur propre histoire. Peut-on imaginer plus géniale réussite littéraire ? Qui nous dit qu'Homère n'était pas un salaud qui a vendu du beurre aux Troyens ? Qu'il n'était pas macho et homophobe ? On ne sait rien d'Homère. Nous sommes condamnés, pour notre plus grand bénéfice, à lire l'œuvre innocemment, en rendant grâce qu'il ait existé, quel qu'il fût. En outre, qui peut prétendre connaître qui, quand nous sommes déjà si opaques à nous-mêmes ?

Qu'une personne ait dédié sa vie à l'élaboration – ou à l'harmonisation – d'une œuvre est à mettre à son crédit. D'autres ne donnent jamais rien à personne…

Il se trouve que tout le monde sait que Céline était un antisémite farouche. On comprend que certaines personnes aient de bonnes raisons pour hésiter à dissocier l'œuvre et l'homme. Et pourtant, beaucoup s'y résignent. L'œuvre existe, éditée par le plus prestigieux éditeur français et, aujourd'hui encore, elle est un succès de librairie. Qu'on le veuille ou non, l'œuvre de Céline est un miroir où de nombreux lecteurs se reconnaissent suffisamment pour la trouver géniale. Les autres se résignent plus ou moins amèrement à l'idée que oui, effectivement, il faut séparer l'homme et l'œuvre. Ne pas le faire serait entrouvrir une brèche à la censure, laquelle ne manquerait pas de s'y engouffrer.

Il faut néanmoins ajouter, pour être complet, que l'antisémitisme de Céline et l'œuvre de Céline sont difficilement dissociables, de son propre fait. Céline n'a pas écrit que des *romans* antisémites, il a également publié de nombreuses tribunes, pamphlets, réflexions antisémites, dénoncé des Juifs et approuvé publiquement leur élimination au plus fort des persécutions nazies. Céline n'est pas « suspecté » d'être un salaud, il en est un avéré, de notoriété publique et lui-même ne s'en cachait nullement. Ce point est important. S'il ne remet nullement en cause qu'on doive séparer l'homme et l'œuvre, il faut avouer que Céline ne facilite pas la tâche, tellement chez lui les deux sont inextricablement emmêlés.

En résumé, bien qu'il ait mis son talent d'écrivain au service de la propagande pour exterminer les Juifs d'Europe, la cohérence éthique ordonne de séparer Céline de son œuvre, afin que celle-ci puisse continuer à donner du plaisir à ceux qui l'aiment.

On ne peut économiser l'évidence qu'une certaine proportion des lecteurs de Céline l'aiment, non pas en dépit de son antisémitisme, mais bel et bien parce qu'il est franchement antisémite. Pour les lecteurs tentés par l'antisémitisme, le *génie* de Céline est une caution morale, un encouragement et un alibi artistique.

Étrangement, la question de la séparation de l'homme et de l'œuvre n'a jamais troublé les lecteurs de Jean Genet, lequel pourtant n'avait pas grand-chose à envier à Céline, notamment pour ce qui est de l'antisémitisme et de la fascination pour les nazis. Abrité par le parapluie des sartriens qui avaient la haute main sur la critique française, et par son homosexualité revendiquée qui en a fait un pionnier héroïque de l'outing, la question ne s'est jamais posée.

Céline avant-guerre avait bénéficié lui aussi de la haute protection d'Aragon, qui fit publier *Voyage au bout de la nuit* en URSS avec la bénédiction de Staline, dans une traduction d'Elsa Triolet.

Le monde intellectuel, malgré quelques tiraillements, est à peu près d'accord pour séparer l'homme de l'œuvre, notamment dans le cas de Céline et de Jean Genet. C'est la meilleure attitude, parce qu'elle reconnaît cette réalité : la mystérieuse personnalité de leurs auteurs ne saurait nous priver de l'*Iliade* et de l'*Odyssée*, des *Mille et Une Nuits* ou de la *Chanson de Roland*...

Polanski est un artiste dont les œuvres n'apportent pas moins à notre culture que celles de Céline. Pourtant, l'académie des césars, fidèle au principe éthique de la séparation de l'œuvre et de l'homme, commit l'erreur de couronner le meilleur film de l'année alors que Polanski en était l'auteur. Les présentatrices de la soirée et la totalité de la presse sérieuse ont condamné le choix de l'académie, qui, à la suite du scandale, a été contrainte de s'autodissoudre. Le premier qui se levait pour rappeler le principe de séparation de l'homme et de l'œuvre était accusé de complicité de sodomie sur mineure. Pourtant, contrairement à Céline, Polanski, dans ses œuvres, ne fait pas l'apologie des fautes qu'on lui reproche. Il est donc plus facile, dans son cas, de séparer l'homme de l'œuvre. Étrangement, on ne peut pas dire que les gardiens de la liberté de création se soient bousculés pour défendre l'œuvre de Polanski et légitimer le choix de l'académie des césars.

Céline et Polanski ont un point commun. Une part non négligeable de la critique littéraire considère l'un comme le plus grand écrivain français de son temps, et de nombreux cinéphiles considèrent l'autre comme le plus grand réalisateur français de son époque. Ces deux jugements sont subjectifs, certes, mais alors pourquoi l'un est sauvé par son œuvre et pas l'autre ? Encourager et provoquer l'arrestation et le meurtre de Juifs en 1943 serait, aux yeux de la morale culturelle, moins infamant qu'un détournement de mineur dans les années 1970 ? Les deux sont condamnables, mais toute bonne justice implique une échelle des peines proportionnelle à la gravité des délits.

Finalement la polémique ne parvint pas à empêcher le succès du film de Polanski, parce que le public fait ce qu'il veut. Pour la même raison, on doit admettre que l'œuvre de Céline ne soit pas censurée en raison de la biographie de son auteur. Mais comment se fait-il que Céline fasse l'objet d'un culte dont les rituels médiatiques n'ont rien de clandestin, et qu'aucune des voix vertueuses qui ont cloué Polanski au pilori n'ait jamais trouvé la moindre raison de s'en indigner ?

Céline est un cas. Il est d'autant plus intouchable qu'il est notoirement coupable. C'est le secret de la postérité d'un auteur dont le style est la brillante synthèse d'une gouaille et d'un maniérisme datés qui éveillent la nostalgie d'une France en noir et blanc où l'on appelait un chat un « chat » et un Juif un « youpin ». On parle encore la langue de Balzac, mais ça fait longtemps que plus personne ne parle celle de Céline, sauf ceux qui ont vu trente fois *Les Tontons flingueurs*. C'était une mode. Les miliciens, les patrons de bistrot, les proxénètes, les chauffeurs livreurs adoraient inventer des métaphores plus ou moins injurieuses en forçant sur leur accent des faubourgs parisiens. Céline s'est inspiré des thèmes populaires de l'insulte et de la dénonciation pour les hisser au rang de musique symphonique. Il a mis toute son intelligence et tout son indéniable talent à donner leurs lettres de noblesse littéraire à l'invective et à l'injure.

Il y a trois familles d'écrivains. Ceux qui, comme Rousseau, postulent que l'homme naît bon. Leur littérature est invariablement tentée par une idéologie censée rétablir l'homme dans son innocence naturelle. Ceux qui, comme Céline, postulent que l'homme est mauvais. Leur littérature raconte sans surprise la fatalité d'un monde où l'on n'en trouve pas un pour relever l'autre.

Ceux qui, comme Shakespeare ou La Fontaine, ne pensent rien de la nature humaine, mais offrent aux amateurs d'imprévu l'image d'un monde hasardeux où ni l'ignominie ni la bonté ne sont fatales.

Contre toute évidence, il existe un public considérable pour adhérer à l'idée que l'homme naît bon mais que la société le corrompt, et un public non moins considérable pour croire que l'homme est mauvais. Ce sont des idées simples et adéquates aux tendances paranoïaques de la foule. Si l'homme est naturellement bon il doit prendre sa revanche sur les autres qui l'ont rendu mauvais. Si l'homme est mauvais il faut le traîner dans la boue sans état d'âme.

Le problème que doit surmonter la littérature qui n'est ni célinienne ni rousseauiste, c'est d'attirer le public sans flatter sa paranoïa et de le séduire avec un monde où se disputent, à l'intérieur des mêmes individus, l'amour du bien et celui du mal. Comme le remarquait Molière, c'est une étrange entreprise que de faire rire les honnêtes gens. Et beaucoup plus risquée que de faire s'indigner les imbéciles et ricaner les fripouilles.

CENSURE

Outil d'une autorité qui décide des limites à la liberté d'expression des uns, non pas pour la rendre compatible avec la liberté des autres et la faire respirer, mais pour l'étouffer. L'histoire fourmille de tragédies liées à la censure qui s'attaque à tout et à n'importe quoi, des écrits coperniciens de Giordano Bruno – qui lui valurent le bûcher, au XVIe siècle, et de nouveau la censure sous Mussolini – à quelques alexandrins de Baudelaire où l'on voyait les poils. La littérature, la peinture, la danse, le cinéma, le théâtre ont été victimes de la censure, mais aussi et surtout la science, les découvertes de la curiosité humaine, accusées par les pouvoirs religieux et monarchiques d'empiéter sur les prérogatives divines. Les religions et les monarques avaient élaboré un système de pouvoir, une morale et une philosophie politique d'après la conception aristotélicienne de l'Univers, laquelle s'adaptait comme un gant au monothéisme qui allait succéder au paganisme gréco-romain. La Terre était au centre de l'Univers. Elle était le joyau de la création d'un Dieu qui faisait tout converger sur elle. Les rois et les prêtres tenaient leur autorité de cette volonté divine, ce qui évitait toute discussion. Lorsque Copernic, Giordano Bruno, Galilée, et avec eux toute une école scientifique, ont affirmé que la Terre n'était au milieu de rien, qu'elle tournait dans un vide infini autour d'un soleil comme il y en a des milliards d'autres, les prêtres et les monarques ont aussitôt compris le danger. Leur pouvoir, fondé sur le géocentrisme, risquait lui aussi de se mettre à flotter dans le vide au milieu de nulle part. C'est la raison pour laquelle la censure s'exerça, à cette époque, avec une brutalité et une cruauté destinées à servir d'exemple à la population. L'Inquisition espagnole, qui s'exerçait notamment contre les Juifs et les convertis douteux, cherchait à réduire au silence ceux qu'elle soupçonnait de répandre l'idée qu'il n'y a pas plus de vie après la mort qu'avant la naissance. Cette philosophie impliquait que le but de l'existence n'était pas la récompense d'un paradis futur, mais la joie de vivre qui est à elle-même sa propre récompense. Spinoza, dont les écrits furent traqués par la censure pendant des générations, exposera dans l'*Éthique* que la joie n'est pas la récompense de la vertu, mais que la vertu et la joie sont une seule et même chose.

C'est sur les arts, les idées et les découvertes susceptibles d'élargir l'horizon de l'humanité et de l'affranchir des prétendues « lois de la nature » que la censure s'est exercée, s'exerce, et s'exercera avec le plus de férocité et de détermination.

C'est avec mélancolie que l'on constate que la censure est inhérente à toutes les sociétés. À l'avènement de régimes démocratiques libéraux et pluralistes, dont la marque de fabrique se trouve être les lois garantissant la liberté de l'expression et de la recherche, on a pu croire que c'en était fini de la censure. Ni les prêtres ni les dirigeants n'étaient plus habilités à user des ciseaux diaboliques. Allaient-ils rouiller dans des vitrines de musée, curiosités effrayantes de temps obscurs et révolus ? C'était mal connaître la censure.

Désormais, les rôles sont inversés. Autrefois, la population subissait une censure venue d'en haut. Aujourd'hui, au contraire, le pouvoir garantit la liberté d'expression, et c'est du fond de la population que s'exerce désormais la censure.

Au cœur de la société démocratique, dès qu'un groupe communautaire a recours à la violence pour faire valoir ses coutumes et ses croyances, la censure revient, armée de son alliée de toujours, la peur. On le voit avec le terrorisme musulman qui tue pour qu'on arrête de dessiner, mais on le voit aussi avec la *cancel culture*, qui prétend faire le tri dans ce qu'il faut jeter ou garder du patrimoine culturel des sociétés occidentales.

Pour bien lutter contre la censure, il convient d'abord de ne pas la voir partout. Prenons un exemple. On propose une tribune à un journal, où l'on explique qu'on ne croit nullement que les femmes vaillent mieux que les hommes, les Noirs que les Blancs, les musulmans que les chrétiens, les gros que les maigres, les homos que les hétéros, pas plus qu'on croit à ces propositions inversées, parce qu'on pense que la valeur humaine n'obéit à aucun de ces critères. Le journal est libre d'accepter ou de refuser de la publier. Il ne s'agit pas de censure, mais d'un choix éditorial. Tout directeur de salle, de radio, de télé, de journal est libre de juger de ce qu'il croit convenir à son entreprise. En revanche, les menaces de mort, les insultes et les diffamations qui circulent contre l'auteur après la publication de la tribune relèvent de la censure. Censure d'autant plus efficace qu'elle aura été précédée d'actes terroristes ayant déjà fait des dizaines de morts. Dans nos sociétés où le pouvoir non seulement a renoncé à la censure, mais se fait un devoir de protéger ceux qu'elle menace, elle se déchaîne – avec autant de passion qu'au temps de Copernic et de Giordano Bruno – contre les vaccins, les OGM, l'humour, les caricatures antireligieuses, l'athéisme, et autres blasphèmes contre les *principes naturels* de la vie…

Ceux qui, aujourd'hui, crient le plus fort contre la censure sont ceux-là mêmes qui l'exercent. Les antisémites, les antivaccins, les anti-sécurité routière, les anti-passe sanitaire, les pro-Didier Raoult, et tous ceux qui agressent les journalistes pendant les manifestations prétendent être victimes d'une censure qui les muselle – alors même qu'on n'entend qu'eux. Comment se fait-il qu'on est incapable de faire comprendre à l'opinion que l'expression de la haine des Juifs, de la science, des policiers et des représentants du peuple n'a pas la même valeur que l'information, la communication scientifique et les analyses fondées sur des faits avérés ? Pourquoi, au nom d'une idée déboussolée de la liberté d'expression, donne-t-on le même écrin médiatique, le même temps de parole, à des illuminés qui cherchent à entraîner leurs semblables dans leur délire misérable qu'à ceux dont le métier consiste à établir la réalité des faits et leurs conséquences incontestables ? Pourquoi, alors que dans les musées on prend bien soin de ne pas accrocher dans la même salle les toiles des maîtres et les croûtes des barbouilleurs du dimanche ?

Si nos sociétés libérales – qui reposent sur la protection du droit des individus – pataugent aujourd'hui dans une périlleuse confusion, c'est que ceux qui dénoncent haut et fort la censure – les religieux, les trotstkistes, les complotistes, les écologistes naturalistes, les antivax, les militants *woke* (voir l'entrée « *Woke* ») – sont ceux-là mêmes qui l'exercent. Ce sont les puritains des temps modernes, les pleurnichards féroces qui partent en guerre quand ils entendent qu'on s'amuse dans la pièce d'à côté.

Est-ce un hasard ? Pour combattre les censeurs ils cassent les devantures des magasins, les vitrines, les baies vitrées, les glaces, bref, tout ce qui est susceptible de refléter leur image.

CINÉMA

Art qui utilise les images animées pour raconter une histoire. Les hommes, depuis la préhistoire, ont inventé des images pour dire ce que les mots ne peuvent exprimer. Quand on se déplace avec une source lumineuse le long des parois de la grotte Chauvet, les petits chevaux peints il y a trente mille ans semblent s'animer. Ce n'est pas une coïncidence si, après de nombreuses tentatives ingénieuses pour donner l'illusion du mouvement, ce n'est qu'à l'époque où Sigmund Freud publie *L'Interprétation des rêves* qu'on invente la croix de Malte à l'origine du cinématographe. Après que le génie viennois eut offert une grammaire aux images animées de nos rêves, l'humanité a très rapidement amélioré la technique pour jouir de la merveilleuse émancipation que représente une nouvelle langue pour raconter la vie. Dès sa naissance, le cinéma attira des génies : Mack Sennett, Georges Méliès, Charlie Chaplin, Buster Keaton, Stan Laurel, Ernst Lubitsch, etc. Il est notable que les premiers grands créateurs de cinéma, les fondateurs, en quelque sorte, du septième art, avaient à cœur d'étonner, d'émouvoir et d'*amuser*. Ils étaient tous des tragicomiques. Au cœur du cinéma, il y a la cruauté et le burlesque. Les larmes et l'éclat de rire. La catastrophe et le gag. La tristesse et la joie de vivre. La détresse et la vivifiante obstination du *Mécano de la Générale*. Soucieux de susciter chez le spectateur le choc d'une réalité imprévisible, les pionniers travaillaient dur pour fabriquer les surprises comiques sans lesquelles, faute de représenter la vie, leurs films seraient aujourd'hui sans aucun intérêt artistique. S'ils sont encore aujourd'hui étudiés plan par plan dans les écoles de cinéma, c'est qu'ils témoignent d'une inspiration fantaisiste qui exigeait de résoudre en permanence de redoutables problèmes techniques.

Les grands réalisateurs des générations suivantes, comme Fellini, Bergman, Hitchcock, Elia Kazan, Buñuel ou Clouzot, volontairement ou non, étaient imprégnés de cette intelligence freudienne d'un récit qui doit sa crédibilité à l'apparente incohérence des rêves. Leurs films sont souvent d'étonnantes réussites dramatiques plus ou moins secrètement secouées par le comique accidentel de la narration.

La liberté et la fantaisie – qui sont l'âme du cinéma – ont eu du mal à s'accommoder des idéologies nationalistes, fascistes, communistes et nazies qui ont séduit les milieux intellectuels européens dans première partie du XXe siècle. C'est pourquoi la plupart des génies du cinéma ont fui l'Europe pour aller inventer le cinéma américain à Hollywood. De Chaplin à Scorsese, en passant par Lubitsch, Wilder, Hitchcock, Kazan, Zinnemann, tous les grands européens, émigrés ou enfants d'émigrés, se sont donné rendez-vous à Hollywood pour produire des chefs-d'œuvre. C'est d'une véritable saignée de génies que l'Europe s'est rendue elle-même victime au XXe siècle.

Étrangement, il semble qu'en France on ait du mal à en tirer la leçon. Le Festival de Cannes, qui se présente comme le plus prestigieux festival de cinéma du monde, ce qu'il est peut-être, répugne toujours à attribuer sa

Palme à l'humour et à la fantaisie. Regarder à la suite les Palmes d'or, c'est risquer la dépression nerveuse. Entre les films de Haneke, de Lars von Trier, de Ken Loach et des frères Dardenne – ces trois derniers ayant récolté au moins une paire de Palmes –, ce sont des bouteilles d'oxygène qu'il faudrait distribuer au public du Palais des festivals pour lui éviter de se noyer dans la dépression.

Le cinéma français, pour avoir superbement ignoré avant et après la guerre (sans parler de l'occupation allemande, où ça n'était pas envisageable) la question de l'antisémitisme, se refait une bonne conscience en pondant à la chaîne des films avec le quota de représentants de minorités opprimées nécessaire pour accéder à la sélection du *Monde*, de Cannes, de *Télérama* et de tout le bazar médiatique. Ici, pas d'imprévisibilité. Le bien et le mal sont bien rangés et séparés par un trait net qui garantit l'étanchéité entre les opprimés et les oppresseurs. Pas question du mélange des genres qui fait pourtant tout l'intérêt du cinéma, et, accessoirement, de la vie. Quand il renonce à sa liberté, l'art verse dans la propagande, domaine où l'humour n'a aucune place. Il n'est plus que le faux nez de sa caricature, laquelle ne s'emploie qu'à ridiculiser les méchants. Au rire surprenant, on préfère le ricanement convenu. Les fleurettes de l'humour, de la fantaisie et du comique ne poussent que sur une transgression qui semble, désormais, nuire gravement à la santé du cinéma sérieux.

Les réalisateurs de comédies sont des héros. Ils font des films dont ils savent à l'avance qu'à moins d'un miracle ils n'obtiendront jamais qu'un articulet dédaigneux des autorités critiques. Les cinéastes les plus doués, conscients du danger, se réfugient dans la gravité, plus facile, mais plus payante que la légèreté, laquelle dénonce pourtant l'injustice et la bêtise avec une efficacité qui n'a rien à envier à celle des leçons de morale. Un film dans lequel le sergent Garcia serait le héros positif et Zorro une andouille pourrait faire une bonne comédie. Mais au bout du centième film où le sergent Garcia est un héros et Zorro un salaud, on fatigue. On se prend à regretter les sermons du curé le dimanche, parce qu'au moins la place était gratuite, et on pouvait toujours se bidonner derrière une colonne.

Une comédie qui, pour être considérée, doit passer victorieusement le crible de la représentation positive des minorités n'est plus une comédie, c'est un tract cinématographique, et, circonstance aggravante, un tract d'une heure et demie.

Et pourtant, quel miracle que le cinéma ! Comme il est nécessaire pour accompagner nos vies, comme l'amour, l'amitié et la musique ! Mais, par pitié, que, par les brèches de la muraille de désespoir derrière laquelle palpitent les cœurs humains, le cinéma n'oublie pas de laisser passer un peu de joie de vivre, de fantaisie, de poilade, de rigolade, de farce… Qu'on y discerne çà et là que l'on n'est pas étranger aux saloperies que l'on dénonce quand bien même on ne serait pas étranger non plus à la vertu dont on se réclame. En un mot, qu'on y discerne un peu cet amour non sélectif de la réalité humaine qui fait la beauté du cinéma.

COLETTE

Écrivaine française de la première partie du XXe siècle. Fait partie de ces rares écrivains qui ont sauvé le panache de la littérature française dans une période où, barbotant dans les remous des idéologies, elle faisait eau de toute part. S'il est évident que jamais un traité de sociologie ne nous en apprendra autant sur l'adultère au XIXe siècle que la lecture de *Madame Bovary*, jamais rien ne nous en apprendra autant sur l'enfance, le monde des artistes, l'amour, la sexualité, l'être-femme et la vieillesse au XXe siècle que les romans de Colette. Dépouillée de toute la morale conventionnelle de son temps, des lunettes déformantes des préjugés, des bienséances, elle tend au lecteur d'aujourd'hui un miroir dans lequel, à moins de faire preuve de la plus grande hypocrisie, il est impossible de ne pas retrouver les replis les plus secrets de notre humanité. Colette est un des auteurs les plus virils de son temps, si toutefois on associe à la virilité l'autorité, l'intrépidité, et un souverain mépris des conséquences quand il s'agit de dire quelque chose de juste.

Or Colette est juste, au sens où la note de musique est belle quand elle est juste.

Colette était une patronne. Elle régnait sur son œuvre, sur une certaine idée de la littérature et sur sa vie.

Après s'être laissé berner et exploiter par Willy, son mari et cosignataire des premiers romans (les *Claudine*), elle le trompa publiquement avec l'ex-marquise de Belbeuf, qu'elle embrassa sur la bouche sur la scène du Moulin-Rouge. Le scandale fut tel que le préfet de police dut intervenir. Colette a été artiste de music-hall de tournées misérables, elle le raconte divinement, et si l'on veut tout savoir de la vie pathétique d'une artiste en tournée, il ne faut pas chercher ailleurs. Colette ne sortait pas d'un milieu universitaire, elle n'avait pas fait « lettres », elle avait fait « danse érotique dans des spectacles de pantomime ». Mais elle a vécu dans le Paris du début du siècle, où beaucoup d'artistes débordaient d'une fantaisie et d'une liberté qui ne portaient pas encore le nom un peu vaniteux de « surréalisme », et que le surréalisme a transformées par la suite en squelette théorique d'un corps qui dansait librement. Colette avait hérité de cette liberté créatrice d'avant-guerre (Proust, Apollinaire, Cendrars, Picasso, Stravinski, Ravel, Reynaldo Hahn et les opérettes de Robert de Flers, Yvette Guilbert, Chagall, les premières traductions françaises de Nietzsche...) et ne se soucia pas un seul instant des modes castratrices qui suivirent. Jusqu'à sa mort, en 1954, elle écrivit souverainement, dans la plénitude de son pouvoir d'auteur, et posa obstinément sur la feuille blanche le mot utile, et seulement le mot utile, si dérangeant fût-il. Elle connut des fortunes et des désenchantements qu'elle prit sans pleurnicher, parce qu'elle savait que c'était un excellent matériau pour la littérature. À sa mort, on a compris qu'on venait de perdre une reine, et la République fit des funérailles nationales à cette femme irrespectueuse qui savait se faire respecter.

Pourquoi une entrée « Colette » dans un dictionnaire philosophique ? Parce qu'au fil de la lecture de ses livres, – comme *L'Étoile Vesper* ou *Le Pur et l'Impur* – on découvre une réflexion et une esthétique qui ne sont pas sans rappeler les sauts et gambades de Montaigne. Colette fait partie de cette merveilleuse famille des auteurs français qui n'ont jamais su écrire sans mêler le rire, la gravité, la mort, la joie de vivre, le mépris des tabous et cette mélancolie qui est le savoir-vivre de l'enthousiasme.

Son dernier mari, juif, est arrêté et transféré à Drancy. Elle remuera ciel et terre, le sortira du camp de transit, et le cachera pendant le reste de la guerre. Elle aimait passionnément les chats, parce que, rétifs à toute subordination, leur amitié est mystérieusement incorruptible, et parce que seule la certitude d'un bien-être supérieur peut leur faire abandonner un bien-être présent. Alors ils passent d'un coussin à l'autre.

Après la guerre, lentement, Colette tomba dans l'indifférence de la critique et de l'Université, qui, de toute façon, n'aime pas trop ce genre-là. Aussi erronée que l'image de Montaigne en vieux sage dans sa tour, Colette est devenue une image d'écrivaine démodée pour jeunes ados. Par bonheur, la passion des vrais amoureux de littérature lui vaut la publication de ses œuvres complètes dans la bibliothèque de la Pléiade.

Tant qu'à faire d'avoir une femme écrivain idolâtrée, l'air du temps d'après-guerre choisit Marguerite Duras, qui occupa le trône pendant toute la seconde moitié du XXe siècle. Le succès, sans doute mérité, de Marguerite Duras a hissé ses ouvrages au rang de modèles novateurs d'une littérature de femme qui égale en valeur la littérature d'homme. Mais « littérature de femme » est-elle une catégorie pertinente de la littérature ? Quoi qu'il en soit, les deux œuvres sont incomparables. L'une donne une leçon d'esthétique des ténèbres, l'autre pense qu'elle n'a de leçon à donner à personne. Aucune morgue chez Colette. Perchée dans son appartement du Palais-Royal, d'où son œil malicieux radiographie la vie humaine, elle domine toutes les plaintes du siècle. Dans son cœur de vieille dame immobilisée par l'arthrose et l'embonpoint, elle est restée la danseuse provocante qui raconte l'histoire des corps en quête de grâce et de bonheur dans une langue toujours surprenante, précisément parce qu'elle se fiche de surprendre. Dans un monde littéraire balisé par Gide, Sartre, Aragon, Breton et Céline, Colette – et avec elle quelques autres comme Romain Gary, Jean Giono, Marcel Proust, Marcel Aymé, tous très différents, mais tous libres… – a tenu la promesse d'offrir à son siècle une littérature imprévisible. C'est-à-dire une littérature. À l'heure de Twitter et de Facebook, lire et faire lire Colette, c'est participer au sauvetage du subtil jeu d'ombres et de lumières qui fait tout le charme de notre monde vacillant.

COLLAPSOLOGUE

Individu qui, ne supportant pas l'idée de sa propre mort, annonce aux autres qu'ils vont tous crever. Le mot est apparu dans la première décennie du XXIe siècle, mais la chose a toujours existé. Un des collapsologues les plus célèbres est saint Jean de Patmos. Les informations sur lesquelles il s'appuyait pour conclure à la fin prochaine du monde sont pour le moins sujettes à caution : non seulement Jean habitait dans une petite île de la Méditerranée peuplée essentiellement de chèvres peu informées de l'état de la planète, mais lui-même résidait au fond d'une grotte disposant des quatre sources d'information disponibles à la fin du premier siècle de notre ère : le vent du nord annonçant le froid, le vent du sud, la chaleur, le vent d'est, la sécheresse, le vent d'ouest, la pluie. À partir de ces quatre données, saint Jean a été capable de déduire que quatre cavaliers arriveraient sur Terre. Le premier pour la conquérir, le deuxième pour y apporter la guerre, le troisième la pénurie, et le quatrième la mort. Et tout ça sans ouvrir un journal ! S'il avait eu accès à un quotidien national sérieux comme *Le Monde*, à Internet, ou à la radio d'aujourd'hui, il n'aurait pas fait mieux (ni pire)... Pour relativiser sa performance, il faut préciser qu'il n'était déjà pas le premier. De nombreux auteurs de différentes traditions religieuses antiques avaient déjà lancé la mode. Parmi les prophètes ou philosophes grecs, égyptiens ou hébreux, bien avant Jean, on trouve déjà un paquet de visionnaires qui annoncent la fin du monde pour bientôt. Le temps qui, alors, nous séparait du collapse, était directement proportionnel à la profondeur de leur névrose dépressive. Un des principaux problèmes que pose l'esprit humain est qu'il a tendance à projeter sur le monde les causes de ses angoisses personnelles et à tenter de les traduire dans un jargon scientifico-religieux pour que tout le monde soit aussi angoissé que lui. Il est enclin à penser qu'on a moins peur quand on est des millions à être terrorisés en même temps.

L'eschatologie, prêche des *fins dernières*, est une vieille histoire. On sait qu'autour de l'an mil la fin du monde était imminente. Et finalement, malgré la peste, la vérole, les guerres et la souffrance au travail, cahin-caha, la réalité a poursuivi son petit bonhomme de chemin sans trop changer grand-chose à ses habitudes, dont la principale est d'exister, sans doute parce qu'elle ne sait rien faire d'autre.

De saint Jean de Patmos à Nicolas Hulot, l'omniprésence historique des collapsologues – nullement découragés par le constant démenti que leur inflige la réalité – tend à prouver qu'il s'agit davantage de caractères particuliers portés à la complaisance paranoïaque que d'esprits éclairés par les lumières de la raison. Hurler aux oreilles de l'humanité « Au nom de l'amour que je te porte, je t'annonce qu'une catastrophe va mettre fin à ta vie dans les plus brefs délais » est une illustration radicale – au sens du radicalisme religieux – du lien que la psychanalyse fait entre éros et thanatos. Cette vision apocalyptique relativise le crime. En effet, au nom de l'apocalypse à venir, assassiner quelqu'un ne suscite aucun conflit moral. Ce n'est que prendre un peu d'avance sur la grande boucherie finale. D'où l'absence d'état d'âme avec laquelle, par exemple, les adeptes de Daech – secte de collapsologues radicaux – infligent les pires horreurs à leurs victimes. L'absence d'état d'âme et la monstruosité de leurs actes sont une seule et même chose. Plus le paradis perdu qu'il faut reconquérir est merveilleux (l'éternité, les vierges, la météo idéale, etc.), plus les crimes qu'il faut bien commettre pour y arriver sont dérisoires.

Daech est une limite extrême de la collapsologie. Pour eux, la fin du monde n'est pas une prophétie déprimée, c'est un but. Dans la grande famille des collapsologues, il serait injuste et injurieux de mettre sur le même plan Daech et Nicolas Hulot, Greta Thunberg et Jean-Jacques Rousseau. Mais ils ont en commun de ne trouver d'*espérance* que dans la décroissance. C'est-à-dire dans un retour à une situation antérieure. Revenir en arrière, c'est se rapprocher du paradis perdu, d'un monde qui n'a jamais existé, donc, *stricto sensu*, cela revient à se rapprocher de la fin du monde.

Mais ce serait injuste de nier tout fondement à l'intuition de cette bande de rabat-joie. En effet, à y regarder de près, on peut facilement conclure que la fin du monde est une réalité : le monde qui existait il y a un instant n'existe déjà plus, pas plus que n'existe déjà le monde de demain. La fin du monde se produit à chaque instant, et la nature, les planètes, les galaxies, les cellules de notre corps, en mourant sans cesse, reconfigurent la matière de l'instant présent. On peut voir les choses ainsi. Le monde prend fin et se recrée à chaque instant.

On peut aussi penser que, depuis l'apparition de la conscience humaine jusqu'à aujourd'hui, la génération vieillissante prédit la montée des périls à une jeunesse qui connaîtra l'apocalypse à coup sûr... Il arrive en effet que des guerres, des épidémies, des catastrophes naturelles, des révolutions sanguinaires s'abattent sur une génération. Mais au bout du compte, la jeunesse montante finit par trouver le courage, l'intelligence et l'énergie pour réaménager un monde vivable, en quête de bonheur et de progrès, n'en déplaise aux collapsologues.

Ce qu'il y a de miraculeux dans les grands récits humains que sont la Bible et la mythologie grecque, c'est que leurs auteurs, très vite, ont parfaitement compris à quoi nous destinait notre condition humaine. Par exemple, il y a une grande similitude entre les deux mythes primordiaux d'Adam et Ève, chez les Juifs, et de Pandore, chez les Grecs. Adam et Ève sont chassés du paradis terrestre parce que leur curiosité les a fait goûter au fruit de la connaissance, et Pandore, par curiosité, ouvre la fameuse boîte d'où s'échappent toutes les calamités. Adam et Ève connaîtront la douleur, la maladie, la faim, la guerre, la vieillesse et la mort. Et de la boîte de Pandore s'échappent également la maladie, la misère, l'orgueil, la famine, la guerre, la vieillesse, etc. Il y a pourtant une différence de message entre les deux mythes. Toutes les calamités s'échappent de la boîte de Pandore, sauf une : l'espérance. Il peut paraître curieux que l'espérance soit considérée comme la pire des calamités, celle, qui, par chance, reste dans la boîte. Comme si le mythe nous disait : « Dieu » vous préserve de l'espérance. Pourquoi ? Parce que, pris dans ce sens, l'espérance n'est pas l'espoir, mais le désir impossible de retourner à l'état de perfection et de bonheur qui régnait dans le monde d'avant, le monde d'avant la curiosité d'Adam, d'Ève et de Pandore. Et cette espérance est effectivement la pire des calamités. Elle refuse la réalité, au nom d'un autre monde idéal. L'espoir, au contraire, est le désir d'améliorer la situation dans un monde imparfait.

Les collapsologues regardent le monde à l'envers, à rebours du mythe primordial. La fin du monde a déjà eu lieu, et nous vivons dans le monde d'après. Et la curiosité qui nous a fermé les portes de l'Ehpad édénique – car au fond le paradis terrestre a tout d'une impeccable et terrifiante maison de retraite – est notre énergie de survie dans le monde chaotique où les dieux nous ont précipités. D'abord on est curieux, puis on s'émerveille, après on juge, à la suite de quoi on aime ou l'on réprouve. Or, plus on est curieux, plus on a des chances d'accroître le nombre des choses que l'on aime. On se venge, en quelque sorte, et l'on est provisoirement gracié de la condamnation des dieux à souffrir et à mourir. Les choses horribles et détestables ne disparaîtront jamais, mais il s'agit avant tout de les rendre minoritaires, et non pas de croire qu'on va pouvoir les éliminer afin de trouver un monde paradisiaque. La disparition du mal entraînerait la disparition du bien, donc de toute la réalité, puisqu'elle est n'est constituée que de points de vue relatifs à chaque individu.

La curiosité demande des efforts, cela fait partie de nos calamités. Elle demande à garder le désir toujours en éveil, elle s'entretient, s'entraîne... À l'école, les enseignants ont parfois bien du mal à éveiller la curiosité des enfants. Ils doivent leur apprendre l'effort récompensé par l'émerveillement, et les rendre accros à cette drogue pour le restant de leur vie.

C'est la raison pour laquelle, quelle que soit leur bonne volonté affichée, les collapsologues sont des criminels. Ils diffusent une idéologie contagieuse qui se faufile jusque dans le cerveau des enfants. Allez expliquer au petit cancre qu'il faut faire des efforts pour passer en sixième si, par ailleurs, il est bercé par le discours de ses parents et de ses profs qui prédisent que dans dix ou trente ans l'air sera irrespirable, que la sécheresse va tout brûler, que les animaux vont disparaître, que les épidémies vont se multiplier, et que les eaux vont monter et engloutir ses

Playmobil. À quoi bon se fatiguer à préparer médecine ou coiffeur pour dames si la fin du monde est pour demain ? Mieux vaut fumer un joint et poster ses doigts de pieds sur Facebook en attendant l'apocalypse.

Au fond, l'humanité est composée de deux grandes familles : celle qui ne fait jamais le deuil d'un monde idéal et qui condamne à mort notre monde tragique, et celle qui n'en a rien à foutre d'un monde idéal mais qui trouve un vaccin en six mois quand une épidémie menace l'humanité.

COLONISATION

La chose a existé bien avant le mot. C'est d'ailleurs le cas de beaucoup de choses, comme coït, nourriture, boisson, sommeil, frustration, faim, insomnie, soif. On pourrait multiplier les mots et leur contraire qui n'existaient pas alors que la chose existait. Il s'agit de choses qui relèvent de notre archaïque animalité, et qui faisaient agir les plus primitifs de nos ancêtres sans qu'ils définissent leur comportement par un concept circonscrit par le sens précis d'un mot articulé. Sans revenir sur la manière habile dont l'historien et philosophe israélien Yuval Noah Harari raconte le voyage géographique et mental qui conduisit l'*Homo sapiens* de la chasse et de la cueillette à l'agriculture, on peut quand même rappeler quelques faits à peu près vérifiés. De la côte est de l'Afrique, notamment, quelques « encore singes déjà humains », un peu plus aventureux et imaginatifs que les autres, sont partis coloniser à peu près toute la planète. Les premiers colons de l'humanité avaient certainement la peau assez foncée, et, sous la peau, un cerveau suffisamment développé pour rêver un monde plus grand où ils puissent s'approprier les richesses dont ils rêvaient et les moyens techniques pour l'atteindre. En ce sens, la mondialisation n'est pas née avec l'invention de l'économie libérale par Adam Smith ou Montesquieu, mais quand notre plus lointain ancêtre, fatigué de contempler l'horizon, est descendu de son cocotier et a décidé d'aller voir si l'herbe n'était pas plus verte de l'autre côté du bras de mer, du lac, ou de la chaîne de montagnes. La mondialisation et la colonisation sont la même idée à deux stades différents. Elles sont inhérentes à l'aventure humaine. Elles en sont la dynamique instinctive, et en ce sens, pour l'appréhender, il faut d'abord les considérer comme un fait dépouillé de tout jugement moral. Qu'elle soit regrettable ou au contraire qu'elle participe à la grandeur de l'homme n'est pas le sujet, car cela dépend des modalités selon lesquelles elle s'est accomplie. Il est difficile, et sans aucun doute absolument vain, de porter un jugement moral sur le comportement des premières tribus qui sont arrivées d'Afrique sur le continent eurasiatique il y a environ 45 000 ans – pour ce qu'on en sait. Le cerveau humain, qu'on le veuille ou non, n'a jamais cessé d'accomplir de la mondialisation. La date où il cessera correspondra sans doute avec celle de sa disparition. On voit bien d'ailleurs qu'il cherche même à coloniser l'univers, en pénétrant toujours plus avant dans l'élucidation des mystères quantiques à des fins d'explorations intergalactiques.

On dira : « Quel rapport avec la colonisation de l'Algérie ? » On y vient... Plus on s'approche de nos temps modernes, plus la morale et le jugement s'invitent sur les conquêtes migratoires, ce qui est, par ailleurs, évidemment légitime. Une fois de plus, ce qui est en question, ce sont les modalités. Les Indiens d'Amérique du Nord et du Sud, du moins pour ce qui concerne certaines ethnies comme les Incas, mais aussi, d'une façon primitive, les Comanches ou les Iroquois, ont mené des guerres de territoires, dont l'issue était l'appropriation des terres obtenues grâce à la force supérieure du vainqueur. L'arrivée des Européens, avec Christophe Colomb et surtout Magellan, n'a été que l'intrusion dans la bagarre d'une tribu plus puissante, mieux armée et mieux organisée. On la considère comme une invasion criminelle parce que l'on considère l'Océan comme une frontière symbolique qu'il était immoral de violer. Mais cette frontière symbolique est une construction intellectuelle. Seul l'éloignement temporel rend anodines les souffrances des colonisés et nous empêche de demander des comptes aux Vikings et aux hordes germaniques d'avoir colonisé l'Europe jusqu'à l'Espagne dans les premiers siècles de notre ère. Au risque d'être scandaleux, il est difficile de brandir un jugement moral sur la colonisation du continent américain par des individus du monde entier – car, au cas où on l'oublierait, les Amériques sont peuplées d'être humains venus d'absolument partout. Ce qui est immoral, ce sont les modalités, toujours violentes, toujours criminelles, et terriblement complexes pour ce qui concerne l'Amérique puisqu'il s'y ajoute la déportation et l'esclavage des Noirs. Quant aux guerres avec les aborigènes, elles sont ce que tous les groupes humains de toutes les origines ont toujours accompli avec plus ou moins de cruauté.

Au fil des siècles, et notamment en Europe, des penseurs ont condamné l'idée de races supérieures exerçant une domination légitime sur les populations colonisées. À ma connaissance, les premiers grands textes sur ce sujet, on les trouve sous la plume de Montaigne, peu de décennies après la découverte de l'Amérique. Montaigne se rend à Rouen pour rencontrer les premiers Indiens d'Amérique ramenés en Europe. « Je parlai à l'un d'eux fort longtemps ; mais j'avais un truchement [interprète] qui me suivait si mal et qui était si empêché à recevoir mes imaginations par sa bêtise, que je n'en pus tirer guère de plaisir. » Il n'en a pas moins traduit une de leurs chansons qu'il trouvait très belle et très civilisée, et affirme « qu'il n'y a rien de barbare et de sauvage en cette nation, à ce qu'on m'en a rapporté, sinon que chacun appelle barbarie ce qui n'est point en son usage. [...] Nous les pouvons donc bien appeler barbares, eu égard aux règles de la raison, mais non pas eu égard à nous, qui les surpassons en barbarie. » Il faut rappeler que Montaigne écrit cela en pleine guerre de Religion : il sait de quoi il parle... Et il conclut son essai ainsi : « Tout cela ne pas va pas trop mal : mais quoi, ils ne portent point de haut-de-chausses » !

Ces considérations de Montaigne marquent un de ces virages historiques que l'on appelle communément « progrès humain ».

La colonisation ne saurait s'accomplir sans le noble projet d'apporter la civilisation ou, au moins, un adoucissement des mœurs, notamment par le truchement de la conversion à une « vraie foi » quelconque, ce que pratiquèrent d'ailleurs les Arabes, sans état d'âme, dès la naissance de l'islam. Elle a beau se draper toujours plus ostensiblement dans l'alibi de la morale, la pulsion conquérante demeure intacte. Sautons allègrement quelques chapitres pour atteindre la Révolution française.

Quand nos illustres prédécesseurs se convertirent à la République parlementaire, ils n'étaient pas tous sur la même ligne. Les plus virulents, pour un temps, l'emportèrent, et nous avons connu l'épisode de la Terreur, qui était une sorte de colonisation d'une partie du peuple par une autre. Nul doute que ceux qui envoyèrent à la guillotine leurs voisins, leurs collègues et jusqu'à leurs amis, étaient persuadés que c'était pour le bien commun. Nous sommes à la fois, comme êtres humains et comme Français, les descendants des uns et des autres. Nous sommes à la fois les héritiers des bourreaux et des victimes, ce qui, aujourd'hui, rend très complexe le travail qui consiste à demander des comptes et des dédommagements aux coupables. C'est pourquoi nous nous en abstenons, bien que nous devrions quand même songer à faire le tri dans tout ce que nous ont légué nos braves révolutionnaires. Mais cette recherche est encore taboue, bien que d'illustres historiens, comme François Furet, s'y soient frottés courageusement, non sans avoir dû subir les piques jacobines de ceux qui refusent que l'on touche à ce tabou fondateur de la République. Et pourtant, ceux-là mêmes qui interdisent cette critique, étrangement, sont les mêmes qui dénoncent la colonisation, non pas tant dans ses modalités – que tout le monde ou presque s'accorde à qualifier de « criminelles » – que pour la raison que la colonisation elle-même est un crime. Étrangement, oui, car, dans le même temps, ils sont presque toujours les héritiers des leaders les plus radicaux de la période révolutionnaire. Or de quoi rêvèrent ces idéologues ? D'exporter les idées républicaines et révolutionnaires dans toute l'Europe, évidemment. D'une certaine façon, de coloniser les peuples d'Europe pour les libérer de l'oppression des monarchies. Ce rêve s'embourbait quand surgit un jeune général plus doué que les autres pour exporter les idéaux français au-delà de nos frontières. Le fringant général Bonaparte a immédiatement été identifié comme étant le « sauveur de la Révolution ». Il en profita pour accélérer le processus révolutionnaire européen selon l'idéal français, pour se faire sacrer empereur et combattre les pays hostiles à la France, pour y apporter la paix et la prospérité selon l'idéal révolutionnaire français.

Les guerres napoléoniennes sont une variante des guerres coloniales, qui échoua parce qu'au lieu de peuples peu développés politiquement, économiquement et militairement, elles butèrent contre un écueil imprévu : les peuples destinés à être colonisés en étaient à peu près au même stade de développement que le colonisateur. Ils avaient la même culture militaire et maîtrisaient parfaitement le jeu des alliances et des traités. Si bien qu'en s'alliant ils furent plus forts que nous, si bien que toute cette histoire a fini par capoter le

18 juin 1815, dans la triste plaine de Waterloo, comme chacun sait. Mais ce n'est pas pour autant que le rêve d'exporter le progrès et la liberté était mort ! Il ne dormait que d'un œil. Après quelques décennies pour se refaire une santé, nous avons réveillé le rêve, et, prudemment, ce n'est pas vers l'Europe, mais vers l'Afrique et quelques pays d'Extrême-Orient qui ignoraient tout de l'avenir de la machine à vapeur et de l'électricité, que nous tournâmes notre générosité colonisatrice. Quelques grandes voix, comme celle de Clemenceau, s'élevèrent pour signaler qu'on n'apporte pas la liberté aux peuples en les exploitant – entre-temps, le progrès humain avait rendu cette idée accessible à tout le monde –, mais elles trouvèrent pour les couvrir des voix encore plus puissantes, comme celle de Jules Ferry, pourtant républicain irréprochable, auquel nous devons tant aujourd'hui, comme quoi, rien n'est simple. Mais on admettra que l'opinion était divisée, et que tous les Français d'aujourd'hui ne peuvent être considérés comme les héritiers de colonisateurs convaincus.

Le dernier conflit armé et sanglant contre une nation que connut notre République française fut la guerre d'Algérie. Notre retrait d'Afrique de l'Ouest et de l'Indochine s'étant effectué par d'autres moyens (voir l'entrée « Europe » pour ce qui concerne l'Indochine), arrêtons-nous sur la guerre d'Algérie, qui fut la conséquence d'une abominable confusion où se mélangent le pire que peut accomplir un envahisseur et la bonne volonté républicaine d'équiper matériellement et politiquement un pays que la vieille occupation turque n'avait pas – sauf à idéaliser la civilisation ottomane – conduit sur le chemin du développement.

Il n'est qu'à consulter les innombrables ouvrages et rétrospectives historiques pour prendre connaissance de toutes les données de la guerre d'Algérie et de son issue victorieuse pour les Algériens, et chacun se fera son idée. Il s'agit maintenant, dans ces pages, d'observer les conséquences actuelles, en France, de la colonisation de l'Algérie, quatre générations après la conclusion des accords d'Évian de 1962, consacrant à la fois l'indépendance de l'Algérie et la paix et la coopération avec l'ancien colonisateur.

Pour commencer, un étonnement. L'Algérie, petit pays sous domination, a vaincu militairement la République française. Il y avait de quoi pavoiser, devenir un symbole, et représenter un espoir pour tous les peuples opprimés. L'Algérie, terre au sous-sol abondamment pourvu de gaz et de pétrole, était appelée à devenir un pays prospère, aux infrastructures modernes, aux universités prestigieuses, au régime politique exemplaire en termes de liberté et de redistribution. Le curieux mélange d'islam, de communisme et de corruption dont se sont abreuvés les dirigeants algériens les a conduits sur une autre route : celle des régimes autoritaires, arbitraires et corrompus qui maintiennent leur population dans la misère et la superstition, afin de garder le pouvoir.

Dans ses écrits sur l'Algérie, Daniel Leconte rappelle un fait que tout le monde semble avoir oublié : par centaines de milliers, les nouveaux citoyens du pays vainqueur ont émigré vers le pays vaincu, l'ancien colonisateur, dans l'espoir d'y trouver une vie meilleure, chose qui s'était rarement observée dans les guerres du passé. D'habitude, on constate d'abord la défaite, puis l'humiliation d'être réduit par le vainqueur à accomplir les tâches dont il veut se débarrasser. Ce n'est pas le cas pour les Algériens. D'abord, ils ont gagné la guerre, ensuite, ils sont venus en masse ramasser les poubelles en France. On peut remarquer qu'après d'autres tragiques péripéties, c'est aussi ce qui s'est passé pour nombre de Vietnamiens qui, après la réunification du Vietnam, sont partis en Occident dans l'espoir d'une vie meilleure.

Mais – et c'est là que je voulais en venir pour définir le mot « colonisation » – c'est justement au Vietnam, où j'effectuais un long reportage, que j'ai compris l'impasse dans laquelle nous butions pour accomplir le travail de mémoire de la colonisation. À Hanoï, j'avais ce que l'on appelle un « fixeur » – sorte de coach local et d'interprète, qui s'appelait Bang. Le colonel Bang. C'était un ancien de toutes les guerres d'Indochine, contre les Français, les Américains, les Chinois, les Khmers... Il s'était plus d'une fois comporté en héros, et il avait fini correspondant de presse aux armées. Pourtant, c'était un paria dans la société vietnamienne. Il était gradé et décoré, mais ne touchait pas de pension, vivait misérablement, et ne jouissait d'aucune considération. Au contraire, il craignait comme la peste les tracasseries policières s'il se faisait un tant soit peu remarquer. Lorsqu'il s'établit entre nous assez d'amitié et de confiance, lorsqu'il comprit que je n'utiliserais jamais son nom dans mon reportage ni ne le dénoncerais pour menées antirévolutionnaires au premier képi venu, je pus avoir avec lui quelques conversations intimes et sincères. Il a fallu plusieurs jours pour vaincre sa méfiance, tant son âme douloureuse était meurtrie par cinquante ans d'épreuves et de désillusions. « Bang, dis-moi pourquoi, après tant d'années où tu t'es battu avec honneur et dévouement pour ton pays, en es-tu réduit à une situation si misérable ? » Bang a laissé planer un long silence, puis, la tête basse, il m'avoua : « Tu sais, je parle le mandarin, l'anglais, le japonais, et le français... Je viens d'une famille de lettrés. Mon arrière-grand-père était diplomate. Il a été invité à la cour de Napoléon III pour assister à l'allumage d'une ampoule grâce au courant électrique. Bien que m'étant battu pour l'indépendance dans l'armée de libération, la première chose qu'a faite le Parti communiste fut de retracer nos origines sociales. Et quiconque avait dans sa généalogie des lettrés ou des administrateurs fut ravalé, au mieux, au rang de paria, au pire, enfermé dans un camp de rééducation. »

Jamais je n'avais été confronté de manière aussi proche et réelle au scandale qui consiste à faire porter aux descendants la faute réelle ou supposée de leurs ancêtres. J'en restai à la fois scandalisé et pensif. Quelques jours après avoir fait mes adieux à mon cher Bang et quitté Hanoï, je me trouvais à Huê, capitale de l'ancien empire. Dans un bar, j'ai sympathisé avec quatre étudiants, trois filles et un garçon, et nous sommes convenus de passer une journée sur le Mékong à bord d'un petit bateau à moteur. Ils étaient tout joyeux de me faire découvrir les beautés du fleuve, et les fameux temples qui parsèment la rive. On avait apporté de quoi pique-niquer, et ça ressemblait à ce que devait être un dimanche d'été à Joinville au bord de la Marne avant la guerre, sauf que c'était le Mékong.

Plus que les temples, je voulais découvrir leur vie, leurs désirs, leurs goûts, leurs projets… Ils avaient l'air si pleins d'énergie, d'humour, de bonne humeur que je fus étonné de leur soudaine gravité quand je leur demandai quel métier ils feraient plus tard… Après quelques hésitations, ils me confièrent qu'ils n'avaient aucun espoir d'exercer un métier correspondant à leurs études. « Nos parents sont du Sud. Dès la “libération”, nos parents ont été arrêtés et on fait plusieurs années de camp de rééducation. Jamais nous ne pourrons faire aucune carrière intéressante, parce que nos familles sont proscrites… » Ils auraient bien voulu travailler à la prospérité de leur pays, mais celui-ci ne voulait pas. Ils avaient vingt ans, et ils savaient que leur avenir était bouché à cause de leur livret de famille marqué du sceau de l’infamie. Ils ne voyaient d’issue que dans l’immigration, déchirés à l’idée de devoir quitter leurs familles pour réussir leur vie.

Leur histoire était une variation de l’histoire de Bang, mais aussi un de ces drames archaïques qui fournit le thème aux tragédies depuis l’Antiquité. La même histoire que celle des Capulet et des Montaigu qui inspira Shakespeare.

Avant ces épisodes, je n’avais jamais vraiment réfléchi à cette question : comment, aujourd’hui, peut-on faire porter à un enfant qui vient de naître le poids des fautes avérées ou controuvées de leurs géniteurs, et des géniteurs de leurs géniteurs, et ainsi de suite jusqu’à la perte de la trace de l’origine ?

De quoi s’agit-il, sinon d’un racisme discréditant les personnes pour ce qu’elles sont et non pour ce qu’elles font ? Cela ne repose sur aucune réalité mais sur un fantasme de malédiction d’une origine, c’est le comportement barbare au commencement de tous les arbitraires frappant l'âge, la sexualité, le sexe, la couleur de peau, la consonance du patronyme…

Une partie non négligeable de la gauche française a brodé sans vergogne sur une culpabilité postcoloniale, encourageant, chez les descendants des colonisés, cette condamnation des enfants, petits-enfants, arrière-petits-enfants supposés des colons. Aujourd'hui, être français à peau blanche, c'est être coupable des pires conduites des colons les plus abrutis et des militaires tortionnaires. Les mouvements indigénistes, racialistes, et autres militants décoloniaux, sont applaudis par les héritiers de cette gauche qui perpétue sans vergogne les malédictions archaïques qui condamnent des innocents au nom d'un passé qu'ils n'ont pas vécu.

Aujourd'hui, les seuls coupables des crimes perpétrés en Algérie sont soit morts de vieillesse, soit près de mourir. Qu'y peuvent les personnes qui étaient des enfants à l'époque, et tous ceux qui sont nés après ? Rien. Sinon ouvrir un dialogue fraternel dans un esprit de justice exempt de tout désir de revanche. Même si l'aigreur et le ressentiment sont compréhensibles, le progrès humain commande de les dépasser, afin de construire ensemble une considération réciproque, qui, seule, peut garantir un avenir décent pour tous. S'interdire des vieux réflexes tribaux de mise au ban sur des critères d'origine est nécessaire pour tous, que l'on soit descendant de colonisé ou de colonisateur. D'ailleurs, que sait-on de notre origine ? Qui nous dit que nous descendons à coup sûr de nos parents, nos grands-parents, nos arrière-grands-parents ? L'adultère n'existe pas sur Terre ? On peut se réjouir d'être le descendant en ligne directe de Nicolas Flamel ou de Mme de Staël, mais rien ne prouve qu'on n'en descende pas par les domestiques...

Bien sûr, il en va autrement de la responsabilité des collectivités nationales qui implique aide et dédommagement. Elles ont toute leur légitimité, dans une certaine limite temporelle au-delà de laquelle la prescription permet une collaboration d'égal à égal. Mais que l'on foute la paix aux individus d'aujourd'hui qui, en tant que tels, n'ont aucune responsabilité dans ce qui s'est passé avant leur naissance, et qui, en aucun cas, ne peuvent être jugés pour une histoire dont, hélas, la plupart du temps, ils ignorent presque tout.

Les coutumes archaïques qui diabolisent des lignées ou des races sont encore vivaces aujourd'hui. On pourrait, à la limite, en comprendre l'expression chez une jeunesse qui cherche des causes à ses échecs. Le plus déprimant, le plus obscène aussi, c'est que non seulement elle ne trouve aucune contradiction raisonnable – ni dans les courants politiques qui se réclament du progrès humain, ni dans les médias –, mais qu'en plus elle rencontre une flatterie, un acquiescement, une bienveillance qui ne sont rien d'autre qu'un reniement de soi.

Que la fondatrice du Parti des indigènes de la République (PIR), Houria Bouteldja, soit protégée et rémunérée par le président de l'Institut du monde arabe, Jack Lang, ancien ministre de la Culture d'un gouvernement socialiste, démontre simplement que tout ce qui alimentait le commerce de la terreur et de la haine dans les temps anciens continue de faire vivre une partie de cette gauche qui a installé son petit commerce sur le sommet de la trahison politique.

COMPLOTISTE

Se dit d'une personne qui se croit plus intelligente que la réalité. L'exemple célèbre le plus récent s'observe lors des attentats du 11 septembre 2001. Le complotiste, c'est le type qui regarde s'effondrer les tours à la télé et dont la première réaction est de penser : « On ne me la fait pas. » Derrière l'évidence de terroristes islamiques envoyant des avions percuter les tours, il voit autre chose. N'importe quoi, mais autre chose. Surtout pas des terroristes islamiques qui font un attentat. Des Juifs, la CIA ; ou bien encore la CIA, des Juifs ; ou peut-être, pour une infime minorité, une société secrète cathare qui s'est vengée du massacre des albigeois ; mais surtout des Juifs et la CIA, parce que c'est ce qui tombe le plus facilement sous la main quand on cherche ce qui se cache derrière la réalité. Çà et là, on trouve encore le KGB, mais de moins en moins souvent. Tout simplement parce que, pour le KGB, c'est souvent plausible, or, si c'est plausible, ça n'a plus aucun intérêt. Quand la réalité devient crédible, c'est qu'à nouveau elle cache quelque chose.

On notera que, pour les complotistes, les pays qui représentent véritablement un danger – l'Iran des mollahs, la Russie de Poutine, ou la Turquie d'Erdoğan – ne présentent guère d'intérêt pour expliquer ce qui se cache derrière les désordres du monde. Les complots réels – car il en existe – les indiffèrent. À la limite, ils n'évoquent ces pays que pour légitimer leur hostilité par le rôle occulte et criminel que jouent les Juifs et la CIA dans les problèmes qu'ils rencontrent. La plupart des complotistes sont totalement en adéquation avec la vision du monde des mollahs iraniens qui se résume à souder leur nation contre les Juifs et la CIA. L'histoire du coronavirus est exemplaire. Jusqu'à plus ample informé, tous les faits indiquent que le virus vient de Chine. Pour tout bon complotiste, l'affaire est trop évidente, elle cache quelque chose. Mais après qu'on eut appris que les Israéliens avaient été les premiers à commander des vaccins, le doute n'était plus permis… C'est donc un virus fabriqué par la CIA dans un laboratoire israélien, ou l'inverse, et là-dessus, il y a débat.

Supérieur au crétin de base qui croit ce qu'il voit, le complotiste « sait » que derrière la réalité il y a autre chose. Pour lui, la vérité et la réalité sont deux concepts totalement dissociés. La réalité n'exprime pas la vérité, elle la dissimule. Si la réalité est tragique, la vérité est indicible, elle est taboue, car personne n'a le courage de dire que la vérité, c'est les Juifs et la CIA. Le complotiste ne se rend pas compte qu'en dissociant la réalité et la vérité il avoue implicitement que la vérité n'est pas la réalité, et que la CIA et les Juifs, *tels qu'ils se les figurent*, n'appartiennent pas à la réalité. S'ils sont *derrière* la réalité, clairement, ils n'existent pas. Mais le complotiste n'est pas à ça près.

En ce sens, les Juifs et la CIA font office de Dieu de substitution. Tout au long de notre histoire, la plupart des gens ont cru que derrière la réalité il y avait Dieu et ses dépendances, c'est-à-dire généralement l'enfer et le paradis. La réalité dissimulait Dieu, il y était invisible (comme les Juifs et la CIA), mais il dirigeait tout le bazar (comme les...).

La religion est une tentative de régulation du complotisme. Elle propose une seule cause commune pour expliquer la réalité par ce qui se cache derrière, en l'occurrence, Dieu. Elle réduit au minimum les causes cachées pour éviter que les innombrables croyants des innombrables causes cachées ne passent leur temps à s'étriper. Le problème, c'est qu'aucune religion ne peut contester qu'il y a « quelque chose » derrière la réalité, puisque c'est ce « quelque chose » qui les fonde. Si la foi religieuse peut servir de drogue de substitution au complotiste, elle ne le guérit pas. Il reste accro à l'idée d'un arrière-monde. Sa radicalisation religieuse n'est rien d'autre que son propre renoncement à l'unicité de la cause de la réalité, c'est-à-dire Dieu tout-puissant, auquel elle préfère un Dieu victime des Juifs et des croisés qui dégradent le monde qu'Il a créé. Le complotiste tendance Daech, par exemple, pense, contrairement à ce qu'il est censé croire, que les Juifs et la CIA sont plus puissants que son Dieu. Sans vouloir l'admettre, il vit une contradiction qui a toutes les caractéristiques de l'apostasie. S'il l'admettait, cela remettrait du même coup en cause la réalité des soixante-douze vierges que Dieu lui offre comme esclaves sexuelles s'il meurt en ayant assassiné des Juifs ou des agents de la CIA. Car seul un Dieu dont la toute-puissance anéantit tout sens du ridicule peut tenir une telle promesse. Et seul un complotiste, parce que persuadé que quelque chose se cache derrière la réalité, peut adhérer à l'idée étrange que, tout de suite après s'être fait exploser une ceinture de dynamite autour du ventre, il pourra pénétrer soixante-douze vierges. On s'est d'ailleurs aperçu, en ramassant les morceaux de certains kamikazes, qu'ils portaient une demi-douzaine de slips, précaution destinée à sauvegarder le nécessaire pour jouir des soixante-douze vierges. Si le complotiste n'est pas assez naïf pour croire que Ben Laden a commis un attentat contre les Twin Towers, en revanche il croit dur comme fer que le coton des slips protège de la dynamite, et que sa bite et ses couilles vont monter toutes seules au paradis pour niquer soixante-douze vierges pendant l'éternité. Le propre du complotiste, qu'il a en commun avec le con de base, c'est qu'il n'a pas de limites. Pourquoi le néant, qui par nature ne contient rien, contiendrait-il des limites ?

C'est la raison pour laquelle il est impossible de soigner un complotiste en lui étalant sous les yeux les preuves de son erreur. Derrière la preuve, et parce que la preuve sera réelle, il verra autre chose. Et ainsi de suite, à l'infini, à chaque preuve que vous lui apportez. La seule manière de soigner un complotiste dangereux, c'est de lui faire croire à une chose encore plus invraisemblable, mais qui le rendrait inoffensif. Par exemple, on peut lui raconter qu'en fait les coupables sont des extraterrestres qui, il y a longtemps, se sont accouplés aux Incas et aux Aztèques, mais surtout aux Incas. Ils ont créé une race supérieure qui vise à coloniser la Terre en se faisant passer pour les Juifs et la CIA, les vrais Juifs et la vraie CIA n'ayant rien à voir là-dedans. Ça peut marcher. Mais ce n'est pas garanti, car le complotiste est très attaché aux Juifs. À la limite, vous pouvez le faire changer d'agence de renseignement – FBI, MI5, DGSI, voire KGB –, mais il préfère garder les Juifs, parce qu'ils sont ce qu'il y a de plus pratique pour élucider la cause première. D'ailleurs, il ne vient pas spontanément à l'idée de penser que, derrière les Juifs, en fait il y a la CIA. Tandis que l'inverse est bien plus satisfaisant intellectuellement.

On peut sinon excuser, du moins comprendre le complotiste. Devant le nombre inépuisable de causes de la réalité, et le recours à une exigeante complexité pour en expliquer la moindre manifestation, l'être humain, après une journée de travail, préfère regarder le foot plutôt que de se demander pourquoi il y a quelque chose plutôt que rien. Mais si vraiment ça le tarabuste, dans sa barrette de scrabble neuronale, plutôt que de chercher un mot compte triple avec des X et des W, soit il pose « Dieu » et il va se déboucher une bière avant de regarder la seconde mi-temps, soit il pose « Juif » et « CIA » et il va se déboucher une bière avant d'aller sur le site d'Alain Soral.

La jouissance du complotiste, c'est d'exposer un mystère pour en donner l'élucidation. Le philosophe Clément Rosset, avec une virtuosité foudroyante et admirable par son économie de moyens, a tout résumé en une seule phrase. Cette phrase participe de ces illuminations dont jouissent parfois les individus dotés de fantaisie, de liberté, de dignité et de profondeur. Elle est un viatique dont le laconisme dissimule le flash éblouissant de l'évidence. Un peu comme dans le dénouement des vieux romans policiers, quand le commissaire murmure : « Bon sang, mais c'est bien sûr ! » On remarquera que je prends bien des précautions avant de citer la fameuse phrase. C'est que je la mets en scène, dans un écrin, comme une œuvre d'art, comme une gemme sans défaut, pour mettre en valeur son éclat étrangement durable. Dans la géographie de l'esprit humain, elle se situe exactement aux antipodes du complotisme. Je sens l'impatience du lecteur, auquel je la livre enfin : « Le mystère, c'est qu'il n'y a pas de mystère. »

CULTURE

Ensemble de connaissances acquises par l'étude, visant à développer l'esprit, le jugement, le sens critique, dans les domaines scientifiques, philosophiques et artistiques. La culture par les divers savoirs qu'elle offre à l'activité intellectuelle, en améliorant la perception des choses, est supposée tenir la curiosité en éveil et rendre la vie plus intéressante.

La « culture » a un autre sens dont le succès entretient une déplorable confusion. On entend désormais par

« culture » les coutumes, les mœurs, les habitudes et les croyances observées par les ressortissants d'une région, les membres d'une tribu, voire les habitants d'un quartier qui, par exemple, parlent très fort au pied des immeubles à une heure du matin. C'est ainsi que sous le mot « culture » on peut mettre à la fois l'étude des phénomènes quantiques, les dreadlocks, la lecture des philosophes présocratiques, le skateboard, la notion de mémoire involontaire chez Marcel Proust, les anneaux dans les narines, la découverte de la peinture de la Renaissance italienne, le voile islamique, la musique de Jean-Sébastien Bach, le tatouage d'un dragon sur la fesse gauche, l'*Éthique* de Spinoza, le véganisme, le théâtre de Shakespeare, la bourrée auvergnate, la relativité d'Einstein, l'excision des petites filles, la théorie de l'évolution de Darwin, la lapidation des femmes adultères, la recherche médicale, le port de la barbe, l'histoire de l'art, la recette authentique de la véritable choucroute, etc.

Le problème, c'est que lorsque tout est culture, plus rien n'est culture. Un peu comme lorsque, chez Spinoza, *tout* est Dieu, il n'y a plus de dieu. Claude Lévi-Strauss, auquel nous devons beaucoup, a contribué, sans doute malgré lui, à cette confusion en rangeant sous le mot « culture » les comportements divers observés chez les peuples premiers. Non qu'il faille dénier la valeur et les significations de leurs coutumes – au contraire, leur étude est passionnante et *Tristes tropiques* est un grand livre sur la condition humaine –, mais la popularisation de l'usage du même mot pour désigner l'acquisition de savoir et l'observance de coutumes – ou, en d'autres termes, le même mot pour désigner connaissance et croyance – a créé une regrettable confusion. Un élève qui menace son prof parce qu'il fait un cours sur Darwin ou sur la Shoah peut aujourd'hui protester de son bon droit en décrétant : « Il insulte ma culture. » C'est cette confusion criminelle qui est à l'origine de l'assassinat de Samuel Paty.

Dans une époque où la tartuferie est élevée au rang d'une valeur, l'argument de la culture est imparable, car, comme chacun sait, la culture, c'est sacré.

Maintenant que la culture ne nécessite plus d'efforts mais cède à une pulsion mimétique (« Tu t'es fait un piercing au nombril, je vais le faire aussi, comme ça, on aura la même culture… »), tout le monde est convaincu d'être cultivé et trouve que la culture, c'est génial. Il est devenu presque impossible de trouver aujourd'hui quelqu'un qui affirme sérieusement détester la culture.

Pourtant, si tout est devenu culture, c'est qu'au fond on la déteste. Il faut au moins reconnaître aux responsables nazis d'avoir exprimé une vérité sincère lorsqu'ils proféraient à l'envi le célèbre slogan : « Quand j'entends le mot "culture", je sors mon Luger. » S'il faut rendre grâce que le nazisme soit passé de mode, en revanche, la haine de la culture est intacte et largement partagée. Elle est l'héritage des deux monstrueux totalitarismes qui ont ravagé les corps et les mentalités du XXe siècle.

Les nazis et les communistes avaient en commun une haine fondamentale de la culture. Goebbels comme Staline ne supportaient la « culture » qu'au service de leur idéologie, de leur vision du monde et de leur régime. Ce qu'ils appelaient « culture », qu'il s'agisse de cinéma, de littérature, de musique ou même de science, n'était que de la propagande. Une culture qui n'est pas au service d'elle-même ne peut rien être d'autre que de la propagande. Et la propagande est un mensonge. Les artistes communistes, les poètes, les cinéastes, les écrivains, les intellectuels, et singulièrement parmi eux un nombre considérable de Français, ont menti. Tout talentueux et géniaux qu'ils fussent, ils se sont abaissés à faire de la propagande et ils nous ont habitués à consommer leurs escroqueries sous l'étiquette « culture ». On a pris un mauvais pli. Les épisodes de la modification de *Carmen* ou de la censure des *Suppliantes*, d'Eschyle, témoignent de la volonté que l'art obéisse à l'idéologie et reste strictement cantonné dans son rôle de propagande. Toute la *cancel culture* témoigne de ce goût immodéré pour la propagande et de la haine de la culture.

Il n'est pas très compliqué de comprendre pourquoi.

Les militants de ces causes à la mode sont des curés qui n'ont que faire de la réalité quand elle ne cadre pas avec leur théologie. Ils sont des êtres parfaits qui détiennent, sans contestation recevable, la vraie morale. Quand ils se regardent dans la glace, ils n'ont aucun doute. Ils ont toutes les vertus, et ceux qui ne partagent pas leur idée sont des pourris, des salauds, des parasites, qu'il convient de faire taire, si possible une bonne fois pour toutes. Il suffit d'observer à la télévision l'attitude physique des militants de La France insoumise ou d'autres partis extrémistes. Leurs regards, leurs gestes, autant que leurs paroles témoignent d'une absolue surdité aux arguments des autres. Ils ne veulent pas les entendre, ils veulent les éliminer, les *dégager*. Si par hasard ils se laissaient toucher par un de leurs arguments, ils s'effondreraient. Ils ne tiennent que grâce au bloc compact de certitude qui les habite. Or, qu'est-ce que la culture – par exemple littéraire ou philosophique – sinon la manifestation d'une certaine réalité à un certain instant, que le génie des auteurs ou des interprètes communique à n'importe qui ? Le temps de la lecture ou de la représentation, le spectateur ou le lecteur est l'incarnation de tous les personnages pour peu qu'il les comprenne. Il vit la vie de Swann, de Don Quichotte, de Néron, de Juliette, du père Goriot, d'Ulysse, de Richard III, d'un type honnête, d'une ordure, d'un criminel, d'un lâche. Il est Jean Valjean et

Javert, le bourgeois gentilhomme et Agnès, don Juan et donna Anna, Dracula et Hercule Poirot, la cigale et la fourmi. La littérature exprime une réalité humaine commune à chacun d'entre nous. Sitôt le livre fermé ou le rideau baissé, la plupart oublient avoir vécu dans la peau du pire et se souviennent de s'être identifiés au meilleur. La culture consiste à ne pas oublier que l'on a parfaitement compris que les comportements des héros négatifs ne nous sont nullement étrangers, et que nous ne faisons que lutter avec nous-mêmes pour essayer de nous comporter plutôt comme les meilleurs. Les personnages négatifs ne nous donnent pas seulement l'exemple à ne pas suivre, ils nous renseignent sur ce que nous avons de commun avec eux, sinon nous ne comprendrions pas un mot de toute la littérature mondiale.

L'exemple le plus frappant est Shakespeare, dont il ne nous est connu que quelques rares banalités biographiques mises en doute par les historiens. Pourtant ces banalités sont la preuve éclatante que Shakespeare était bien Shakespeare. Tout homme est banalement Roméo, Juliette, Othello, ou Iago. À travers le Juif Shylock, du *Marchand de Venise*, Shakespeare livre une clef :

Shylock :

« Je suis juif. Un Juif n'a-t-il pas des yeux ? Un Juif n'a-t-il pas des mains, des organes, un corps, des sens, des désirs, des émotions ? N'est-il pas nourri par la même nourriture, blessé par les mêmes armes, sujet aux mêmes maladies, guéri par les mêmes moyens, réchauffé et refroidi par le même hiver et le même été, qu'un chrétien ? Si vous nous piquez, est-ce que nous ne saignons pas ? Si vous nous chatouillez, est-ce que nous ne rions pas ? Si vous nous empoisonnez, est-ce que nous ne mourons pas ? Et si vous nous outragez, ne nous vengerons-nous pas ? Si nous sommes comme vous pour le reste, nous vous ressemblons aussi en cela. Si un chrétien est outragé par un Juif, quelle est sa charité ? La vengeance ! Si un Juif est outragé par un chrétien, quelle devrait être sa patience, d'après l'exemple chrétien ? Eh bien, la vengeance ! »

Tout le monde est n'importe qui, et singulièrement celui qui se prend pour autre chose, par exemple pour le détenteur d'une vérité et d'une conduite morales supérieures à celles du voisin. Tout le monde est le Juif Shylock, et cette vérité est follement subversive parce qu'elle explose toutes les protestations de vertu. La culture contredit les coutumes, les croyances, les certitudes, les bonnes consciences, le bon goût rassurant et moutonnier qui flatte celui qui s'en réclame.

On comprend pourquoi les dignitaires nazis sortaient leur Luger quand ils entendaient le mot « culture » : elle faisait surgir en eux l'image du Juif Shylock. Une humanité impure, bâtarde, contradictoire, travaillée par sa propre faiblesse, attirée par la frivolité et la fantaisie sans lesquelles la joie de vivre est inimaginable.

La culture est le miroir de notre condition humaine changeante, fragile, mortelle, et qui cherche, avec les moyens du bord, à sauver quelques raisons d'être « gai », au sens où Nietzsche l'employait à propos de la « bonne santé ».

Toutes les âmes obsédées par le désir d'avoir *la* bonne opinion, celle qui les rendra séduisantes dans les yeux de leurs semblables, au fond, haïssent la culture. Il leur arrive de lire Dostoïevski ou Racine et de prétendre trouver cela génial, mais elles n'y comprennent rien parce qu'elles se persuadent qu'elles n'ont rien en commun avec Phèdre ou les frères Karamazov. Si elles le comprenaient, elles seraient moins arrogantes avec ceux qu'elles accusent de ne pas adhérer à l'idée qu'elles se font du bien.

La manière dont aujourd'hui la culture est encensée est une manière de l'étouffer dans le nuage de fumée des idéologies puritaines qui se défoulent en jouant du djembé. On dénie à la culture le droit de représenter l'ombre, comme s'il existait un seul être humain étranger à la noirceur. Si les artistes, à leur façon, nous réhabilitent, c'est que, dans le chaos moral où pataugent les humains, ils font surgir quelques comportements imprévisibles d'une beauté étonnante, émouvante, bouleversante, qui introduisent une incertitude joyeuse dans le jugement désespéré sur nos frères humains.

« Frères humains qui après nous vivez / N'ayez les cœurs contre nous endurcis / Car si pitié de nous pauvres avez / Dieu en aura plus tôt de vous merci. » Dans ces premiers vers de la *Ballade des pendus*, Villon rappelle que nous sommes à la fois celui qui pend, le pendu, et celui qui a pitié.

Celui qui brandit son idée du bien, en s'indignant que celui d'en face puisse en contester toute la justesse, avoue sans le savoir sa haine profonde de la culture ; quand bien même, dans le même temps, il promet qu'il augmentera le budget de la culture s'il arrivait au pouvoir.

La différence entre celui-ci et la personne de culture, c'est que l'un se convainc qu'il n'a rien en commun avec son contradicteur, tandis que l'autre n'a aucun problème à convenir qu'il a tout en commun avec lui, à la nuance près qu'il entretient au fond de lui un débat dont il espère qu'il en sortira un peu du meilleur de lui-même. Évidemment, l'un est plus simple à comprendre que l'autre. Quand l'un dit « Vous êtes un salaud », l'autre pense « Vous avez raison, mais vous aussi ; certes je ne vaux pas plus cher que vous, mais au moins, je le sais, et je fais mon possible pour *n'être pas que* le salaud que nous sommes vous et moi ».

La haine de la culture dit « Je ne veux rien voir parce que j'ai tout compris ». La culture dit « Je veux tout voir même si je ne comprends pas », car la culture n'est qu'une incessante quête de la jubilation que provoque la manifestation du réel.

Le plus mélancolique, c'est que les faux dévots de la culture occultent l'essentiel. Si la culture demande de la patience, des efforts, et parfois de l'abnégation, elle n'en reste pas moins le plus stupéfiant, le plus drôle, le plus fidèle, le plus magique, le plus tragique – mais le plus consolant – de tous les miroirs qui jalonnent nos vies d'alouettes.

À la question de savoir si la culture sauvera le monde, on ne peut que répondre modestement qu'elle n'a jamais cessé de le faire toutes les fois qu'une vie humaine a tenté d'y déchiffrer son mystère.

DÉNÉGATION
DIVERTISSEMENT
DROGUE

DÉNÉGATION

Ce que l'on exprime lorsqu'on a sous les yeux une réalité dont on affirme qu'elle n'existe pas. On trouve dans la politique un exemple stupéfiant de dénégation. Après le duel Chirac-Le Pen de 2002, de nombreux commentateurs politiques ont dit : « Les Français ne veulent plus d'un duel Chirac-Le Pen. » Puis après le duel Macron-Le Pen, ceux-là, et d'autres, encore plus nombreux, ont dit : « Les Français ne veulent plus d'un duel Macron-Le Pen. » Et alors que toutes les enquêtes d'opinion, à partir de 2020, annonçaient, si les élections avaient lieu dans les semaines suivantes, un troisième duel entre Marine Le Pen et le président sortant, c'est la quasi-totalité de la classe politique et des commentateurs qui a crié au scandale : « Les Français ne veulent plus d'un duel Macron-Le Pen ! »

Or, quelle est la cause de cette configuration qui oppose, de façon récurrente, un candidat d'extrême droite et un candidat démocrate ? L'opinion des martiens ? des Aztèques ? des chimpanzés ? C'est bel et bien parce qu'à un moment donné, c'est la volonté des Français, laquelle s'exprime dans les sondages puis dans les votes, que Le Pen et Macron se retrouvent face à face. S'ils voulaient un duel entre Mélenchon et Dupont-Aignan, ils l'auraient, mais précisément, ils n'en veulent pas...

Dire que les Français ne veulent plus de ce duel revient à dire que les Français ne veulent plus ce qu'ils veulent. C'est devant de tels phénomènes qu'on mesure la puissance de la dénégation. On pourrait en faire un dialogue entre les fameux personnages de Tintin, Dupont et Dupond :

« Les Français ne veulent plus d'un duel Macron-Le Pen.

— Je dirais même plus : les Français veulent un duel Macron-Le Pen dont ils ne veulent plus. »

Comme toute dénégation, celle-ci suppose qu'autre chose que la volonté des Français organise ce duel dont on nie l'évidence de la cause. Un *deus ex machina* imposerait ce duel aux Français, lesquels, bien que le voulant, y seraient farouchement opposés.

Selon le parti ou la sensibilité de chacun, le *deus ex machina* peut être n'importe quoi : le système, les médias, et souvent, quand on a épuisé les autres hypothèses, les Juifs, victimes privilégiées et argument ultime de toutes les dénégations de la réalité.

DIVERTISSEMENT

Possibilité que nous offrent nos ressources intellectuelles pour penser à autre chose qu'à la mort. « Les hommes n'ayant pu guérir la mort, la misère, l'ignorance, ils se sont avisés, pour se rendre heureux, de n'y point penser », notait Pascal – pour le regretter. Dans les *Pensées*, Pascal consacre de nombreux paragraphes au sujet du divertissement. Son jugement est complexe. D'un côté il le condamne et pense que le malheur de l'homme consiste à ne pas savoir rester seul dans une chambre, le regard dans le vague – c'est-à-dire au fond de lui-même – pour y trouver un sens à la vie. De l'autre, il comprend que l'homme, étant donné sa misérable condition, juge nécessaire d'avoir recours au divertissement. « Un roi sans divertissement est un homme plein de misères », dit-il. Raison pour laquelle la cour s'affaire autour de lui dans le seul but de le divertir. Sinon, il ne penserait qu'aux ennemis à ses frontières, aux famines, aux épidémies, aux révoltes, à la menace qui pèse toujours sur la vie des monarques, à la mort.

Pascal n'hésite pas à se contredire. Il est agacé par Montaigne, qui est sa grande ombre, parce qu'il a fait des trouvailles qu'il aurait bien aimé trouver lui-même. En dénonçant le « sot projet qu'il a de se peindre », bizarrement il accuse Montaigne d'avoir su rester seul dans une chambre à chercher au fond de lui un sens à sa vie et d'y trouver un certain bonheur. De fait, il lui reproche d'avoir su faire ce qu'il reproche aux hommes de ne pas savoir faire, pour leur malheur. En réalité, c'est un dialogue méfiant, mais un dialogue que Pascal entretient avec Montaigne, qu'au fond il admire. Il lui reproche d'être folâtre et enjoué. Et comme sa nature lui interdit de folâtrer et de se réjouir, il pense que ce que dit Montaigne n'est pas juste, dans tous les sens du terme. Il trouve indécent que Montaigne « ne pense qu'à mourir lâchement et mollement par tout son livre » et qu'ainsi « il inspire une nonchalance du salut, sans crainte et sans repentir ».

Pascal ne pouvait approuver un tel comportement, surtout de la part d'une intelligence aussi virtuose.

On peut se demander pourquoi Pascal considérait le salut, la crainte de Dieu et le repentir comme des nécessités impératives. Pascal est un esprit génial qui mérite une lecture studieuse et avisée, plutôt que des commentaires hâtifs et souvent fallacieux. Les *Pensées* sont une œuvre vertigineusement ambiguë, qui arrive à la fin d'une époque qui commence au début du XVIe siècle et qui s'achèvera vers le milieu du XVIIe siècle. Au cours de cette période, qui va de Léonard de Vinci à Spinoza, on voit naître de nombreux esprits matérialistes parmi les scientifiques, les littéraires ou les peintres. Entre la naissance de Léonard de Vinci et la mort de Spinoza, on trouve Galilée, Hobbes, Érasme, Shakespeare, Molière, La Fontaine, Brueghel, Baltasar Gracián, Machiavel et, bien sûr, le feu d'artifice général de Montaigne, pour ne citer que les plus célèbres. L'idée – généralement minoritaire et persécutée – selon laquelle l'univers est le fruit d'un hasard, donc dénué de sens, est partagée par une quantité d'esprits de premier plan qu'on n'observe ni à l'époque précédente, ni à la suivante. La nature est muette, l'univers n'a aucun projet, l'être humain est seul dans l'univers et il sait qu'il va mourir, tel est le constat auquel nous invitent les penseurs et les artistes de cette époque. Et Dieu, dans tout ça ? La plupart d'entre eux donnent une réponse prudente dont on sent qu'elle ne vise qu'à évacuer le sujet. C'est Spinoza qui conclura courageusement en confondant Dieu et la nature, cette nature qui ne pense pas, qui n'a aucun projet, et qui est l'œuvre du hasard. En clair, elle n'a rien à nous dire parce qu'elle n'est que l'idée qu'on se fait de ce qui n'existe pas.

Pascal est l'enfant de cette période qui ne se confond qu'en partie avec la Renaissance, dont elle déborde, et qui, étrangement, n'a pas de nom à elle, tant son message est sulfureux, tragique et drôle. Car les génies de cette période sont tous très amusants, à leur manière. Ils avaient intérêt ! Le message qu'il nous délivre est tellement angoissant que si l'on ne parvient pas à s'en amuser, à quoi bon vivre ? Pascal, dans un premier temps, fait le même constat vertigineux que ses prédécesseurs, mais il en tire d'autres conclusions. Il ne supporte pas cette « misère de l'homme sans Dieu ». Quand ses pairs professent qu'une vie réussie est la seule chose désirable, parce qu'il n'y a absolument rien d'autre, Pascal se dit que la tâche est impossible, que c'est trop demander à la faiblesse humaine qui a besoin de Dieu et de l'espoir de la béatitude éternelle pour supporter de vivre et de mourir. Pascal pense que le drame humain n'est supportable que si l'on est en quête de Dieu et de la joie éternelle qui nous attendent après la mort, quand les autres pensaient que la tragi-comédie humaine n'est supportable que si elle est réussie, c'est-à-dire si elle est divertissante. Finalement, on a le choix. La religion ou le divertissement. La foi ou l'humour. Tant il est vrai que la plupart des croyants – que ce soit en Dieu ou en une idéologie – sont presque toujours totalement nettoyés de toute trace d'humour. Faites l'expérience : racontez une blague très, très drôle, à un type très, très croyant. C'est le bide assuré.

Cela ne signifie pas que le divertissement ne puisse s'occuper de choses graves. Hobbes, Machiavel et Spinoza établissent les principes du fonctionnement des États modernes et de leur diplomatie. Ils élaborent, dans un univers vide de sens, au service de nos vies provisoires, des fictions, comme le droit ou l'éthique, et les opposent aux fictions métaphysiques qu'ils jugent nocives. Pour cela, il faut un certain genre d'humour. En tout cas, il faut être conscient que l'on échange un artifice qui permet de jouir plus intensément de la vie avant la mort contre un artifice qui promet la vie après la mort.

Le divertissement et la foi ont un point commun : leur facticité. Ce sont deux inventions pour supporter la condition humaine. Les deux semblent parfois se confondre, comme dans les *Passions*, de Bach. En réalité, il y a concurrence, et la frontière entre les deux n'est pas claire. Mais c'est au divertissement que nous devons les plus grandes découvertes scientifiques et les œuvres artistiques les plus brillantes. Qu'aurait été la foi sans les sculpteurs gothiques qui représentèrent toute la douleur humaine dans des visages de pierre ?

Bach était croyant, cela ne fait guère de doute, sauf peut-être pour lui-même. Au regard du volume de son œuvre, combien de temps a-t-il sérieusement consacré à sa foi ? Il a passé sa vie à écrire de la musique, une musique hallucinée, une cathédrale d'une complexité folle, d'une intensité inouïe, d'une beauté unique, d'une fantaisie miraculeuse. Par contrat, il n'avait pas le droit de composer de musique profane. L'opéra lui était interdit. À sa manière, il a contourné l'interdit. Les *Passions* sont d'extraordinaires opéras. Il n'a cessé de composer une musique qui, manifestement, n'existe que par elle-même et pour elle-même. Sa musique est divine, mais quand il la compose, il sait que c'est une œuvre humaine, essentiellement humaine. Toute sa musique semble dire : dans le cas où Dieu n'arriverait pas vous à consoler assez efficacement, vous pouvez toujours m'écouter. Et c'est étrange, souvent, dans les passages les plus éblouissants, on rend grâce et l'on se dit : « Dieu existe. » Mais Dieu disparaît avec le dernier accord, et il ne nous reste qu'à trouver un autre divertissement.

DROGUE

Substance hallucinogène, euphorisante ou anesthésiante, dont la toxicité varie en fonction de la nature et du dosage, et qui modifie la perception de la réalité. Par extension, « drogue » désigne également l'objet de certaines dépendances sociales ou culturelles, comme le travail, le sexe, le danger, la littérature, la musique, le jeu, la nourriture…

En regardant la série *Narcos*, qui raconte avec réalisme l'épopée du cartel de Medellín, une question vient à l'esprit. Pourquoi est-ce précisément la drogue qui génère à la fois le plus de violence criminelle et le plus d'argent ? Le nombre de morts dans la guerre des trafiquants entre eux, et dans celle de la police contre les trafiquants, est comparable à celui des conflits géopolitiques. Les sommes amassées sont du même ordre que le budget d'un État. Pablo Escobar et son clan gagnaient tellement d'argent qu'ils ne savaient, littéralement, plus quoi en faire, au point d'enterrer des conteneurs de dollars dans les champs. On estime que le trafic de stupéfiants rapporte 250 milliards d'euros par an, l'équivalent du produit intérieur brut d'un pays industrialisé de taille moyenne. Des pays déstabilisés, des villes transformées en fiefs médiévaux où la justice se rend dans la rue à coups de rafales de mitraillettes, une coopération internationale débordée par la puissance et les moyens des trafiquants, des plans coûteux mis en œuvre par les États pour tenter de freiner la vente et la consommation, et pour traquer le financement des réseaux terroristes, tout ça à cause du commerce d'euphorisants !

Si tant d'individus jouent leur vie dans le trafic, c'est bien parce que la drogue garantit des gains incomparables.

Mais si tant d'autres risquent la leur en la consommant, pour quelle raison est-ce ? À quelle nécessité vitale, profonde, anthropologique, répond la consommation de drogue ? Quel besoin urgent cherche à satisfaire celui qui se drogue ? Il est fort probable que l'effet recherché soit celui qu'Épicure appelle l'« ataraxie », qui n'est pas le bonheur, mais l'absence de souffrance.

Si la drogue confère une puissance mondiale à des mafieux qui ont rarement inventé l'eau chaude, c'est qu'elle est le fantasme de tous ceux qui souffrent. Or, tout le monde souffre. L'homme est un animal souffrant, qui – comme l'écrit Baudelaire – *va cherchant son paradis*. Certes, les drogues créent des accoutumances chimiques, mais la première fois qu'une personne se drogue, elle n'est pas encore accoutumée, elle se drogue pour une raison personnelle. L'accoutumance est un piège, chacun le sait, pourtant ça n'empêche pas qu'il s'en trouve pour s'y précipiter. Et beaucoup. Et, au fond, presque tout le monde. La drogue est un marché dont l'humanité est captive. Tant que les humains auront conscience qu'ils sont à la fois mortels et tributaires du hasard, ils se drogueront.

Imaginons un animal dans la nature. Il va où le mène son besoin de nourriture ou de sexe. Soudain il a la révélation qu'un jour il va mourir. Comme son être est organisé pour échapper à la mort, par cette révélation, tout son être est vaincu. Il restera pétrifié de terreur, ne sachant plus quoi faire de ce qui lui reste à vivre. C'est exactement ce qui est arrivé à l'animal humain. Sitôt qu'il a pris conscience de son destin tragique, il s'est mis à chercher quelque chose qui l'aide à l'oublier. Il a inventé mille subterfuges. Jusqu'à s'imaginer qu'existe une *surnature* éternelle qui l'accueillera après la mort. Pour communiquer avec cette nature, il a cherché des herbes euphorisantes et des champignons hallucinogènes qui lui donnaient l'avant-goût d'une vie débarrassée de l'angoisse de vivre.

Tous les peuples, à toutes les époques, ont consommé des substances pour parvenir à la légèreté de l'être, c'est-à-dire à l'ivresse. Rapidement, le coutumier de l'ivresse n'atteint plus la moindre légèreté, mais plutôt une lourdeur épuisante pour lui-même et surtout pour les autres. Même le plus sage d'entre les sages n'est-il pas en état d'ivresse, ne serait-ce que celle que lui procure la conscience de son étonnante sagesse ?

Celui qui n'est pas – ne serait qu'un tout petit peu – à l'affût d'un moment d'ivresse s'appelle un « dépressif ». Le monde humain est un gigantesque marché de l'ivresse que les trafiquants de drogue attaquent avec de la fausse monnaie.

Chacun sait qu'une infinité de choses conduisent à l'ivresse, dont la plupart n'ont pas de toxicité, ou bien représentent un danger dérisoire en comparaison du bénéfice. Baudelaire, spécialiste de la question, en a délivré l'ordonnance :

« Et si quelquefois [...] vous vous réveillez, l'ivresse déjà diminuée ou disparue, [...] demandez quelle heure il est ; et le vent, la vague, l'étoile, l'oiseau, l'horloge, vous répondront : “Il est l'heure de s'enivrer ! Pour n'être pas les esclaves martyrisés du Temps, enivrez-vous ; enivrez-vous sans cesse ! De vin, de poésie ou de vertu, à votre guise.” »

Au toxicomane, l'ivresse fait porter sur la réalité un regard qui la souille et la dégrade ; au poète, au contraire, l'ivresse fait apparaître la réalité comme la source même de l'étonnement et de la jubilation. Pour opposés qu'ils soient, ces deux états alternent fréquemment chez le même individu. On ne peut programmer à l'avance l'effet qu'une chose aura sur nous. Ni le drogué qui se pique, ni le mélomane qui s'assoit dans une salle de concert. Ça sera peut-être sublime, ou infect, mais, dans les deux cas, il était impensable de ne pas prendre le risque. Il faut s'enivrer. On n'a pas le choix. Et tant que l'on n'aura pas tiré la leçon de ce qui crève les yeux, les pires criminels de la Terre continueront à s'enrichir sur le déni de l'angoisse fondamentale de l'homme.

Si les agents de l'ivresse sont nombreux, beaucoup d'entre eux sont d'un accès moins facile qu'un pied d'immeuble ou qu'un zinc de bistrot. L'ivresse est généralement déclenchée par quelque chose que l'on connaît. Le drogué connaît l'existence de la drogue, l'alcoolique connaît l'existence du vin et du bistrot qui le sert, l'Indien d'Amazonie connaît le champignon qui va le transformer en anaconda... Ce sont les ivresses primitives, les ivresses de base, si l'on peut dire.

Les portes de l'ivresse, comme le suggère Baudelaire, sont innombrables, mais pour espérer les ouvrir, il faut déjà en connaître l'existence et admettre que la plupart demandent une initiation et certains efforts. Par exemple, l'ivresse que ressentent les sopranos et les ténors lorsqu'ils émettent sans douleur des notes très élevées n'est pas donnée à tout le monde et nécessite souvent un long travail semé d'embûches. De même, l'ivresse promise par la lecture de certains vers d'Apollinaire, par l'audition d'un nocturne de Chopin, par la compréhension d'une énigme scientifique, ou par la manière dont le soleil éclaire une colline, exige de savoir qu'elle existe et de vouloir l'éprouver. La musique, la philosophie, la poésie, la science, l'amitié intellectuelle, le partage avec un enfant de l'émerveillement de vivre sont des drogues dures qui, si l'on y goûte, provoquent des addictions aussi sévères que les drogues primaires, comme l'alcool et l'héroïne. Elles ne sont, hélas, pas exclusives les unes des autres, mais on peut émettre l'hypothèse que les premières réduisent la nécessité de recourir aux secondes en risquant de sacrifier tout le reste.

Admettre que la drogue – promesse d'une joie de vivre que l'ataraxie rend possible, promesse jamais tenue par les drogues des trafiquants – est l'obsession de l'humanité et ne disparaîtra qu'avec elle implique une modification de la hiérarchie des priorités politiques. La misère, ou l'ignorance ? Le marché, par exemple, grâce à sa dynamique et à une juste redistribution, peut faire reculer la misère, mais pas l'ignorance. Elle reste une priorité seconde. Un problème qu'on étudiera après avoir vaincu la misère. Pourtant, l'ignorance précède la misère.

L'ignorance est la première de toutes les injustices, parce que le préjudice dont l'ignorant est victime, c'est la rareté des objets d'ivresse dont il a connaissance. C'est un préjudice à double sens dont les effets et les causes ne cessent de s'inverser : la connaissance procure des ivresses qui, à leur tour, dévoilent des connaissances. Certes, le hasard n'est pas absent du jeu et le résultat n'est jamais garanti, mais seuls ceux qui ne parient pas n'ont aucune chance de gagner.

Plus on repère d'objets potentiels d'ivresse, plus on augmente les possibilités d'en trouver un ou deux qui auront l'effet recherché : une absence de douleur qui permet la joie. Par absence de douleur, il faut entendre avant tout la douleur primordiale de vivre en se sachant condamné à mourir. Ce qui est recherché par l'artifice de l'art, de la drogue, de l'amour, de la musique, de l'ambition ou de tout ce qu'on veut n'est autre que le but le plus noble et le plus élevé de la vie : le bonheur. À qui peut-on dénier la légitimité de cette quête obsessionnelle, malgré tout ce qu'elle peut entraîner d'erreurs ou de tragédies ? Quel autre but peut bien avoir la vie ? De toute évidence, aucun. Et pourtant, on vit encore sur l'héritage moral d'un monde qui postule un autre monde au-delà de la vie, lequel promet l'ataraxie après la mort, à condition que celle-ci soit la conclusion d'une vie de renoncements. La promesse du bonheur céleste a fait du bonheur terrestre au mieux une question subsidiaire, au pire un péché mortel. L'ivresse, en désactivant l'angoisse de la mort, prive la morale de son origine transcendante de médiatrice entre notre monde imparfait et l'autre monde où règne la perfection. Quand l'angoisse de la mort s'éclipse, quel besoin avons-nous de Dieu pour nous consoler de mourir ?

Dieu a besoin de l'angoisse comme l'angoisse a besoin de la drogue. Dans ses *Essais*, Montaigne prône un enseignement « à sauts et à gambades ». C'est dès l'enfance que l'on devrait apprendre à repérer et à expérimenter que certaines choses sont précieuses parce qu'elles suspendent l'inquiétude et le chagrin, et qu'il faut pénétrer des domaines qu'on ignore pour en trouver de nouvelles.

C'est le but des difficultés à surmonter et des efforts de toute étude. Peut-être les États, pour lutter efficacement contre la circulation des drogues qui font la puissance et la richesse des pires criminels, devraient-ils comprendre que la drogue est à la fatalité anthropologique du désir d'ivresse ce que la prostitution est au désir d'amour. Au nom de quoi le désir d'amour et le désir d'ivresse seraient-ils discutables ? Pourrait-on au moins comprendre que les drogues des trafiquants sont des drogues de substitution dont le trafic prospère sur le manque d'objets d'ivresse ?

Parce qu'il n'y a pas d'ivresse sans les récepteurs cérébraux du savoir, la question de la drogue est intimement liée au rapport qu'on entretient avec la connaissance. Plutôt que d'en faire une somme d'acquis nécessaires à la réussite sociale, on devrait vanter la qualité de ses effets stupéfiants.

Nietzsche fait dire à Zarathoustra : « Toute joie veut l'éternité, / – Veut la profonde, profonde éternité ! »

Par « éternité », il faut entendre le moment où un artifice esthétique ou émotionnel provoque un sentiment de plénitude. Paradoxalement, c'est lorsque nous sommes malheureux que la mort nous angoisse. Ce n'est que dans la joie et le bonheur que la mort reprend sa place, quelque part dans une imprévisibilité dont il est vain de se soucier puisque nous n'y pouvons rien.

Plus il y a d'ignorants, mieux se porte le marché de la drogue.

Tant que nos sociétés héritières des morales religieuses refuseront d'admettre la nécessité irréductible des artifices qui endorment la tristesse de mourir pour réveiller la joie de vivre, tant qu'elles assigneront à la connaissance d'autres fins que le bonheur, leur guerre contre les trafiquants de drogue sera sans fin.

ÉCOLOGIE

ÉCRITURE INCLUSIVE

ÉGALITÉ

ÉLYSÉE

ENA

EUROPE

E

ÉCOLOGIE

On voit le terme apparaître en 1866 pour la première fois sous la plume d'un biologiste allemand, Ernst Haeckel. Il en donne cette définition : « Science des relations de l'organisme avec le monde extérieur environnant, ce qui recouvre, au sens large, toutes les "conditions d'existence". » C'était un émule de Darwin, ce qui, à cette époque, n'était pas anodin, et n'est hélas pas encore évident pour tout le monde aujourd'hui.

Cette définition appelle immédiatement une question. Les conditions d'existence qu'il s'agit d'étudier pour Haeckel sont celles de tous les existants. Celles de la grenouille, du lichen, du virus, du poisson, du pigeon, du géranium… Bref, quelles sont les conditions requises pour que toutes les choses qui existent vivent ? Car Haeckel est biologiste, et ce qui l'intéresse, c'est la vie.

J'imagine que le mystère des conditions d'existence du granit ou du basalte n'est pas la priorité de ses recherches. Il en est rapidement venu à penser qu'il y avait des collaborations volontaires et involontaires entre les espèces. Des microbes nous protègent, d'autres nous tuent, et si les loups n'ont aucun doute sur l'utilité des brebis, la réciproque n'est pas vraie. Mais ni les brebis ni les loups n'ont un cerveau qui leur donne le pouvoir d'agir consciemment, ni sur la multiplication des troupeaux de brebis ni sur l'éradication définitive des loups. C'est pourquoi les animaux n'ont pu inventer le droit, incapables qu'ils sont d'opposer, dans des débats féconds, le droit à la survie au droit à l'existence.

Seul l'être humain, avec ses capacités cérébrales, peut opérer ce choix faustien de trier, là où il vit, le nuisible, l'utile et l'agréable, et d'en déduire des généralités.

Bien que l'on pense généralement que les espèces, en se développant sans contraintes, s'équilibrent harmonieusement – ce qui reste à prouver – entre proies et prédateurs, entre pommes de terre et doryphores, il n'en reste pas moins qu'il ne faut jamais oublier que l'écologie a cette double qualité d'être à la fois une science et un point de vue. Ce qui est d'ailleurs le cas de toutes les autres sciences, tant il est vrai que les biologistes ont la tendance fâcheuse d'imaginer un ordre du monde obéissant à la biologie, les architectes à l'architecture, les physiciens à la physique, les croyants à Dieu, les historiens à l'histoire, etc. – et, bien sûr, car il faut être juste, les philosophes à la philosophie.

Mais, dans l'écologie, les choses se compliquent par le fait que le point de vue est rarement le même pour deux sujets dans toute la diversité innombrable de la nature. Prenons l'exemple de deux araignées mâles se disputant la fécondation d'une femelle. S'ils partagent le même point de vue sur l'utilité des insectes dont ils se nourrissent, leur point de vue diverge sur la question de savoir lequel des deux est légitime à grimper sur la femelle.

En réalité, on pourrait dire que l'écologie est aussi la science des points de vue, ce qui la différencie des autres sciences. Il est évident qu'aucune science n'est assez délirante et mégalomaniaque pour prétendre élucider, comprendre, et peut-être modifier, tous les points de vue qui, à chaque instant et au gré du plus fortuit des hasards, s'opposent dans la nature. Et sur quelle base les modifier ? Est-ce la morale (qui décidera d'aider l'araignée faible en écrasant la plus forte, au risque, au bout de quelques générations de voir des mygales dégénérées incapables d'attraper un moustique) ? Du point de vue de l'individu, ça peut se comprendre, mais du point de vue de l'espèce, c'est problématique, tant il est vrai que c'est quasi une règle dans la nature que s'opposent les intérêts de l'individu et ceux de l'espèce.

C'est pourquoi la définition que Haeckel donne de l'écologie (« Science des [...] conditions d'existence ») appelle immédiatement une question béante : l'existence de qui ? Les potentiels ravages du darwinisme social, que prévoyait Darwin, et qui l'effrayèrent au point qu'il a hésité pendant des années à publier ses découvertes, ont fourni de monstrueuses réponses au siècle suivant. Hitler, qui se voulait savant dans la science des conditions d'existence, à la question « Quelle existence ? » a répondu : celle de l'Allemand, dont la « race pure » est menacée par le cosmopolitisme et par les Juifs.

C'est la raison pour laquelle l'écologie, si elle ne veut pas verser dans une idéologie criminelle et se transformer en écologisme, est sommée de se poser constamment et avec les plus grandes précautions la question : « Quelle existence ? » L'existence des hommes, des Blancs, des Noirs, des homosexuels, des gros, des maigres, des lecteurs paisibles et bucoliques qui vont cherchant leur paradis, des Chinois, des femmes, des riches, des pauvres, des jeunes, des vieux, des myopes, des blonds ? Ou bien l'existence des arbres, des baleines, des ours, des glands ?

À quelle espèce donner la faveur des fruits de la science des conditions d'existence ?

Avant de tenter une réponse qui apparaîtra, je l'espère, comme une évidence à tous, il faut rappeler la spécificité humaine. Les hasards d'un cosmos à la durée infinie et aux combinaisons innombrables dans lesquels Darwin a découvert les lois de l'évolution ont doté le cerveau humain d'une conscience réflexive. Cet outil d'une puissance inouïe l'a conduit à tenter de résoudre le dilemme éternel entre les intérêts de l'espèce et ceux de l'individu, au profit de ce dernier. Pour aller vite, dans les temps archaïques, un enfant né infirme était dévoré par la horde, pour le plus grand bien de l'espèce. Aujourd'hui, par exemple en France, le même enfant est éduqué, soigné, et si besoin, une fois adulte, il touche une pension d'invalidité. On s'est aperçu d'ailleurs que l'espèce humaine n'y perdait pas tant que ça. Elle y a gagné une multitude de bienfaiteurs anonymes et célèbres, comme Homère ou Peter Dinklage. Combien de temps Marcel Proust, qui étouffait devant la moindre touffe de poils, aurait-il survécu en dormant emmitouflé dans des peaux de bêtes au fond d'une grotte humide ? L'art s'est d'ailleurs attaché à défendre les conditions d'existence des monstres, Elephant Man, Quasimodo, la bête de *La Belle et la Bête*, et autres crapauds auxquels le baiser de l'amour apporte la rédemption, c'est-à-dire leur place pleine et entière dans l'humanité. On peut même dire que c'est un invariant des contes que les nourrices murmurent à l'oreille des enfants à travers les siècles afin de leur transmettre l'idée décisive que, pour ce qui concerne les humains, les conditions de l'existence ne se limitent pas aux bonnes conditions physiques. Si beaux que soient les cheveux, ils sont moins importants que ce qu'il y a dessous, et la faiblesse du talon d'Achille ne lui valut la mort qu'après qu'il fut devenu un héros que l'on cite encore en exemple, et pas seulement dans la gazette des sports.

Les hygiénistes de la fin du XIXe siècle et du début du XXe se saisirent de la science de l'écologie et en détournèrent scandaleusement le sens. D'une quête de connaissance des conditions de l'existence dans la nature, ils ont fait une doctrine qui eût ravi Jean-Jacques Rousseau. Il ne s'agissait plus d'interroger les conditions d'existence dans la nature, mais de déduire de l'idée qu'ils se faisaient de nature la condition idéale de l'existence. Encore une fois, parce que la nature n'est qu'un point de vue sur lequel chacun d'entre nous a une idée différente, la question se pose : quel point de vue de la nature serait un idéal pour l'existence, et singulièrement pour l'existence de l'individu ? L'éventail des solutions que propose la nature est tellement vaste ! De la symbiose amicale au massacre du plus faible, de l'entraide biologique à l'extinction d'une espèce par un virus mutant, du surgissement flatteur de la fleur colorée à la puanteur de la charogne dévorée par les vers...

Contre cette évidence que chacun, pourtant, peut constater, la vie naturelle devint une valeur, et même un impératif, dans les deux régimes totalitaires qui ravagèrent le XXe siècle. Et cette valeur est si tenace qu'aujourd'hui encore nous continuons à payer l'addition de cette orgie naturelle. Le jeune paysan russe au menton carré qui, en souriant, tient une gerbe de blé d'un bras et brandit le drapeau rouge de l'autre, et le jeune nazi torse nu qui tient une gerbe de blé d'un bras et de l'autre agite l'oriflamme des SS ont en commun de faire passer le message que les conditions d'existence d'un corps sain sont une vie « naturelle ». C'est-à-dire une vie sans artifice.

Il se dégage ici une opposition qui agite encore toute la dialectique contemporaine. Le naturel est bon, l'artifice est mauvais.

Or, et ça pourrait en devenir lassant, il se trouve que l'artifice, comme la nature, est un point de vue. Du point de vue de la plupart des amoureux de la nature, *la nature est ce qu'elle est*, tautologie qui ne nous renseigne pas beaucoup sur elle, mais qu'importe, et les artifices que l'homme ajoute à l'existence de la nature ne font que la dégrader, la « bâtardiser », la détruire. Il y aurait donc d'un côté la nature, et d'un autre côté l'homme, lequel, bien qu'issu de la nature, s'en désolidarise, s'y oppose, et s'en *échappe* (!) pour lui rajouter, au mépris de l'harmonie primordiale, des éléments artificiels, comme l'art, les diverses applications des sciences et des philosophies politiques… Parmi les artifices qui pourraient bien se retourner contre les idéologues de la nature, les dieux sont en bonne place. C'est là que le diable se mord la queue, si l'on peut dire. Artifices par excellence, les dieux sont pourtant, tous autant qu'ils sont, une certaine idée de la nature et de l'ordre de l'univers, et c'est en général en leur nom qu'on a déclaré la plupart des guerres, lesquelles sont, comme chacun sait, les plus grandes catastrophes écologiques.

Mais il reste une énigme. Où finit la nature et où commence l'artifice ? Bien malin qui pourra tracer la frontière. L'artifice se situe du côté du mal qui n'a d'autre but que de changer (donc de dégrader) l'ordre naturel. Il ne serait capable que d'engendrer, à terme, le chaos. Il est donc inconscient et sans but, face à une nature qui, au contraire, s'accomplirait au service d'un but harmonieux. Or jamais encore, malgré des recherches très avancées, nous n'avons pu constater scientifiquement que la nature avait le moindre but. Nous savons que les espèces vivantes cherchent à se perpétuer en se renforçant, qu'elles n'y parviennent pas toujours, et pour le reste, nous ne savons rien sur la finalité de l'Univers, parce qu'elle n'existe pas. Au contraire, plus on l'observe, moins on discerne le moindre projet, sauf celui, pour la chose existante, de persévérer dans son être. On ne voit qu'une infinité d'accidents hasardeux qui finissent par produire de la réalité en perpétuelle mutation. On peut lui donner la même définition qu'à l'artifice : « Une infinité d'accidents hasardeux qui finissent par produire une réalité en perpétuelle mutation. »

Vue sous cet angle, la nature, laquelle n'est rien d'autre que l'idée qu'on s'en fait, n'existe pas. Il n'y a que des artifices. Ou alors tout est nature : l'homme, les étoiles, les fleuves, les mers et les continents, les villes, *La Joconde*, les routes, le Parthénon, les fusées, les grenouilles, la matière plastique, la musique de Mozart, le coronavirus, le cancer, les droits de l'homme, le nazisme, les primevères, les mésanges, Dieu, le diable et son train. Ou bien tout est artifice : voir la liste ci-dessus. On n'a pas le choix, c'est l'un ou l'autre. L'observation rigoureuse de l'univers ne conduit qu'à ces deux conclusions, qui, d'ailleurs, reviennent au même. C'est pourquoi, jusqu'à preuve du contraire, et bien que l'on sache que ça ne convaincra pas ceux qui ont envie de croire autre chose, il est tout à fait raisonnable d'en conclure que la nature, comme réservoir éternel d'une énergie au service d'une harmonie universelle, c'est-à-dire Dieu, que la nature et Dieu, donc, vertigineux synonymes, n'existent pas. Ils ne sont que chimères produites par la terreur d'accomplir, dans un univers dénué de sens, une vie bordée par le néant qui précède la naissance et celui qui suit la mort.

Et pour supporter cette réalité maudite dont l'espèce humaine a pris conscience grâce à son cerveau anormalement développé, l'homme est condamné à sans cesse y ajouter des artifices afin d'améliorer sa condition d'existence parmi les tragiques artifices de la nature. Certes, aucun n'a réussi à vaincre la mort, mais nombreux sont ceux qui ont considérablement amélioré les « conditions d'existence ». On cite souvent la pénicilline, mais on pourrait aussi citer les constitutions démocratiques, l'anesthésie, les chansons de Charles Trenet, les *Essais* de Montaigne, la *Passion selon saint Matthieu* de Bach (celle selon saint Jean n'est pas mal non plus), les quais de la Seine, toute la littérature moins quelques imposteurs, le TGV, le rasoir à quatre lames, Chopin (pour ne pas toujours citer Mozart), la bière fraîche l'été, les blagues de Ricky Gervais, et tout le tintouin qui nous fait rire, pleurer et désirer le bonheur présent et à venir bien que chaque instant rapproche la mort. Sans ces artifices – dont le bilan carbone, on le concède, n'est pas toujours idéal –, notre vie serait celle d'un cochon qui patauge dans sa merde en attendant l'heure du charcutier.

C'est la raison pour laquelle un écologiste qui aurait suffisamment étudié la question pour, vraiment, ne pas croire en Dieu, ne pourrait en aucun cas déduire une morale politique découlant de celle de la nature, puisque rien n'a jamais prouvé l'existence d'une telle morale.

Pour se mettre au service de la nature afin de lutter contre les artifices humains, comme il est de règle chez les écolos, il faut obligatoirement postuler que la nature est divine, et que cette divinité est menacée dans sa pureté par les artifices humains. Bon nombre d'écologistes d'aujourd'hui se pensent athées, mais s'ils y regardaient à deux fois en prenant bien le temps de la réflexion, ils seraient surpris de découvrir qu'ils sont profondément croyants, convaincus que la nature est un ordre auquel il faut obéir. Et, comme pour tout croyant qui se respecte, ils découvriraient que leur obéissance est d'autant plus grande, passionnée, solide, que rien, dans le chaos de notre univers, ne vient attester la moindre réalité de cet ordre. Obéir à un tel ordre est aussi pertinent que d'enfiler un maillot de bain parce qu'on entend la mer en mettant l'oreille contre un coquillage.

Si, dans les relations humaines, les absents ont toujours tort, dans la relation avec les dieux, c'est l'inverse : les absents ont toujours raison.

Sous les cendres de la Seconde Guerre mondiale, quelques braises ont continué à rougeoyer. Et l'un des premiers petits feux qui en rejaillit fut la création de magasins où l'on ne trouvait que des produits exclusivement naturels. Leur nom était déjà tout un programme : La Vie claire. C'était la création d'un couple, Henri-Charles et Marie-Reine Geffroy, que les récentes tentatives de l'Allemagne d'instaurer une vie saine dans toute l'Europe avaient laissé sur leur faim. Malgré les quarante millions de morts, ils avaient encore un petit creux. Tout en éditant leur petit journal prêchant la bonne parole, ils ouvrirent des épiceries pour permettre à leurs adeptes de communier avec leurs carottes terreuses et à leurs poireaux mélancoliques. Ils avaient un public assez âgé qui, avant tout le monde, se plaignait déjà qu'il n'y avait plus de saisons. Ils étaient généralement hostiles aux vaccins, aux médicaments chimiques et, assez souvent, aux Juifs.

Il faut dire que le maître à penser de Geffroy était le biologiste Alexis Carrel, auteur en 1935, d'un best-seller : *L'Homme, cet inconnu*.

Il y prônait l'« union des meilleurs éléments de la race » et en vint à préconiser, dans une édition de 1943, pour liquider les irrécupérables, l'ouverture d'un « établissement euthanasique, pourvu de gaz appropriés, [qui] permettrait d'en disposer de façon humaine et économique. » C'était un visionnaire…

En France, c'est dans l'immédiat après-guerre qu'avec La Vie claire apparaissent les premières pousses de l'écologie moderne, un pied chez Rousseau, l'autre chez Drumont, le théoricien français de l'antisémitisme. Certes certains adeptes étaient plus pour Rousseau que pour Drumont, d'autres, l'inverse. Mais l'inquiétant, c'est que déjà, ils cohabitaient.

Dans les trente années qui suivirent, le mouvement écologique se déporta vers la gauche. Dans les années 1970, il a séduit toute une jeunesse désireuse d'un retour à la nature et dont l'idéologie floue était un mélange de trotskisme, de bouddhisme et d'essence de thym. L'Ardèche et la Haute Provence connaissant parfois des hivers assez rudes, la braise des joints peinait à réchauffer le tipi. Au bout d'un certain temps, lassés de regarder la télé avec une batterie de 9 volts censée se recharger pendant la journée grâce à un panneau solaire, ils ont fini par s'installer à proximité de lignes EDF, parce que, au bout d'un moment, ça va. Ils étaient en train d'éprouver l'importance de la question : si l'écologie est la science de la condition d'existence, de quelle existence s'agit-il ? Une écologie qui favorise la nature au détriment de l'homme, au point de se laver à l'eau froide et de priver les gosses de vaccin, est-elle une science ou une doctrine ?

Très vite, la médecine devint un gros sujet. Tout germe d'idéologie totalitaire prospère sur la question de la santé. La prise en charge du corps, en contradiction grossière avec la science, non pour des raisons purement médicales, mais doctrinales, est la signature de toutes les sectes, qu'elles soient politiques ou religieuses. Faute de pouvoir, comme les autres religions, promettre la vie éternelle – il y avait dans le mouvement écolo trop d'individus qui avaient lu ou, du moins, entendu parler favorablement de Karl Marx –, l'idéologie promet toujours une vie saine, équilibrée, avec une discipline hygiéniste censée garantir contre les maladies des bourgeois décadents. L'homéopathie et les « médecines douces », dont La Vie claire avait arrosé les petites graines une génération auparavant, se mirent à pousser comme du chiendent. Un abruti qui ne savait pas rédiger une carte de vœux sans faire quatre fautes d'orthographe pouvait vous expliquer doctement pendant toute une soirée pourquoi, avec leurs vaccins et leurs antibiotiques, les laboratoires pharmaceutiques sacrifiaient la santé des foules sur l'autel de la rentabilité des grands trusts américains. La preuve ? La nature, pour peu qu'on s'inspire des savoirs ancestraux des Indiens d'Amérique et des tribus africaines, offre tous les remèdes à toutes les maladies, Sida et cancer compris.

Comment n'a-t-on pas déduit de cette fascination pour un passé humain lointain et idéal que l'écologie, qui se réclamait pourtant de la gauche, offrait tous les critères des philosophies politiques les plus réactionnaires ? Ce qui l'en différenciait, dans un premier temps, c'était son universalisme et son libéralisme sexuel. Mais cette contradiction a fini par se résorber. Au fil des années, l'universalisme est devenu minoritaire. L'antisionisme et un puritanisme sourcilleux ont donné sa cohérence à un mouvement qui prône la gouvernance par des assemblées communales, lesquelles sont la première marche vers les tribunaux populaires et autres méthodes de dénonciations chères aux régimes de terreur.

C'est la raison pour laquelle Anne Hidalgo, maire de Paris, bien qu'elle ait mis du temps à s'en apercevoir, a bien fait de poser le problème de la compatibilité de ses alliés écologistes avec la République. À ce propos, si désormais, à part quelques fieffés hypocrites, tous les observateurs politiques s'accordent à constater qu'il y a deux gauches irréconciliables, c'est que la gauche de progrès, héritière des Lumières libérales, est considérée comme l'ennemie à abattre par une autre gauche constituée de multiples fractions qui toutes se retrouvent dans l'écologisme. L'extrême gauche, l'ultragauche, la gauche radicale, les communistes, l'indigénisme et autre néoféminisme se retrouvent tous dans la détestation de l'être humain qu'incarne l'homme blanc, jaune ou juif, dont le projet criminel est de désobéir aux ordres d'une nature qui exprime à la fois la sagesse, la morale et le droit.

Où et quand la nature exprime-t-elle cela ? Évidemment nulle part. Il s'agit d'un acte de foi qui s'appuie sur l'ancienneté de la doctrine, et non sur l'existence de ce sur quoi elle se fonde. Je ne prendrai qu'un seul exemple, celui de Pline l'Ancien, auteur, au premier siècle de notre ère, d'une *Histoire naturelle* dont se sont inspirés d'innombrables intellectuels dans les siècles qui suivirent, ne serait-ce que par capillarité, puisque plus grand monde ne le lit dans le texte. Né en l'an 23, Pline dénonce déjà fermement toutes les innovations techniques à l'aide desquelles l'homme dégrade une nature dont il est blasphématoire d'attenter à la perfection en ayant la prétention de la modifier. Pline voit comme une catastrophe l'usage des bateaux qui transportent le marbre arraché au flanc des montagnes, de prélever la glace des glaciers et de creuser des trous dans la terre pour la conserver, dans le but de boire frais... Déjà, il prône une austérité qui dénie à l'homme le droit de boire chaud l'hiver et frais l'été, ne fût-ce qu'au prix de quelques kilos de glace des montagnes et du creusement de cavités dans la terre pour la conserver ! Le postulat de Pline, à savoir l'homme ennemi de la nature, n'est pas nouveau. De nombreux philosophes de l'Antiquité, et Platon le premier, considèrent qu'il y a un passé idéal et naturel, auquel il faut se référer. Nous vivons dans un monde que la dégradation de la nature par l'homme a rendu imparfait, impur et chaotique. Comme si la nature n'avait pas déjà prouvé à coups de tremblements de terre, d'invasions de sauterelles, d'ouragans, d'épidémies et de catastrophes climatiques, donné la preuve de l'incohérence qui la définit une bonne fois pour toutes.

Mais la plus grande partie des hommes ne peut supporter l'angoisse de « la vie [qui] n'est qu'une ombre qui passe, celle d'un misérable comédien / qui se pavane et s'agite durant son heure sur la scène / et qu'ensuite on n'entend plus ; c'est une histoire / pleine de bruit et de fureur racontée par un idiot / et qui n'a aucun sens », ainsi que Shakespeare le rappelle, par la voix de Macbeth. Alors il cherche une cohérence à tout ça, et veut se faire une amie de la nature redoutable et imprévisible en lui faisant crédit d'avoir inventé un monde de paix et d'harmonie que l'homme vient troubler. Sur le modèle de cet animisme qui fut la première religion des premiers hommes, l'humanité a inventé à peu près tous ses autres dieux, des plus primitifs aux plus élaborés. Dieu et la nature sont évidemment une seule et même chose, et il n'est pas anodin que presque tous les cultes primitifs aient pratiqué le sacrifice humain. D'une manière brutale, mais qui avait le mérite d'être claire, ces cultes écologistes sacrifiaient l'homme sur l'autel de la nature. C'est aussi ce que font les fondamentalistes des religions, qui n'hésitent pas à assassiner des humains au nom d'un Dieu qui se confond avec la totalité de la nature.

C'est la raison pour laquelle, pour en revenir à la définition de l'écologie qu'en donne Haeckel, il est clair que la science des conditions d'existence, aujourd'hui, ne concerne pas la sauvegarde de l'homme, mais celle de la nature. L'écologisme d'aujourd'hui, tel qu'il s'exprime dans les partis qui s'en réclament, ne cesse de rêver à des contraintes et à des interdits (voyage, nourriture, habillement, confort, hygiène, recherche médicale, etc.) qui visent à faire rentrer l'homme dans un ordre naturel auquel il a désobéi par frivolité : d'avoir croqué dans la pomme interdite de la science a valu à l'homme d'être chassé du paradis naturel par le Dieu de la Bible.

L'écologisme d'aujourd'hui est une théologie qui reproduit sans le savoir les bûchers qui jalonnent les siècles obscurs. Quand on fauche des champs d'OGM, fruit d'années de recherches médicales pour lutter contre le diabète et la mucoviscidose, on n'est pas dans la science des conditions de l'existence de l'homme, on est au Moyen Âge.

L'écologie est une science vitale, et l'intérêt qu'on doit lui porter relève d'un civisme universaliste. Elle ne peut être l'argument doctrinaire d'un parti politique. Tous les partis politiques, dans un régime démocratique, devraient être d'accord pour se soucier des dégradations, des empoisonnements ou des modifications dégradantes de l'habitat humain. Le débat politique doit reposer sur les décisions à prendre, de désaccords en consensus. Mais si un parti s'arroge le monopole de l'écologie, le débat démocratique n'est plus possible. Comment discuter avec un tel parti qui a pour inspirateur non pas des opposants au progressisme ou au conservatisme, mais la nature elle-même, autorité suprême, qui leur souffle la vérité à l'oreille. On remarquera que, sur les plateaux de télévision, souvent le représentant du parti écologiste est seul contre tous, superbe. Drapé dans sa vérité, il ou elle considère les arguments des autres comme un vain bavardage. L'écologie, on en est ou on n'en est pas. Si on n'en est pas, on est un salaud. Leurs arguments d'autorité terrifient les dirigeants des démocraties qui, désormais, craignent de proposer des solutions politiques et scientifiques aux problèmes des conditions de l'existence de l'homme sur la Terre. Chacun tente de se rapprocher le plus possible du parti vert, tout en gardant le plus discrètement possible un orteil dans le monde réel de la responsabilité et de la raison. C'est pourtant l'écologie scientifique qui permet à l'homme de faire le choix en connaissance de cause de ce qu'il garde et de ce qu'il sacrifie de la nature (par exemple, les bactéries et les virus pathogènes)...

Si l'on continue, sans les contester, à écouter les sirènes de l'écologie naturaliste qui nous enseignent la haine des artifices humains, nous n'allons pas tarder à trouver la vie maussade. Car dans les conditions d'existence de l'être humain, il y a une légèreté, un droit à l'erreur et à l'insouciance, un art de vivre constitué de choses inutiles et belles, une liberté, qui lui donnent le goût de vivre sans lequel son existence n'est qu'une marche funèbre.

Dans un monde peuplé de bientôt huit milliards d'individus qui, tous, aspirent légitimement à la vie bonne, il est urgent que les pays développés élaborent une critique radicale de la *théologie* naturaliste et des partis écologistes. Urgent qu'ils se saisissent des problèmes réels sans chercher à faire des concessions à une bande d'illuminés qui prétendent sauver la planète en interdisant à l'individu d'ajouter des artifices humains (sciences, arts, éléments de confort et de plaisir) aux artifices de la nature (catastrophes, mort et pourrissement de toute chose, avenir imprévisible).

Écologie : science des conditions d'existence de l'être humain pour que tout se passe au mieux pour lui et pour le plus grand nombre possible de vies végétales et animales. Science vitale, certes, mais qui ne doit pas déroger aux impératifs de doute et de modestie des autres sciences, lesquelles se renieraient si elles ignoraient que les vérités qu'elles découvrent sont provisoires.

ÉCRITURE INCLUSIVE

Locution féminine, signifiant que la grammaire, qui est féminine, doit exprimer l'égalité entre les femmes et les hommes. Par exemple : « Et bonjour, madame ou monsieur du·de la corbeau·elle / Que vous êtes joli·e ! que vous me semblez beau·elle ! »

Comme on le remarquera, cette définition et cet exemple n'ont aucun sens, sauf pour quelques maires de grandes villes, comme Paris, pour certains partis politiques, comme les Verts, La France insoumise, les communistes et une partie du mouvement féministe. Après de longues recherches, nous avons trouvé l'origine de cette aberration qui consiste à croire qu'en détruisant la langue on construit une pensée. Quelques esprits militants pleins de bonnes intentions, mais peu rompus à la lecture des chefs-d'œuvre de la littérature, eurent un jour la regrettable idée de lire *1984*, de George Orwell. En refermant le livre, ils ont conclu, contrairement au désir de l'auteur, que le roman ne dénonçait pas, mais faisait l'éloge d'un monde qui déstructure la langue. Ce contresens d'une poignée de malheureux analphabètes aurait valu, en temps normal, un zéro en compte rendu de lecture, niveau seconde. Mais la réalité est par nature imprévisible, et ce fourvoiement de cancres – qui en dit long sur les lacunes de l'Éducation nationale – connut au contraire le plus vif succès dans les hautes sphères de l'Université française, notamment dans le domaine prestigieux des hautes études en sciences sociales. L'une des causes en est que le goût du paradoxe donne à l'imbécile l'impression de voler très au-dessus des modestes victoires du savoir et de la raison.

L'ordonnance de Villers-Cotterêts du mois d'août 1536 imposait l'usage du français dans les actes administratifs et judiciaires, parce que le latin n'était compris que d'une élite. C'est donc la première fois depuis le XVIe siècle qu'un mouvement politique revendique d'inverser le mouvement, et de remplacer le français par un charabia compris d'une poignée de privilégiés convaincus qu'en détruisant la langue – et, par conséquent, la pensée qu'elle exprime – on abolira la division du travail entre les hommes et les femmes. Beaucoup plus fort que de s'attaquer sournoisement à la liberté d'expression, on s'attaque à l'expression elle-même. Il fallait y penser.

Gageons que les personnes atteintes de dyslexie, auxquelles la lecture et l'écriture du langage courant demandent les efforts les plus pénibles, seront ravies d'apprendre qu'elles devront désormais passer trois fois plus de temps pour déchiffrer la lettre du maire et les règlements administratifs des lieux publics. Mais les défenseurs de l'écriture inclusive, et fervents promoteurs du paradis de George Orwell, doivent supposer que la dyslexie est réactionnaire, et que ni les femmes, ni les homosexuels, ni les transgenres, ni les bi, ni les ter ne sauraient en être atteint·e·s. Sans compter les innombrables élèves qui sortent de nos écoles avec une maîtrise très approximative de la grammaire et de l'orthographe, pourvus d'un vocabulaire limité, victimes de la pire des inégalités, celle de l'ignorance, qui se verront, en plus, confrontés à une déstructuration de la langue. Mais les linguistes inclusifs, plutôt que de lutter contre l'échec de l'apprentissage de la langue, ont jugé plus urgent de l'épurer de son contenu sexiste.

La pulsion totalitaire qui les a amenés à prôner cette révolution de l'écriture découle d'une profonde ignorance des mécanismes du langage, forgés par le temps et l'usage. Car un minimum d'observation révèle que le genre grammatical est très souvent dissocié du sexe. Par exemple, la lune, en français, est féminin, *der Mond* est masculin en allemand. De même en allemand, « la fille » est neutre, *das Mädschen*, et le sexe masculin, en langage soutenu ou vulgaire, est féminin (*la* verge, *la* bite), tandis que le sexe féminin est masculin (*le* vagin, *le* con). Le masculin, au pluriel, ne l'emporte pas : le signe du masculin est en réalité un neutre lorsque l'on ajoute du féminin et du masculin.

Si donc il est parfaitement légitime de régulariser le genre des professions comme « auteure » ou « professeure », comme cela s'est fait avec « aviatrice » ou « factrice », il est aberrant d'écrire « professeur·e·s » puisque l'usage veut que « professeurs » soit la forme plurielle neutre s'il s'agit d'hommes et de femmes professeurs. Que la forme masculine s'écrive comme la forme neutre pourrait être jugé dévalorisant, voire insultant par les hommes, si nous vivions dans une société où la domination féminine était séculaire.

Notre XXe siècle a connu trois grandes révolutions. Les deux premières, la révolution totalitaire communiste et la révolution totalitaire fasciste, ont été une honte pour l'humanité. L'honneur a été sauvé par la troisième, qui est sans doute, de mémoire humaine, la plus décisive de toutes, la révolution féministe. Cette égalité de droit et de statut social, bien qu'elle soit loin d'être encore établie partout et en toute chose, est la plus précieuse des révolutions, tant il est vrai que le racisme antiféminin est la mère de tous les racismes.

Pourquoi faut-il qu'une poignée d'hurluberlus ridicules compromettent la réconciliation des sexes – dont la guerre millénaire compta la moitié de l'humanité pour victimes – et s'acharnent, par leur bêtise, à provoquer chez le mâle susceptible, qui n'attend que ça, la haine du féminisme ?

Déjà, l'insupportable « celles et ceux » était louche. Et pourquoi « celles » avant « ceux » ? Par galanterie ? Mais la galanterie n'est-elle pas une ruse de la domination masculine ? Par revanche après des siècles de « ceux » ? Alors il faudra calculer au bout de combien de siècles l'emploi prioritaire de « celles » devra être remplacé par une nouvelle formule, du genre « celleux »...

C'est une étrange idée de confondre la langue avec ce qu'exprime la pensée qu'elle traduit. Le problème, ce n'est évidemment pas la langue, c'est la pensée. Alors certes, il y a en France des abus sémantiques que l'usage doit proscrire. Par exemple l'usage de mots ou du genre qui désignent des personnes et sont utilisés comme insultes. Dans sa leçon inaugurale au Collège de France, Roland Barthes expliquait que la langue pense à notre place. Ce n'est pas faux, mais notre liberté, artistique, mais aussi quotidienne, consiste justement à faire dire à la langue ce qu'elle n'a pas l'habitude de dire, à savoir le fond de notre pensée. Sans ce combat avec et contre la langue, il n'y aurait ni science, ni littérature, ni philosophie, ni progrès en quelque domaine que ce soit. Cet exercice de la langue est une précieuse épreuve dont on doit triompher, de la naissance à la mort, et qui est consubstantielle à notre humanité. Vouloir la faire parler à notre place, c'est le rêve de toutes les dictatures.

« La barbe » est féminin, « le voile islamique » est masculin, et ça n'a aucune importance. Ce qui est significatif, c'est le sexe de la personne qui les porte et pourquoi.

« Le balai » est masculin, « la serpillière » est féminin, et ça n'a aucune importance. Ce qui est important, c'est le sexe de la personne qui nettoie la cuisine.

ÉGALITÉ

Propriété de deux ou de plusieurs nombres ou figures géométriques parfaitement identiques. Par exemple, deux égale deux, un angle droit est égal à tous les angles droits, tous les cercles de même rayon sont égaux. Entendue comme une propriété humaine, l'égalité pose de nombreux problèmes, puisque jamais la nature n'a produit deux individus semblables. C'est d'ailleurs l'essence même de la nature – si l'on appelle ainsi la somme de hasards d'où la vie est sortie – de ne produire que des différences. Si ça n'était pas le cas, la vie, qui est le résultat de milliards d'essais ratés pendant des millions d'années, n'aurait jamais pu apparaître. Il fallait que chaque essai fût différent pour avoir la chance qu'un jour, l'un d'entre eux réussisse. Il est peu probable que l'idée d'égalité soit venue à l'homme en méditant devant des cercles ou des angles égaux, mais plutôt par le premier homme qui, grelottant tout nu sur la neige, regarde passer son voisin confortablement emmitouflé dans une peau d'ours. Dans sa langue primitive, il a sûrement protesté : « Dis donc, qu'as-tu de plus que moi pour être chaudement habillé tandis que je gèle ? – Ce que j'ai de plus que toi ? La peau de l'ours que j'ai chassé, abruti ! Va en chasser, et arrête de pleurnicher. – Je déteste chasser l'ours, je trouve ça trop dangereux. Mais je suis un Néandertalien au même titre que toi, et j'ai droit à une peau d'ours. »

Ce dialogue primordial – dont je ne puis garantir l'exactitude de la retranscription – correspond à l'invention de l'égalité. C'est dire si, lorsque Jean-Jacques Rousseau et Karl Marx s'en saisissent, l'idée d'égalité avait déjà roulé sa bosse. Pour le meilleur et pour le pire.

Pour le meilleur quand, par exemple, l'esclave de l'Antiquité se révolte en prenant conscience que l'appartenance commune à l'humanité interdit qu'un individu en possède un autre. Pour le pire quand, par exemple, les chrétiens décrètent que pour être égaux devant Dieu il faut observer le même rituel, et que les protestants et les catholiques se massacrent pour atteindre cette égalité.

De même qu'il y a un hiatus entre les deux sens du mot « culture » – somme de savoir ou somme de coutumes –, il y a une incompatibilité entre les deux sens du mot « égalité » – égalité des droits des individus ou égalité des individus.

L'égalité des droits, garantie par l'autorité de l'État – auquel on délègue le pouvoir régalien de la faire respecter –, est la condition nécessaire d'une société où l'on vit libre et en paix plutôt qu'engagé nuit et jour dans la guerre de tous contre tous. L'égalité des droits est la passion joyeuse de celui qui a conscience que sa liberté ne peut prospérer qu'avec celle des autres. L'égalité des individus est la passion triste de celui qui voit son échec dans la réussite de l'autre. L'égalité des droits est la traduction en actes d'une fraternité que n'inspirent pas tant la religion ou les bons sentiments qu'un raisonnement logique. Je reconnais à l'autre une égalité de droit aussi absolue que deux angles sont égaux, au nom de ma totale indifférence à ce qu'il est, seul moyen raisonnable pour exiger de lui une parfaite réciprocité. Une fois cela posé, il peut arriver qu'on s'aime ou qu'on se déteste, qu'on se recherche ou qu'on se fuie, qu'on s'admire ou qu'on se méprise, car la fraternité a des limites... Mais réduite à son minimum, elle revendique l'égalité des droits. En dessous de cette limite, arrivent immédiatement le racisme, l'esclavage, les théocraties et les dictatures.

Le problème que pose l'égalité des individus, c'est qu'en général elle met très peu de temps à pulvériser l'égalité des droits. L'URSS, par exemple, a pratiquement réussi à accomplir l'égalité des individus, mais pour cela, il a fallu abolir l'égalité des droits. Les dirigeants du Parti communiste et les militaires avaient tous les droits, mais les individus égalisés n'en avaient aucun. Ils vivaient comme dans l'état de nature, avec la peur au ventre qui ne s'endormait jamais, parce que l'arbitraire pouvait enfoncer leur porte n'importe quand.

Quelle étrange idée, totalement métaphysique, négation stupéfiante de la réalité la plus évidente, que celle de l'égalité des individus ! Elle est le produit d'un délire si extravagant que la plupart n'y ont pas prêté attention, comme un Parisien passe à côté de la tour Eiffel sans la voir. Elle est pourtant bien exposée puisqu'elle est le principe même de la pensée de Jean-Jacques Rousseau et de Karl Marx. Ces deux-là postulent que dans la nature les individus naissent égaux. Pas égaux en droits, non, égaux. C'est donc la société, c'est-à-dire le droit – parce qu'une collectivité, même primitive, c'est d'abord du droit –, qui produit les inégalités. La question philosophique est donc de savoir si c'est le droit qui engendre l'inégalité, ou l'inégalité qui engendre le droit. La réponse de l'histoire est sans réplique. Lorsqu'elle bafoue la logique et scandalise la raison, c'est évidemment l'inégalité qui inspire le droit... On l'a encore constaté récemment avec le droit à l'avortement, l'abolition de la peine de mort, le mariage homosexuel et les lois contre le racisme...

Pourtant, les militants de l'égalité des êtres ne cachent rien de l'impasse où ils ont le projet d'entraîner le peuple. En 1796, le *Manifeste des égaux*, souvent attribué à Gracchus Babeuf mais en réalité de la main de Sylvain Maréchal, proclame : « Il nous faut non pas seulement cette égalité transcrite dans la Déclaration des droits de l'homme et du citoyen, nous la voulons au milieu de nous, sous le toit de nos maisons. [...] Périssent, s'il le faut, tous les arts pourvu qu'il nous reste l'égalité réelle ! » Il est bien évident que l'art ne peut survivre sous le régime de l'égalité, puisqu'il est l'expression même du singulier, du différent, d'une réalité qui n'est égale à rien. Plantu et Léonard de Vinci ne sont pas égaux, ni Michel Onfray et Friedrich Nietzsche, ni Rimbaud et Booba, quoi qu'en pensent *Les Inrockuptibles*.

Si l'être humain pouvait se passer de l'art, ça se saurait. Les toutes premières traces de l'humanité, comme la grotte Chauvet, sont des œuvres d'art. Et si l'on ôtait les œuvres d'art, au sens large, qu'ont laissées les générations passées, il ne nous resterait guère de preuves d'une humanité nous ayant précédés.

Si les œuvres d'art racontent l'aventure humaine, c'est qu'elles racontent la manière dont les individus ont cherché à compenser les inégalités que la nature distribue au hasard. Sans l'intuition que l'art manifeste une réalité qui, sans lui, nous échapperait, que resterait-il de l'humanité ? Comment ferions-nous la stupéfiante découverte que nous avons tant en commun avec des gens si différents ? Comment penser l'égalité des droits sans l'art qui nous rappelle à cette vacillante humanité partagée ?

Cette dénonciation de l'art se retrouve évidemment chez Jean-Jacques Rousseau dans son fameux *Discours sur l'origine et les fondements de l'inégalité parmi les hommes*. On peut y lire cette phrase qui aurait dû éveiller la méfiance : « Celui qui chantait ou dansait le mieux, le plus beau, le plus fort, le plus adroit, ou le plus éloquent, devint le plus considéré ; et ce fut là le premier pas vers l'inégalité. » On imagine, dans la société égalitaire de Rousseau et de Babeuf, dans quel cul-de-basse-fosse vont finir les artistes. Quand on voit aujourd'hui des artistes protester parce que Pôle emploi ne les paye pas assez, on les comprend et on les soutient volontiers. Mais quand, dans le même temps, certains manifestent pour une société égalitaire et rousseauiste dans laquelle les meilleurs d'entre eux finiraient au goulag, on reste songeur...

Marx va encore plus loin et, encore une fois, c'est étrange que ça n'ait pas éveillé une méfiance générale, puisqu'il s'agit non d'un texte confidentiel, mais du *Manifeste du parti communiste*, qui fut publié à des millions d'exemplaires et que l'on étudie encore aujourd'hui en classe de terminale. On y lit, noir sur blanc : « Nous reprochez-vous [vous, les bourgeois] de vouloir abolir l'exploitation des enfants par leurs parents ? Ce crime-là, nous l'avouons. [...] Et votre éducation à vous n'est-elle pas, elle aussi, déterminée par la société ? [...] Les communistes [...] arrachent l'éducation à l'influence de la classe dominante. Les déclamations bourgeoises sur la famille et l'éducation, sur les doux liens qui unissent l'enfant à ses parents deviennent de plus en plus *écœurantes*. » C'est moi qui souligne...

Il ne s'agit pas ici de remettre en cause l'étonnant journaliste économique qu'était Karl Marx, ni la mécanique puissante de ses raisonnements, mais de rappeler qu'il avait une conception de l'égalité parfaitement délirante. Croire aussi radicalement qu'il existe une égalité naturelle que la société corrompt, sans se poser la question de savoir s'il existe une quelconque égalité dans la nature, relève davantage de l'illumination mystique ou de la révélation que de l'observation de la nature. Mais Marx, en bon rousseauiste, ne faisait que prêcher les pratiques du maître. Il n'était pas sans savoir que le vertueux Jean-Jacques Rousseau avait abandonné ses cinq enfants à la charité publique…

Raymond Aron, dans un cours qu'il donnait à la Sorbonne dans les années 1950, expliquait les différents sens de la politique. Il disait qu'on menait des politiques différentes selon l'idéal auquel on se référait. On distingue trois sortes de grands idéaux qui orientent la politique.

L'idéal de Hobbes, c'est la paix. Et l'effort prioritaire du pouvoir politique sera de la maintenir.

L'idéal de Rousseau, c'est la légitimité de la représentation. Tous les citoyens étant égaux, l'effort prioritaire portera sur l'établissement d'une démocratie directe. La consultation populaire permanente décide de l'orientation du pouvoir.

L'idéal de Marx, qui est une variante améliorée de l'idéal de Rousseau, c'est la disparition des classes. Tous les citoyens étant égaux, l'effort prioritaire portera sur l'élimination de la classe dominante. Pour cet idéal, il n'est pas interdit de sacrifier la paix, ni même, pour un temps, s'il le faut, la légitimité de la représentation chère à Rousseau. Autant de principes qu'appliquera Lénine avec le succès que l'on sait. C'est d'ailleurs le problème que posent l'idéal de Rousseau et celui de Marx : ils ne reconnaissent en aucune façon la paix comme une priorité.

La démocratie moderne est un régime dont la faiblesse est en même temps la grandeur. Non seulement elle vit des oppositions qui s'expriment dans son parlement, mais elle met un point d'honneur à laisser s'exprimer ceux-là mêmes qui veulent sa perte.

Si l'on réfléchit à certaines exigences de ces trois idéaux, il apparaît qu'il ne serait pas démocratiquement déshonorant de consolider la paix, d'améliorer la représentation et de réduire des inégalités matérielles et culturelles. On se demande pourquoi ces trois idéaux ne collaborent pas entre eux pour le plus grand bien de tous. C'est le contraire qui se produit. Ils sont tous les trois ennemis radicaux les uns des autres. Chacun défend son pur idéal, comme si c'était un commandement du Saint Esprit, ou du Bien suprême, ou d'une Morale indiscutable, trois synonymes...

Les hobbesiens voient avec raison dans les idéaux des deux autres les potentialités de la guerre civile, et les deux autres perçoivent dans l'idéal de paix un mépris de l'égalité qu'ils ont le devoir de combattre.

Il paraît évident que si l'égalité des droits fait prospérer la liberté, l'égalité *réelle* a vocation à supprimer l'égalité des droits en exerçant un contrôle sur la première des libertés qui est de disposer librement de ce que l'on a gagné. Certes, cette liberté trouve une limite si ce que l'on a gagné confère une puissance qui menace de surpasser celle des États au point de nuire à l'égalité des droits, comme c'est le cas, par exemple, avec les Gafam... Mais cela ne fait que prouver qu'il n'y a pas de pur idéal en politique et que chaque grande idée doit accepter de s'hybrider un peu à une autre, en vue d'accomplir non pas le Bien, mais le meilleur possible. La plupart des gens ont du mal à concevoir quelle tragédie serait leur vie dans un monde idéal, et quelle chance ils ont de vivre dans un monde qui n'est que le moins mauvais possible.

Toutes les expériences de société idéale, depuis Sparte jusqu'à l'URSS, sans compter l'Allemagne nazie, la Corée du Nord et l'Iran des mollahs, se sont soldées par l'abolition de l'égalité des droits, donc de la *valeur* de la vie.

Au milieu de notre devise républicaine, entre la liberté et la fraternité qui se réclament de la Raison des Lumières, l'égalité ouvre un gouffre métaphysique précisément à cause de sa double interprétation possible d'égalité *naturelle* et d'égalité des droits. L'auteur de la devise aurait dû préciser « Liberté, Égalité des droits, Fraternité ». Ça sonnait moins bien, c'est vrai. On a choisi l'efficacité, et c'est compréhensible. Mais on le paye. Aujourd'hui encore, c'est la guerre entre l'égalité *naturelle* ou *réelle* et l'égalité de droits qui structure l'essentiel du débat politique.

Imaginons qu'un jour le niveau de la liberté s'élève spectaculairement, cela correspondrait forcément à une puissante montée du niveau d'intelligence et de subtilité du droit.

Imaginons maintenant qu'au sein de la société, la courbe de la fraternité atteigne une hauteur record. Cela correspondrait forcément à une montée en puissance et en inventivité d'un courant philosophique qui s'enracine dans l'Antiquité grecque et passe par Montaigne et Albert Camus.

Imaginons enfin que, au sein d'une société, le pouvoir politique parvienne à établir l'égalité réelle. Au triomphe de quel sens du droit ou de quelle philosophie correspondrait le triomphe de l'égalité ? D'aucun, parce qu'il ne pourra correspondre qu'au triomphe d'une police politique.

La raison en est que la liberté et la fraternité ne contredisent pas la fatalité de la nature, elles la constatent et l'aménagent. En ce sens, elles sont « réelles », parce qu'elles reposent sur du « possible » observable. Le droit et la philosophie les accompagnent. L'égalité au contraire nie la réalité. Qu'elle-même soit réelle ou métaphysique n'est pas son problème, parce qu'elle est mieux que cela, elle est une certitude naturelle. Et comme toujours lorsqu'un pouvoir repose sur une certitude naturelle, il impose un ordre dont l'existence ne dépend ni du droit ni de la philosophie, mais de la puissance de sa police politique.

Ici comme ailleurs, il n'y a pas d'absolu, et fort heureusement, car en politique, l'absolu et la mort se suivent de près. Il existe une zone grise où l'égalité des droits et l'égalité *réelle* débattent et finissent, ici et là, par se convaincre mutuellement. La vitalité démocratique se mesure à la largeur de cette précieuse zone grise. Ces temps-ci, la haine avec laquelle l'égalité *réelle* (identitaire, sexuelle, économique, religieuse) s'oppose à l'égalité des droits (universaliste) est en passe de la réduire à la largeur d'un trait.

La devise républicaine est commune à la droite et à la gauche, et, parce qu'ils se tempèrent, ses trois termes sont indissociables. Quand sont exclusivement dévolues à la droite – ou à la *gauche molle*, ce qui revient au même – la liberté et la fraternité (universalistes), et à la gauche, l'égalité (identitaire), le débat, en dépeçant la devise républicaine, ne témoigne plus de la vitalité démocratique mais de son équarrissage. L'erreur de la gauche démocratique est d'avoir voulu croire, en dépit de l'évidence, qu'elle serait prise au sérieux avec des alliés qui professent que Cuba, le Venezuela ou le projet du Hamas sont un horizon pour la démocratie européenne, et de parier qu'elle sortirait victorieuse de ses compromissions sur la question de l'égalité (identitaire) et pardonnée pour son désintérêt pour la paix civile. Certes, il peut arriver que l'on gagne en accumulant les erreurs, mais, en l'occurrence, ce n'est pas le cas.

Reste la question. Comment concevoir, dans les démocraties modernes où l'accès aux bibliothèques et aux archives de notre histoire est libre et gratuit, qu'il existe encore des leaders politiques qui proposent au citoyen une égalité dans les droits, sans susciter un éclat de rire général ?

Dans quel obscur repli de l'âme humaine se cache la réponse à la seule question qui vaille ? Pourquoi, si le primat de l'égalité naturelle ne propose qu'une société dont le modèle politique est celui du bagne, et si l'égalité des droits permet l'exercice de la liberté, le choix est-il loin d'être acquis ?

Il y a fort à parier que la passion de l'égalité naturelle et le refus de la vaccination partagent une grande partie de leurs publics, parce que c'est le même ressort politique tendu par le ressentiment et l'impuissance à sublimer la pulsion de mort. Par mort, il faut entendre la mort personnelle et la mort des autres. Dans ces cas-là, au nom du principe d'égalité, l'une ne marche jamais sans l'autre.

ÉLYSÉE

Palais où réside le président de la République française. En réalité, c'est un petit palais qui a nécessité de nombreux travaux pour y caser l'administration de la présidence. Lors de récentes manifestations, les forces de l'ordre ont failli être débordées par la violence des Gilets jaunes qui voulaient « prendre » l'Élysée. Dans les manifestations qui suivirent, le président Macron a, de nombreuses fois, été brûlé en effigie. L'augmentation du prix du carburant et l'inégalité territoriale, qui ne date pas d'hier, disons-le, justifiaient le mouvement contestataire. En revanche, l'inhabituelle violence de la contestation a trouvé son origine dans d'autres causes, beaucoup moins claires. Parmi elles, la jeunesse du président et sa réussite, la différence d'âge avec sa femme, son allure de bon élève en bonne santé, et, surtout – c'est revenu avec insistance sur les pancartes des manifestants –, sa collaboration avec la banque Rothschild. Ce signal antisémite détermine, pour les manifestants, la suspension de toute limite à la violence. Si l'on est juif ou accusé de collaboration avec les Juifs, alors tout est permis.

Les réseaux sociaux (voir l'entrée « Réseaux sociaux ») agissent comme le catalyseur de la trahison du pacte démocratique qui délègue l'exercice de la force légitime à l'État. Avec une presse affaiblie qui est tentée de leur emboîter le pas, on en arrive fatalement à transformer tout poste de responsabilité un peu en vue en pilori médiéval. Le premier de tous, la présidence de la République, nous renseigne sur l'ampleur du problème. Le palais de l'Élysée est un phare, et la manière dont son occupant est traité par ses opposants témoigne du sort désormais réservé à toute personne exerçant des responsabilités publiques.

Les choix du président de la République, les décisions des ministres, l'action des députés, des maires, voire des dirigeants d'entreprise en vue ou d'artistes renommés doivent susciter des débats, des critiques et des controverses. C'est la bonne santé démocratique. En revanche, les lynchages, les condamnations avant enquête, les violences contre les élus, la diffusion de fausses informations concernant la sexualité ou la vie privée, les dénonciations tous azimuts témoignent d'une fièvre antidémocratique. Si le phénomène s'est accéléré au cours de la présidence de Nicolas Sarkozy, c'est qu'elle correspond à la période où, grâce aux réseaux sociaux, Internet a commencé à supplanter les médias de flux – radio, télé – et les journaux. Aussi clivante que soit jugée sa personnalité, elle n'a fourni qu'un prétexte opportun à l'emballement de la machine infernale. La preuve en est qu'elle fonctionne à pleins tuyaux dans toutes les démocraties pluralistes du monde, lesquelles n'ont pas toutes été présidées par Nicolas Sarkozy.

Si l'Élysée et toutes les places où s'exerce une autorité de régulation sociale, politique, économique et culturelle sont des piloris, quel fou, quel paranoïaque, quel dictateur va vouloir y accéder dans les temps à venir ? Les personnes qui ont les qualités intellectuelles, les compétences et la culture requises y renonceront, et il ne restera que des mégalomanes médiocres pour y prétendre.

Le président de la République, élu au suffrage universel – il faut toujours rappeler le détail de sa désignation par une majorité –, n'est pas seulement celui qui prend des décisions contestables, qui peut commettre des erreurs, et qui subit les critiques, justifiées ou non, de son opposition parlementaire. Il ne se résume pas à ce rôle. Son élection en fait le gardien d'une Constitution qui, pour perfectible qu'elle soit, n'en garantit pas moins l'exercice de nos libertés. On ne peut chercher à détruire par la diffamation, on ne peut insulter, menacer ou agresser physiquement, ni même haïr la personne qui assume cette charge. Que le président soit bien ou mal aimé, qu'il essuie des critiques, tant et si bien qu'à la fin il n'est pas réélu, c'est la règle du jeu. Tricher, c'est mettre au pilori la personne qui, chaque jour, assume la responsabilité de la continuité démocratique, et qui, du moins en France jusqu'à présent, ne mérite pas un tel manque de respect.

Hélas, le plus inquiétant, c'est que si l'Élysée et toutes les positions publiques sont devenus des piloris, c'est précisément parce que s'y incarne l'autorité des règles qui déterminent la paix civile. De multiples fractions de l'opinion réfutent le bien-fondé des lois fondamentales qu'elles accusent de les spolier et d'attenter à leur conception de la liberté.

Chacun veut exercer son pouvoir de pouvoir cogner ou éliminer celui qui n'est pas d'accord avec lui. C'est exactement le même principe que les talibans.

D'ailleurs, l'actualité de l'Afghanistan, pays de piloris s'il en est, fournit l'opportunité de satisfaire tout le monde. On pourrait échanger les Français qui pensent légitime de frapper ou d'éliminer ceux qui ne sont pas d'accord avec eux contre les Afghans qui, au péril de leur vie, fuient le régime des talibans, qui frappent ou éliminent ceux qui ne sont pas d'accord avec eux.

L'Élysée porte mal son nom. Il n'a sans doute jamais été le paradis d'aucun de ses occupants. On ne va pas les plaindre ; s'ils sont là, c'est qu'ils l'ont voulu. En revanche, est-il – médiatiquement, politiquement, intellectuellement – bien honnête et raisonnable de laisser sans réagir les pulsions les plus obscures de l'opinion faire de l'Élysée un enfer ? D'autant qu'assez vite, par ruissellement, l'enfer ne manquera pas de rattraper les rédactions, les permanences et les universités, les ateliers, les bureaux, les domiciles…

ENA

École nationale d'administration, créée après la Seconde Guerre mondiale afin de former des élites issues de différents milieux. Le président Macron a décidé de faire disparaître l'ENA, dont il est lui-même issu, pour la remplacer par un autre système de formation à la haute administration. Cette décision est venue à la suite de nombreux débats, ouverts dès 1967 par Jean-Pierre Chevènement – lui-même issu de l'ENA – avec son livre *L'Énarchie ou les Mandarins de la société bourgeoise*, publié alors sous pseudonyme. La thèse est dans le titre, tellement séduisante ! On imagine sans peine que la première flèche lancée par Chevènement fut suivie d'une nuée ininterrompue, si bien qu'en 2021 l'ENA a tout de saint Sébastien martyr.

École des élites qui se reproduisent entre elles, réseau fermé de complicités carriéristes, creuset de toute la complexité paranoïaque de l'administration française, fabrique de technocrates coupés de la réalité, chauves avant l'âge, volant de poste en poste et, en cas d'échec, retrouvant une place chaude à la Cour des comptes, au Conseil d'État, ou à la préfectorale... Il y a du vrai dans tout ça. Nul doute que cela mérite qu'on y réfléchisse, mais sans oublier que l'on doit aussi à l'ENA des femmes et des hommes d'État compétents, qui, bon an mal an, n'ont pas administré si mal que ça un pays à haute protection sociale et respectueux du droit démocratique. Accessoirement, certains énarques avisés ont servi de surmoi à des ministres ou à des présidents de la République tentés, pour improviser l'avenir radieux, de jouer de l'appareil d'État comme d'une clarinette.

À combien d'énarques directeurs de cabinet devons-nous d'avoir évité quelques grosses catastrophes ? Les énarques sont un peu, aujourd'hui, comme le CO_2. Si l'on faisait un sondage, il y a fort à parier que 90 % des sondés veulent la disparition du CO_2. Ils oublient juste que, bien que produit aujourd'hui en trop grande quantité, il n'en reste pas moins indispensable à la vie sur Terre. De même, les énarques accomplissent une mission nécessaire. Vouloir améliorer leur compétence et leur efficacité est un désir politique tout à fait légitime, mais privée d'une école de haute administration, la démocratie moderne disparaît.

Puisque l'ENA va fermer ses portes, il conviendrait de faire son bilan et d'évaluer ce qu'elle a rendu comme services et en quoi elle a nui à la nation. C'est un travail d'historien qui demande beaucoup d'expertise. Il faut reconnaître que la fréquentation des énarques n'incline pas à conclure que c'est avec eux qu'on partirait le plus volontiers en vacances, bien qu'il faille se méfier des généralités... Ce qu'ils ont apporté à la République, l'histoire le dira. Leurs fautes, en revanche, sont déjà connues. Les critiques citées plus haut ne sont pas toutes infondées, loin de là. Par ailleurs, ils ont donné l'image de dirigeants vivant dans un autre monde que celui qu'ils administrent, ce qui n'est jamais bon dans une démocratie républicaine où le principe d'égalité est la référence morale ultime. D'ailleurs, Chevènement, contempteur princeps de l'ENA, pense que l'égalité devrait être première dans la devise républicaine. Quant à l'hubris qui les pousse à rendre incompréhensible au commun des mortels le dédale administratif dans lequel ils évoluent avec la jouissance des initiés, elle est sans doute l'objet des critiques les plus motivées.

Le bilan est en demi-teinte. Administrée par les énarques, la nation ne s'en est pas si mal sortie, quelque choquants que soient les points négatifs.

Si l'on compare le bilan de l'ENA à celui, par exemple, de l'enseignement supérieur en général, on est perplexe. Si c'est à la gravité du problème que l'on juge de l'urgence des réformes, il fallait de toute évidence commencer par l'université. C'est un peu comme si l'ENA avait servi à la fois de bouc émissaire et de branche qui cache la forêt ! Avec l'ENA, il est facile de se faire comprendre du bon sens populaire grognon. Vous n'aimez plus vos élites ? Facile, je dissous l'école qui les forme. Succès assuré. Ça ne concerne qu'une centaine d'élèves par an, c'est sans risque… Mais toucher aux domaines de l'enseignement supérieur où l'on forme des générations d'idéologues nuls en orthographe, c'est une autre affaire. D'ailleurs, le problème des énarques qui se reproduisent entre eux, c'est celui de l'Éducation nationale qui s'est montrée impuissante à faire monter jusqu'à l'ENA des enfants de toute condition. La plupart des énarques ont fréquenté soit de bonnes écoles privées, soit l'un de nos lycées d'exception, lesquels devraient être la norme. Ce n'est pas l'ENA, qui est au bout de la chaîne, qu'il faut réformer d'urgence, c'est tout le parcours scolaire qui y conduit. Le problème, c'est que, précisément, il n'y conduit pas. Au mieux, il conduit à l'université Sorbonne-Paris-Nord, ex-Paris-XIII, à Villetaneuse, où l'on apprend à administrer un syndicat étudiant indigéniste, antisioniste, antieuropéen, anticapitaliste, antinucléaire, antiaméricain, antisystème, antilibéral, anti-OGM, anti-aéroport, antilaïque, et pro-ours blancs.

S'il faut redéfinir l'ambition d'une école supérieure d'administration, il est encore plus urgent de redéfinir l'ambition de l'Éducation nationale, qui semble n'en plus avoir d'autre que de se survivre. Pourtant sa mission est de vaincre la pire des injustices, qui est l'ignorance. Si sa victoire est incertaine, c'est tout l'édifice démocratique qui chancelle.

Quelles que soient les filières qui conduiront désormais à la haute fonction publique, dans l'ambiance actuelle, ceux qui en sortiront seront de toute façon détestés. L'autorité nécessaire à l'organisation de l'intérêt général fait aujourd'hui l'objet d'un ressentiment auquel les réseaux sociaux et les médias qu'ils influencent ont donné une résonance sans précédent. D'où qu'ils sortent, ils seront traqués, soupçonnés, insultés, parfois menacés. Ils seront toujours les suréduqués d'une société sous-éduquée qui n'a appris qu'à trouver des boucs émissaires. Supprimer l'ENA, pourquoi pas ? Mais s'en tenir là, c'est un peu licencier l'hôtesse de l'air parce qu'on entre dans une zone de turbulences.

EUROPE

Partie occidentale du continent eurasiatique. Pour ceux dont les yeux voient et dont les oreilles entendent, la crise du coronavirus a réveillé une évidence. Demain, nos nations seront les découpages administratifs des États-Unis d'Europe, et nous serons des citoyens européens. C'est une nécessité, et pour ceux qu'elle rebute, il faudra bien qu'ils s'y résignent. Pour les autres, ce sera une grande joie, un désir qui s'accomplit enfin. Celui de tenir une promesse qui engageait la mémoire des morts innombrables et les vies à venir.

Au lendemain de la Seconde Guerre mondiale, nous nous sommes retournés pour découvrir toute l'étendue de la catastrophe. Nos imaginations effarées et impuissantes ont tenté de ressentir ce qu'avaient vécu tous ces corps humains enchevêtrés par l'épouvante, déportés dans un fracas d'insultes au-delà de tout ce que les mots « souffrance » et « malheur » expriment. On a regardé ces corps précipités dans l'indicible de ce que l'on serait tenté d'appeler l'« inhumain », si cet *inhumain* n'était encore de l'*humain* : et c'est avant tout cela qu'il ne fallait pas oublier.

Oui, après que l'on eut pris acte de cette dislocation européenne – cette faillite de cadavres et de gravats, Londres, Berlin, Dresde, Varsovie, Dunkerque, des bourgs et des villages, des petites rues si jolies, tricotées par les siècles, chair et pierres mêlées – dans le silence des cendres, on n'avait pas mille, ni cent, ni trois questions à se poser, mais une. Une seule. Qu'allons-nous faire, désormais, pour être différents ? Autrement dit, en quoi notre société ne ressemblera pas à celle qui a rendu possible la prospérité du mensonge et du crime, au point qu'ils sont devenus un système politique ? Deux systèmes, plus exactement, le communisme et le nazisme, qui, s'ils diffèrent sur quelques points doctrinaux, n'en partagent pas moins ces deux racines : le mensonge et le crime. Que faire pour que notre différence soit précisément ce qui rende impossible le retour de « ça » ?

À cette question unique, on n'a trouvé qu'une seule réponse : nous ferons les États-Unis d'Europe. Le 30 avril 1952, à Washington, Jean Monnet le résumait ainsi : « Depuis mille ans, la souveraineté nationale s'est manifestée en Europe par le développement du nationalisme, et par de vaines et sanglantes tentatives d'hégémonie d'un pays sur les autres. [...] L'établissement d'institutions et de règles communes assurant la fusion des souverainetés nationales unira les Européens sous une autorité commune et éliminera les causes fondamentales des conflits. [...] Nous sommes résolus à agir. Nous sommes résolus à faire l'unité de l'Europe et à la faire rapidement. Avec le plan Schuman et avec l'armée européenne, nous avons posé les fondations sur lesquelles nous pourrons construire les États-Unis d'Europe, libres, vigoureux, pacifiques et prospères. »

L'idée a enthousiasmé toutes les jeunesses européennes jusqu'à la fin des années 1980. Mais l'oubli et la négligence ont fait leur œuvre. Autrefois complètement ringardes, en redevenant à la mode à droite comme à gauche, les forces de l'aigreur et du ressentiment nationalistes ont saboté la dynamique européenne. Désormais, Le Pen, Mélenchon, même combat antieuropéen. Avec les nationalismes, s'est réveillé un antisémitisme qui ne dormait que d'un œil, l'autre guettant avec gourmandise l'évolution du conflit israélo-palestinien.

Mais le premier accident grave qu'a connu la construction européenne s'est produit dès les années 1950, et nous en payons encore chèrement les conséquences. La victime en a été cette armée européenne qu'évoquait Jean Monnet en 1952, comme s'il s'agissait déjà d'un fait presque accompli. Or, deux ans plus tard, le projet sera enterré précipitamment, en quelques heures. Il est intéressant de se rappeler la cause de cet échec qui entrave encore aujourd'hui la dynamique européenne, et qui laisse la France quasiment seule au Sahel à tenter d'endiguer le terrorisme international.

En 1954, la France, après la défaite de Diên Biên Phu, se retire de l'Indochine. Pendant les négociations de Genève, Pham Van Dong, le représentant de Hô Chi Minh, exige du chef du gouvernement français, Pierre Mendès France, la réunification avec le sud du Vietnam. Ni les Américains ni les Français ne veulent voir s'étendre la dictature communiste au sud. Mais Pham Van Dong est en position de force et, dans la négociation, il est puissamment appuyé par la Russie soviétique, représentée par Molotov. Dans *Apocalypse. La guerre des mondes*, le documentaire de Daniel

Costelle et Isabelle Clarke, on découvre avec stupéfaction que, secrètement, le général Molotov a proposé à Pierre Mendès France de convaincre les Vietnamiens d'accepter l'autonomie du Sud, *à la condition que la France abandonne le projet d'armée européenne*. Mendès, qui avait toutes les qualités d'un homme d'État mais n'était pas un visionnaire, accepta le marché de dupes, et fit capoter le projet de défense commune. C'étaient déjà les communistes russes, appuyés par les idiots utiles français du PCF – comme aujourd'hui Poutine et la gauche radicale française –, qui, hostiles à l'avènement d'une puissance démocratique à l'ouest de leurs frontières, complotaient pour torpiller la construction européenne. Ils n'ont jamais cessé depuis, et la chaîne de télé poutinienne RT, anciennement Russia Today, émanation des services secrets russes, y travaille toujours activement.

Jusqu'à présent, face à l'hostilité de la Russie et de la Chine, l'Europe avait pour alliés les États-Unis, plus ou moins enthousiastes au gré des administrations successives, mais historiquement solidaires. Depuis Trump à la tête de l'Amérique, tout a changé. L'Europe est seule au monde désormais, condamnée à s'inventer et à démontrer l'autonomie de sa puissance.

Certes, l'Amérique, par son histoire, par sa taille, son dynamisme, sa richesse, sa jeunesse, sa force et ses interventions décisives en Europe au cours des deux guerres mondiales, a été à la fois le symbole et le leader de ce que l'on peut encore nommer le « monde libre ». Mais aujourd'hui les États de droit n'ont plus ni symbole ni leadership. Trump détestait l'Europe, pour les mêmes raisons que Xi Jinping et Poutine. Ils y voient l'insupportable matrice de la politesse et des règlements vétilleux, alors qu'il est si simple de faire de l'argent avec un fusil sur les genoux.

L'heure a donc sonné pour l'Europe d'assumer le leadership de la démocratie mondiale, si l'on ne veut pas voir la planète livrée aux appétits chaotiques et contradictoires de deux blocs commerciaux, la Chine et les États-Unis, assistés, pour attiser les conflits, par la Russie, la Turquie, et les diverses théocraties orientales. Ceux-ci, qui se détestent entre eux, sont néanmoins unis par leur mépris des droits humains, de la paix, des libertés fondamentales, et par leur volonté d'importer le chaos en Europe.

La puissance que la communication numérique donne aux mensonges déstabilisateurs des démocraties a déjà montré ses effets dans l'échec du référendum européen de 2005, dans les élections américaines qui ont vu Trump accéder au pouvoir, dans le Brexit et dans la crise des Gilets jaunes en France.

*

On a vu la différence de gestion de la crise du coronavirus entre l'Italie, l'Espagne, la France et l'Allemagne d'une part, le Royaume-Uni et les États-Unis d'autre part. Chez ces derniers, une fois de plus le mensonge, la rumeur, la primauté donnée au business sur la vie humaine ont laissé, pendant les premières semaines de l'épidémie, l'infection se répandre et provoquer des milliers de victimes, sacrifiées sur l'autel des cours de la Bourse. Les autres pays d'Europe ont immédiatement choisi de sauver des vies, et de compenser l'arrêt de l'économie en distribuant des centaines de milliards pour éviter que leurs citoyens soient précipités dans la misère.

Les pays européens, avec plus ou moins d'adresse et de créativité, ont privilégié le sauvetage des corps, du vôtre, du mien, de vos proches et de vos lointains. En cela ils ont été fidèles à la philosophie européenne, qui, depuis l'Antiquité, s'est élaborée, a survécu, a résisté, s'est développée, malgré les guerres, les désastres, les épidémies, contre les délires de puissance des gouvernants et les aberrations religieuses. Elle est le produit d'apports des sagesses du monde entier, et si elle s'est manifestée en Europe, c'est précisément parce que, pendant des siècles, l'Europe était ce bout du monde où venaient s'entasser les utopies de tous les mal nés, les persécutés et les bannis.

L'Europe a inventé l'universalisme précisément parce qu'elle est fondamentalement bâtarde. Elle a produit une civilisation qui ne ressemble à aucune autre, parce que ni religieuse, ni ethnique. Elle est différente de toutes les autres civilisations connues parce que son moteur n'est pas une croyance, mais une éthique.

Où, ailleurs dans le monde, a-t-on affrété des TGV pour transporter une vingtaine de malades vers des hôpitaux encore libres en lits de réanimation ? ou des hélicoptères pour les emporter vers l'Allemagne ou la Suisse ? Et surtout, quel critère a-t-on retenu pour choisir ces poignées de malades en détresse, dont les soins ont coûté une fortune à la collectivité ? Leur appartenance à l'espèce humaine. Croyez-vous que Staline, Che Guevara ou Mao auraient eu de telles attentions pour des individus ne présentant aucun intérêt pour leur cause ? Quand Ponce Pilate s'est lavé les mains de la mort du Christ, pouvait-il imaginer que la condamnation de son geste serait encore un symbole de l'inacceptable dans le monde européen, vingt et un siècles plus tard ? Et qu'*Ecce homo* (« Voici l'homme ») – ces mots qu'il prononça en présentant la victime à la foule déchaînée – serait le titre du dernier autoportrait de Nietzsche avant qu'il ne sombre dans la folie ? Qu'un geste d'indifférence à la mort d'un homme connaisse une telle postérité dans la culture européenne en dit long sur l'incessante réflexion que notre civilisation consacre à l'attention qu'il faut porter au corps de l'autre. On pourrait faire une liste interminable d'auteurs et de penseurs qui, avant et après Shakespeare et Montaigne – les deux premiers grands psychologues modernes –, ont tourné cette idée dans tous les sens, jusqu'à temps qu'elle fonde une éthique partagée.

*

Après le désastre de la Première Guerre mondiale, Paul Valéry, en 1919, pose la question : « L'Europe deviendra-t-elle *ce qu'elle est en réalité*, c'est-à-dire : un petit cap du continent asiatique ? Ou bien l'Europe restera-t-elle *ce qu'elle paraît*, c'est-à-dire : la partie précieuse de l'univers terrestre, la perle de la sphère, le cerveau d'un vaste corps ? » Mais on a surtout retenu du Valéry de *La Crise de l'esprit* son incipit, qui résonne à la fois comme une réponse pessimiste, une élégante prophétie tragique et fruit d'une vaste et profonde réflexion : « Nous autres, civilisations, savons désormais que nous sommes mortelles. »

Depuis, la phrase circule comme une évidence et baigne dans toutes les sauces. Les civilisations sont mortelles... Toutes les civilisations ? Les autres, on le savait déjà. Il s'agit donc essentiellement de la nôtre, de la civilisation européenne. Les pieds encore tranquillement plantés sur la roche du « petit cap du continent asiatique », quelle satisfaction de décréter fatal un effondrement dont chaque génération pense qu'il sera pour la suivante. C'est donc en toute sécurité que se pratique, en Europe, un dandysme de l'effondrement. Car la remarque de Valéry, bien qu'il fût un excellent mathématicien, n'a rien d'une vérité scientifique.

Elle invite même à une réflexion étonnante qui conduit à la conclusion opposée.

En effet, les civilisations égyptienne, chaldéenne, aztèque, inca, phénicienne, perse, et jusqu'à la mythique Atlantide platonicienne ont toutes sombré corps et biens dans le gouffre sans fond du temps qui passe.

Toutes ? Non. Une civilisation, née il y a près de trois mille ans sur un petit cap du continent asiatique, est toujours bien vivante, puissante, et actrice majeure des destinées de la planète : l'Europe. Elle a survécu à tout. À la chute de l'Empire romain, aux invasions barbares, aux guerres de religion, à ses innombrables et interminables guerres internes, aux épidémies, aux changements climatiques, aux nationalismes, au fascisme et au communisme qui ont déchiré son XXe siècle.

Aucun des fléaux qui ont fait disparaître les autres civilisations n'a eu sa peau. Elle est toujours là, parfois branlante, parfois vacillante, parfois malade, mais toujours debout, étayée par les principes qu'elle médite sans relâche depuis vingt-cinq siècles.

Pourquoi la civilisation européenne, née des amours de la philosophie grecque et de la loi juive, continue-t-elle après tant de siècles à conquérir des territoires de savoir sur notre ignorance cosmique, à produire des lois, de la beauté, du droit, et à penser le bonheur humain quand toutes les autres sont devenues poussières archéologiques ? Pourquoi est-elle encore un rêve et un horizon vivants pour des Africains, des Arabes, des Chinois, des Indiens ? Pourquoi, dans la nuit de la misère, partout dans le monde, l'Europe clignote-t-elle encore comme un phare, comme une espérance, comme un modèle ?

Sans doute parce que les dieux passent et que l'humanité reste. Les autres civilisations étaient édifiées sur des cultes divins, quand la civilisation européenne naît au moment où deux philosophes discutent sur l'agora. Socrate et Parménide ? Peu importe, pour Jorge Luis Borges : « Ils n'engagent pas de polémiques. Ils ne cherchent pas à persuader ni à être persuadés, ils ne songent ni à gagner ni à perdre. Ils ne sont d'accord que sur une seule chose : ils savent que la discussion est le seul chemin possible pour parvenir à une vérité. Affranchis du mythe et de la métaphore, ils pensent, ou essayent de penser. [...] Cette conversation entre deux inconnus quelque part en Grèce est le fait capital de notre Histoire. Ils ont oublié la prière et la magie. »

Il est significatif que Borges, écrivain argentin né dans un faubourg de Buenos Aires en 1899, fasse remonter son origine et celle de son monde à cet événement.

Contrairement à Baal ou à Isis et Osiris, les dieux de la civilisation européenne, apparemment aussi invasifs que les divinités les plus archaïques, se sont toujours vu interdire un certain espace de liberté intime, de débat et de doute où la pensée critique ronge obstinément les poutres de leurs olympes. Peut-être cela commence-t-il à Delphes, lorsque l'oracle d'Apollon donne ce conseil à l'individu européen : « Connais-toi toi-même. » Tâche impossible, interminable, mais qui, en creux, l'encourage à se débrouiller seul, à trouver au fond de lui la forme de civilisation qui convient le mieux à ce qu'il comprend de sa propre nature. Il ne s'agit pas de complaire à un modèle, mais de convenir à soi-même. Vint ensuite l'inauguration d'une quête dont il est posé dès le départ qu'elle n'aura jamais de fin, qu'elle sera donc, par définition, sans limites et marquée par le double sceau d'une humilité réaliste et d'une ambition débridée. On a attribué la formulation définitive à Socrate : « Je sais que je ne sais rien. » À quoi s'ajoute « Tu ne tueras pas », premier commandement du décalogue juif. Plus que tous les rituels, toutes les croyances, tous les mythes, toutes les cosmogonies antiques, ces trois phrases sibyllines nous fondent. Elles ont traversé les millénaires et continuent à régir les ateliers d'artistes, les laboratoires des savants et les bibliothèques des législateurs européens. Ce que l'on sait des civilisations disparues nous décrit plutôt des sociétés totalitaires, où l'individu est l'atome négligeable d'un organisme sacré. En d'autres termes, elles racontent une histoire où la réalité individuelle est niée par une fiction théologique – ou idéologique, ce qui revient au même. Le marxisme, le nazisme et les théocraties ont en commun d'ignorer la réalité de la seule valeur que reconnaît un individu, celle de sa propre vie. Le reste est littérature. Or la civilisation européenne, construite sur la reconnaissance de l'existence de cette valeur, survit aux autres, comme la réalité survit à tous les rêves, ou à tous les cauchemars. Non qu'elle ne cède, elle aussi, à la tentation d'un monde simple qui s'explique par un ordre imaginaire – le nationalisme, le communisme, le christianisme, le fascisme, etc. –, mais sa culture profonde ressurgit toujours pour proposer, au milieu des décombres, un espace pour l'individu qui aspire à la liberté et au recul de la souffrance. La civilisation européenne est comme le Phœnix qui renaît toujours, parce qu'elle est la seule inspirée, avant toute autre chose, par les désirs de l'animal humain. Elle est une dialectique permanente entre les arguments d'un collectif prospère et ceux d'un individu qui, comme l'écrit Baudelaire, *va cherchant son paradis*.

Il y a, dans l'âme de Nietzsche, un charbon ardent qui irradie toute sa pensée et qu'il nous dévoile en rappelant que « Socrate [...] aimait, par une citation d'Homère, à rappeler les limites et l'objet véritable de tout soin et de toute réflexion : "C'est, disait-il, et c'est seulement ce qui chez moi m'arrive en bien et en mal." » Ce faisant, il situait l'apparition de la grande idée novatrice non plus au temps de Socrate, mais à celui d'Homère, c'est-à-dire plusieurs siècles avant celui de Périclès, date officielle de la naissance de la pensée européenne.

De même que la quête de la beauté et le recul de l'ignorance, l'idée qui hante la civilisation européenne finira avec le dernier homme. Il ne serait jamais venu à l'idée des Espagnols et des Portugais de se fondre dans la civilisation des Incas ou des Aztèques, et c'est pourtant ce que firent les Barbares qui, au cours des six premiers siècles de notre ère, ont envahi l'Europe. Ils ont commencé par la piller, par l'exploiter, puis ils s'y sont convertis. Tous. Sans exception. Et il ne reste que de vagues traces linguistiques de leurs razzias et de leurs occupations. L'Europe finit toujours par ressurgir parce qu'elle parle à tous, à tous les corps humains. Elle est le produit de leur histoire, de leurs peurs, de leurs réflexions intimes, de leurs désirs. En témoigne le barbare Droctulf. Selon Benedetto Croce, s'apprêtant à détruire Ravenne à la tête de sa horde, Droctulf en découvre la beauté. Il enjambe la muraille, se bat aux côtés des habitants, meurt en défendant la ville. Les citoyens de Ravenne auraient gravé sur sa tombe une longue épitaphe comprenant ces deux vers : « Il dédaigna ses chers parents, tandis qu'il nous aimait / Considérant que Ravenne était sa patrie. »

Aujourd'hui, Ravenne est toujours debout, quand, des envahisseurs, ne restent que quelques glaives rouillés et des ossements de chevaux.

Même les écrivains de science-fiction les plus psychédéliques des années 1970 n'ont cessé d'imaginer des sociétés futures héritières des valeurs européennes en butte à des barbaries galactiques qui les transgressent.

J'ignore si l'idée européenne est, ou non, indépassable. Ce dont je suis sûr, c'est que là où en est l'humanité, elle n'est pas encore dépassée, et l'on attend toujours qu'on nous donne la preuve du contraire.

*

Qu'il fasse beau, qu'il fasse laid, c'est mon habitude d'aller sur les cinq heures du soir me promener au Palais-Royal. C'est là que je le rencontrais. C'était un patriote, ce que l'on appelle communément un « grand commis d'État ». Il avait occupé avec dignité de hautes fonctions. « Regardez la production de charbon de la Chine, sa démographie, son dynamisme, l'inventivité de sa nouvelle génération de dirigeants... La Chine est notre alliée, le seul allié qui vaille face à l'hégémonie américaine. Les Allemands sont vendus aux Américains. Si l'on ne veut pas devenir une colonie des États-Unis, il faut entretenir des relations privilégiées avec tous ceux qui s'opposent à l'impérialisme américain. Les Chinois d'abord, mais aussi les Russes, les Arabes, les Iraniens... » Je lui faisais remarquer que ses amis avaient de sérieux problèmes avec le respect des libertés individuelles, la redistribution des richesses et les droits humains. Et puis j'ajoutais : « Les Américains sont nos amis. »

Il prenait alors l'air d'un instituteur fatigué de tout mâcher à son élève borné. « Mon cher Philippe, oui, les Américains sont de ces amis qu'il faut tenir à distance...
– Vous voulez dire qu'il faut tenir nos amis à distance et se rapprocher de nos ennemis ? – Allons, ne soyez pas naïf, vous savez bien qu'il faut prendre les choses de plus haut... – De plus haut que quoi ? lui répondais-je agacé... de plus haut que l'être humain ? Mais alors, qu'y a-t-il de plus haut que l'être humain ? – Les peuples, la nation ! » répondait-il. Je lui faisais remarquer que les peuples, comme les nations, sont constitués d'un certain nombre d'êtres humains, et que ceux-ci sont pourvus d'un corps avec un système nerveux et une sensibilité qui leur procure de grandes joies, mais qui peut aussi leur faire éprouver les souffrances les plus abominables. « Je vous

parle de l'intérêt général… » Lorsque je lui disais qu'au nom de l'intérêt général les dirigeants chinois n'hésitaient guère à éliminer un pourcentage non négligeable de leur propre population et à priver de liberté les autres, il me traitait d'idéaliste sentimental et me rappelait que, désormais, il n'y avait plus de famine en Chine. « Mais plutôt que de fricoter avec des crapules comme les dirigeants chinois, russes, turcs ou iraniens, objectais-je, ne pensez-vous pas qu'il serait plus efficace et réaliste d'accomplir l'Union fédérale de l'Europe, et de dialoguer avec eux en position de force, plutôt qu'en position de petit teigneux qui trahit son camp ? – Mais votre Europe n'existe que dans votre imagination. La France n'est ni la Suède ni l'Italie. C'est sa singularité historique qui lui donne l'autorité pour peser sur les destinées du monde. Votre Europe, c'est celle des technocrates et des financiers qui ne rêvent que de détricoter les conquêtes sociales du peuple français. »

*

La haine de l'Europe a commencé comme ça. Avec ce mensonge éhonté. Les antieuropéens d'extrême droite ou de gauche ont inventé qu'ils étaient les défenseurs des déshérités. Ils ont fait cause commune sur à peu près tout sauf sur l'islamisme, parce qu'il faut bien qu'ils aient des maillots différents pour se reconnaître dans la mêlée. Ensemble, ils ont fait échouer le traité constitutionnel européen. On se demande d'ailleurs pourquoi deux ou trois bons journalistes ayant bien potassé les programmes n'organisent pas un face-à-face Le Pen-Mélenchon sur France 2 à 20 h 30. Ils mettraient en évidence une bonne fois pour toutes que leurs points d'accord sont beaucoup plus importants que leurs divergences. Ils ont même échangé des points de doctrine fondamentaux sans que personne s'en inquiète outre mesure : désormais, l'extrême droite défend la laïcité, l'extrême gauche la religion. Bref, tout cela est grotesque, mais ça a marché.

Leur antieuropéisme s'est drapé dans l'arrogance des avocats des justes causes. Nous autres, Européens, il fallait qu'on leur parle avec respect et précautions pour ne pas humilier toutes les victimes de la société dont ils prétendaient porter la révolte. De leur côté, ils nous insultaient, nous diffamaient, nous ridiculisaient et nous accusaient d'accabler les chômeurs, les mamans célibataires, les émigrés, de détruire la planète, de discriminer au travail les femmes et les homosexuels, d'interdire le Smic à 2 000 euros, d'épuiser les infirmières, de ghettoïser les Noirs, les musulmans et les handicapés mentaux, d'empoisonner les enfants en rendant la vaccination obligatoire dans le but d'enrichir les lobbies pharmaceutiques, et de laisser le peuple palestinien se faire massacrer par l'armée israélienne.

Et nous les Européens, on était là, un bras à hauteur du visage pour éviter les coups, à tenter de répondre : « Mais non, monsieur, pas du tout... On s'excuse de vous le dire, mais tout n'est pas si noir. Comparez le niveau et les conditions de vie des Espagnols et des Portugais en 1970 avec ce qu'il est devenu aujourd'hui grâce à l'Europe ! Et pendant la crise des *subprimes*, si nous n'avions mutualisé nos efforts, combien de nations européennes auraient sombré dans le chaos ? Et la Convention européenne des droits de l'homme... – Stop ! Et les masques ? hein ? les masques ? Qu'a fait ta fameuse Europe solidaire pour les masques quand a éclaté la crise du coronavirus ? Rien. Chacun pour sa gueule, aucune prévision, aucune organisation. » Et là, on est tellement intimidé par l'éloquence de leur vertu qu'on n'ose pas leur rappeler que, à cause d'eux précisément, les questions de santé publique ne relèvent pas de l'Europe mais des nations, souveraines en la matière.

De même on hésite à les informer qu'au plus fort de la pandémie, c'est la solidarité européenne qui, à coups de centaines de milliards, a permis aux États européens de sauver du naufrage social les populations les plus touchées par la crise du coronavirus. Et pourquoi hésite-t-on à le leur dire ? Parce qu'on a peur de les énerver.

C'est pourquoi, depuis le Mitterrand du traité de Maastricht, on ne voit plus guère de défenseurs publics de l'Europe qui fassent preuve d'un grand courage. Ils défendent l'Europe un peu sur le ton du puceau qui demande « Bonjour, madame, combien ça coûte ? » à la fille très maquillée sous la porte cochère. On se sent tellement coupable d'avoir raison qu'on en est presque à regretter de ne pas penser comme l'abruti d'en face, histoire d'avoir enfin des copains.

Notre discours est compliqué. La preuve, regardez tout le temps que j'ai mis pour en arriver là. Tous les rappels historiques, intellectuels, philosophiques, que j'ai cru bon d'aménager prudemment sur le parcours pour enfin oser dire : « Bon, ça suffit maintenant. » Il faut se réveiller. Passer à l'offensive. L'Europe doit se faire, et avancer sans faiblir. Sans doute en commençant par fédérer un petit nombre d'États bien préparés, pour créer un désir et une dynamique chez les autres. Mais il faut une avancée spectaculaire, qui soit une aventure politique vécue par des millions de gens avec la fierté d'accomplir cette nouveauté historique : l'abandon de leur souveraineté nationale par des pays en paix. Ça n'a jamais existé à ce niveau. Harmonisation des fiscalités, fin du dumping intra-européen, harmonisation des filets sociaux, de la politique étrangère, de la politique industrielle, de la politique de recherche, des services publics, etc.

La crise du coronavirus est un choc sanitaire, économique et social dont on ne se remettra pas aisément. Elle peut réserver de bien mauvaises surprises. On le sait, on est capables du pire, et pire encore que le pire imaginable… La naissance d'une fédération européenne est la meilleure – et la seule – protection contre les faillites politiques qui menacent dans le désordre mondial. Aujourd'hui, alors que le virus court encore et que la tempête économique fait le tour du monde, les dirigeants européens ont la tâche lourde mais exaltante de jouer un rôle historique, celui de convaincre leurs peuples que le temps de l'ombrageuse souveraineté des nations est terminé.

L'Europe, qui est encore la plus grande puissance économique du monde, doit désormais se hisser au rang de première puissance démocratique, et combler le vide laissé par l'Amérique. Pour que continuent à prospérer la liberté, les sciences, les arts, nous n'avons d'autre choix que de nous constituer en puissance, et, pour cela, il faut s'unir et se fédérer. C'est le destin de l'Europe. C'est notre destin. Depuis des siècles, nous avons une culture commune, nous nous sommes nourris à la même pensée judéo-grecque, nous avons en commun nos poètes, nos musiciens, nos cinéastes, nos romanciers, nos arts culinaires, nos philosophes, nos architectes, nos scientifiques. Cervantès, Mozart, Goethe, Victor Hugo, Einstein,

Léonard de Vinci sont des génies européens. Nos peuples sont prêts. Il suffit de leur parler sans détour, avec sincérité, et de poser les bonnes questions. Croit-on possible que la France, drapée dans son identité nationale sourcilleuse, pourra se défendre contre la puissance transgressive des géants du numérique ? Pas plus que l'Allemagne ou l'Italie ou l'Espagne. En revanche, unis, nous pouvons parfaitement imposer des règles et créer nous-mêmes une puissance numérique conforme à nos principes.

Aucun de nos pays n'aura le crédit suffisant ni les garanties nécessaires de concurrence équitable pour relocaliser les industries vitales. Seule une fédération européenne en aura la capacité. Comment continuer à garantir des droits sociaux dont nous bénéficions si d'autres pays européens, au nom de leur souveraineté, pratiquent le dumping social ou fiscal, comme l'Irlande ou la Pologne ? La souveraineté européenne est la seule réponse réaliste. La guerre n'est pas de l'histoire ancienne, il suffit de faire tourner une mappemonde pour s'en convaincre. Pourtant, que la construction européenne ait apporté la paix sur un continent ravagé par des siècles de guerre est un argument qui ne semble plus émouvoir grand monde. Notre génération est-elle amnésique au point d'avoir oublié ce qu'est une guerre ? Depuis la défection du Royaume-Uni, la France est seule, désormais, pour assurer la défense de l'Europe. Elle n'en a pas les moyens. La création d'une défense européenne est une nécessité vitale dès lors que l'on a constaté, avec Donald Trump, que l'Amérique est susceptible de se retirer de toutes les organisations multilatérales. Les principales agences de l'ONU sont désormais noyautées par des pays profondément hostiles aux démocraties. On l'a vu avec l'attitude de l'Organisation mondiale de la santé, sous influence chinoise, qui a tergiversé pendant des semaines avant de déclarer l'état de pandémie mondiale. Xi Jinping, pour des raisons liées à l'idéologie et aux intérêts du Parti communiste chinois, a d'abord choisi de nier la réalité de l'épidémie de coronavirus, et il a laissé se répandre l'infection à travers le monde pendant les précieuses semaines où l'on aurait pu l'éradiquer. Les régimes communistes, qui ont tant assassiné au XXe siècle, continuent à semer la mort au XXIe. Une fois de plus, l'Europe compte ses morts en ordre dispersé. C'est ensemble que nous devrons désormais cesser d'être les victimes du mensonge et du crime qui fondent les dictatures. Nombreux sont nos frères chinois, martyrisés par leurs dirigeants, qui n'attendent que cela. Si les dictatures détestent l'Europe, ne nous y trompons pas, c'est qu'elle est l'espoir de leurs peuples opprimés. Quel pays d'Europe, seul, peut faire face aux urgences écologiques et entraîner le reste du monde à suivre son exemple ? Aucun. Seule une fédération européenne en aura l'autorité et le pouvoir. Face à l'explosion démographique de l'Afrique, seule l'Europe unie aura la puissance d'être le partenaire du développement démocratique du continent africain. L'Europe est, aujourd'hui, comme un puzzle en vrac dont chaque pièce est décisive mais impuissante. Il suffit d'ajuster les pièces pour qu'advienne une nouvelle ère.

Au cours du XXe siècle, beaucoup de génies des sciences, de la musique, du cinéma ont fui l'Europe de l'antisémitisme, du fascisme, du communisme et de la guerre pour émigrer aux États-Unis. Ils en ont fait la prospérité et la gloire. La musique, la science, le cinéma américain ont parlé au monde entier, tandis que l'Europe se provincialisait. L'Amérique était une idée neuve, qui attirait tous les créateurs désireux de participer à l'aventure.

La crise sanitaire mondiale a mis en évidence que la flamme de la liberté a retraversé l'Atlantique.

Au XXIe siècle, les génies des sciences et des arts émigreront dans la fédération européenne pour fuir la violence de la médiocrité politique et participer à une nouvelle aventure humaine. L'énergie de notre fusion attirera des grands cinéastes, des génies scientifiques, des musiciens inspirés, des romanciers qui parlent au monde, des brillants journalistes, vulgarisateurs de la complexité du monde.

Nous serons toujours des êtres humains, bons et mauvais, fragiles et inconséquents, héroïques et lâches. Mais, dans un recoin de l'âme des Européens, brillera la fierté d'être les pionniers d'un nouveau continent de concorde et de liberté. La jeunesse européenne, tentée par le ressentiment, le cynisme et le désœuvrement, trouvera une raison de vivre en donnant au reste du monde des raisons d'espérer.

Sinon, eh bien ce sera la routine. Tous les samedis, on continuera à défoncer les vitrines de nos villes et à foutre le feu aux scooters des livreurs de pizzas en attendant que le bonheur – ou le malheur – tombe du ciel.

FANTAISIE
FÉMINICIDE
FÉMINISME

F

FANTAISIE

Culture qui consiste à exprimer la réalité sous la forme d'un jardin enchanté où la vie n'est qu'un carrefour où convergent l'allée du drame, l'allée du comique et l'allée de beauté, pour la plus grande joie des mortels. Quelles sont les conditions de possibilité de la fantaisie ? C'est à cette question que cherchent à répondre toute la science politique et toute la philosophie. Une nation dans laquelle la fantaisie l'emporte sur le ressentiment est une heureuse nation. C'est peut-être parce que, à tort ou à raison, nous prêtons ce don à l'Italie que nous sommes si nombreux à l'aimer. Peut-être aussi est-ce pour les mêmes raisons que nous aimons l'Amérique. Du moins certains d'entre nous. Nous y percevons, sans doute avec une certaine naïveté, un appétit de vivre qui est le moteur de la fantaisie. Le jazz et le cinéma ont été les deux grandes fantaisies des Américains au XXe siècle.

Il est étrange que les grands textes politiques et philosophiques marquant le XXe siècle aient tant évoqué la liberté et si peu la fantaisie. Pourtant, la liberté n'est qu'un moyen dont la fantaisie est la fin. Un individu qui en serait dépourvu ne verrait pas grande différence entre un régime libéral et un régime autoritaire. Dans les dictatures, la fantaisie ne fait pas long feu. Elle est la première à mourir ou à s'exiler. Le rire est le pire ennemi du bourreau. Sans fantaisie, pas de liberté, sans liberté, pas de fantaisie. Étrange encore que ce mot ait une connotation si frivole, signe du peu de cas que l'on fait de l'essentiel. Lorsque j'entends des hommes, des femmes politiques ou des philosophes qui se gargarisent gravement avec le mot « liberté », je soupçonne l'arnaque. Churchill parlait bien de la liberté, parce que c'était un blagueur. La fantaisie, c'est une fronde qui projette sa tonne de confettis sur le gourou qui promet l'apocalypse à midi quand il est quatorze heures. Contrairement à la tristesse, la déploration, l'indignation et le ressentiment, qui établissent des clans, des frontières et des complicités de ressentiments partagés, la fantaisie est le chemin le plus court entre les âmes libres. Elle est le cauchemar des bigots et l'idéal des artistes.

FÉMINICIDE

Néologisme désignant le meurtre d'une femme par un homme, généralement son conjoint, son compagnon ou un agresseur de rencontre. Le mot a été imposé par le néoféminisme, afin de mettre en lumière la spécificité de ce type de crime. Les meurtres, les maltraitances et, d'une façon générale, les préjugés sur les femmes facteurs de violence se retrouvent dans toutes les religions et dans les mœurs d'à peu près tous les peuples de toute la Terre. Il a fallu des millénaires de combat intellectuel pour démystifier l'infériorité théologique que les sociétés traditionnelles réservaient au sexe féminin.

Bizarrement, c'est en Europe, où les lois et les mentalités ont fini par établir une égalité de droit entre les femmes et les hommes, que l'on a cru bon d'inventer un mot spécial pour désigner le meurtre d'une femme. Parti sans doute d'un bon sentiment cherchant à le distinguer de l'homicide, il se pourrait néanmoins que cette innovation ne serve pas la cause des femmes.

« Homicide » ne désigne pas le meurtre d'un homme. Le préfixe *homo* vient du grec, et signifie « semblable ».

Le meurtre du semblable est le crime capital. Si l'on voulait être cohérent, puisqu'il s'agit de différencier les deux types de meurtres, il faudrait désormais nommer celui d'un homme « hommicide ». Mais cela sous-entendrait qu'il y a une hiérarchie et que le féminicide est un crime plus grave que l'hommicide, parce que la femme est historiquement plus victime que l'homme. Le mot « féminicide » rétablit une inégalité de valeur entre les femmes et les hommes, alors même que l'évolution des mœurs, des lois et des mentalités tend vers son abolition. Le meurtre d'une femme, s'il n'est plus un homicide, n'est donc plus le crime capital, mais devient un crime capital aggravé par le statut *ontologiquement inférieur* de la femme.

Le meurtre d'une femme est un homicide dont toutes sortes de circonstances peuvent légitimement être considérées comme aggravantes : la domination par une force physique supérieure, la sujétion, le chantage, la surprise, la préméditation, la brutalité quotidienne qui a précédé le meurtre, l'objet du quotidien utilisé comme arme, l'enfermement… la liste est inépuisable, hélas… Mais ce qui constitue en fait le crime absolu, c'est qu'un individu brise le tabou qui consiste à enlever la vie à son *semblable*. Qu'y a-t-il de pire que de s'arroger le droit d'ôter la vie à autrui ? Tout le progrès des sociétés tient dans sa condamnation et la mise en place des moyens d'empêcher le meurtre de l'un par l'autre. Faire un cas particulier du meurtre des femmes revient à introduire une morale subjective dans le droit, ce qu'il ne peut tolérer sans perdre sa légitimité.

Chacun peut penser qu'il est plus grave de tuer une femme, chacun peut être bouleversé par les circonstances particulières du meurtre d'une femme par un homme, il n'en reste pas moins un homicide qu'il s'agit de juger comme tel en tenant compte des circonstances.

Le droit doit être égal pour tous, car nous sommes semblables. Si l'on accepte la spécificité du féminicide, comment appellera-t-on le meurtre d'un homosexuel par son conjoint, son compagnon, ou son amant de rencontre ? Un LGBTQIAcide ? Et pourtant cela existe. J'ai assisté autrefois à un procès d'assises où l'on jugeait un garçon qui avait tué son amant. Il risquait la peine de mort et il était défendu par Robert Badinter. C'était à la fin des années 1970, et j'imagine que, depuis, beaucoup de crimes du même genre ont été commis. Combien de violences dans les rapports homosexuels ? Il n'est que de lire Jean Genet, qui en fit une esthétique branchée, sans que ça ait eu l'air de choquer qui que ce soit, et encore aujourd'hui.

Si le mot « féminicide » contient l'intention louable de mettre en lumière la tragédie qu'il désigne, en suggérant une différence de jugement entre le meurtre d'une femme et le meurtre d'un homme, il enferme de nouveau la femme dans un statut de victime potentielle qui pérennise le préjugé de sa faiblesse et de son infériorité. En prétendant l'inverse, le mot rétablit la distinction entre sexe majeur et sexe mineur, et ça n'est pas bon signe.

La Fontaine, dans *L'Ours et l'Amateur des jardins*, nous avait pourtant déjà mis en garde : « Rien n'est si dangereux qu'un ignorant ami. »

FÉMINISME

Mouvement des droits des femmes, qui, pendant des siècles, s'est échoué sur la conception que les hommes se font de la nature. Si les femmes ont une ennemie ancestrale, c'est bien la loi de la nature, au nom de laquelle les traditions, les coutumes et les religions les ont soumises, aussi loin que l'on puisse remonter dans l'histoire humaine. La religion est l'autre visage du même oppresseur.

En dépit de la révolution féministe et de ce qu'elle a coûté d'héroïsmes et de drames, on voit renaître le sentiment que dans ce monde pollué, chimique, synthétique, fabriqué, artificiel, défloré, dénaturé, c'est la femme qui rappelle l'humanité à l'ordre naturel. Elles sont en passe de devenir les vestales de l'idée de bonne nature. Nourriture bio, accouchement sans péridurale, allaitement, compost sur la fenêtre, médecine douce : entre mères nourricières, nature et femme se comprennent. Ce poison de la nature que la révolution féministe était parvenue à vider dans l'égout revient par le robinet d'eau pure de l'écologie naturaliste.

Il y a quelques années, quand Élisabeth Badinter a présenté sur France Inter son livre *Le Conflit. La femme et la mère*, qui met en garde contre le retour du naturalisme, c'est Cécile Duflot, écologiste naturaliste – à l'époque ministre du Logement – qui envoie le premier e-mail de protestation indignée. Elle n'avait pas supporté qu'Élisabeth Badinter rappelle que les femmes ont le droit de choisir de ne pas allaiter, et que les couches jetables sont un progrès. Évidemment, allaiter et passer trois ans à laver des couches, c'est beaucoup plus fidèle à ce que la nature attend des femmes.

Le féminisme aujourd'hui est pris en tenaille entre l'idéologie naturaliste qui se répand comme la vérole et l'islam dont certaines femmes, en se voilant, font la promotion de la soumission à un patriarcat caricatural. Si l'islam politique et l'idéologie naturaliste sont compatibles – on l'a encore vu à Strasbourg avec l'affaire de la mosquée Millî Görüs –, c'est que leurs programmes, apparemment différents, reposent tous deux sur la même conviction qu'il y a des vérités éternelles. Qu'elles soient révélées par le grand livre de la nature ou par le Coran ne change rien à l'essentiel.

Très peu représenté à droite, c'est à gauche que, traditionnellement, le mouvement féministe a trouvé sa dynamique politique. Hélas, la gauche, dans sa déroute, a jeté son universalisme aux orties pour prendre en charge les doléances des minorités stigmatisées, par exemple, les musulmans. Comment la gauche pouvait-elle à la fois s'investir dans la défense des militants d'une religion qui voile les femmes et prétendre qu'elle est la championne du féminisme ? Il a bien fallu qu'elle choisisse. La gauche est toujours féministe, mais c'est un nouveau féminisme, qui diffère de l'ancien à un petit détail près : la femme n'est plus son objet. Le combat n'est plus pour les femmes, mais contre l'ennemi, le camp d'en face, celui du masculin qui domine. Au monde artificiel des hommes doit succéder le monde naturel des femmes. Ce féminisme n'est pas un cas isolé. Pour les mêmes raisons, ce n'est plus le racisme qui est l'objet du nouvel antiracisme, mais l'élimination des membres d'une société qui porte le racisme en elle. La lutte des classes ayant été frappée d'obsolescence, la gauche n'a rien trouvé de mieux que d'y substituer la lutte des races et la guerre des sexes.

La révolution féministe, pourvu qu'on arrivât à solder tous les contentieux, avait pour horizon une paix des braves, comme l'antiracisme d'ailleurs. L'ambition n'était pas tant de s'aimer les uns les autres que de se foutre la paix. Les buts de l'antiracisme et du féminisme qui sévissent aujourd'hui sont à l'opposé : se saisir d'un pouvoir toxique pour l'exercer contre ceux qui le détenaient hier. Étranges mouvements qui s'évertuent à redonner une essence – raciale ou sexuelle – à des personnes dont le principal problème est d'être essentialisées...

Si le bilan de l'antiracisme, sans être négatif, est mitigé, en revanche celui du féminisme est spectaculaire. Outre les libertés et l'égalité de droit qu'il a conquis, en modifiant radicalement les rapports entre les hommes et les femmes, il a rendu le monde infiniment plus amusant. Il existe entre les hommes et les femmes une variété de relations possibles – entre amis, au travail, à la maison – qui n'était guère imaginable autrefois. Les rôles respectifs n'étant plus écrits, il faut improviser et ça ne peut pas faire de mal.

Les faits sont là. Le féminisme a triomphé d'une société fondée sur une domination masculine plurimillénaire. Il a obtenu qu'on grave dans la loi qu'une femme est libre de son corps, propriétaire de sa vie, et l'égale d'un homme. Alors même que c'est la révolution la plus profonde que notre civilisation ait connue, elle gagne à peu près tous ses combats sans faire de morts. Bien qu'il reste du chemin à faire, on pense un peu naïvement que ses victoires sont des acquis solides. C'est le bon moment pour poser une question et avancer une réponse.

Qu'est-ce qui, désormais, pourrait bien arrêter la révolution culturaliste qui a dissocié l'être-femme de l'être-génitrice ?

La révolution naturaliste.

G

GAUCHE ET DROITE

GENÈSE

GENRE

G

GAUCHE ET DROITE

Appellations politiques désignant la position dans laquelle se situent les individus dans le débat démocratique. Cette localisation dans un espace abstrait, celui des idées, est née dans un espace bien concret, la salle du Jeu de paume, à Versailles, où se réunissait l'Assemblée constituante pendant l'été 1789. Ceux qui étaient pour accorder un droit de veto au roi se rangèrent à la droite du président, ceux qui étaient contre, à sa gauche. À la droite du président se trouvèrent essentiellement l'aristocratie et le clergé, à la gauche, le tiers état. Du côté gauche, il y avait néanmoins de grandes figures de l'aristocratie, et quelques représentants du clergé. Il y avait à l'époque, au sein de l'Église, quelques prêtres comme l'abbé Sieyès qui, bien que minoritaires, manifestaient sur la religion des différences de point de vue aussi profondes que celles qu'on peut observer aujourd'hui entre les théologiens de la libération et les membres de la Manif pour tous. Quant aux aristocrates que la royauté de droit divin exonérait de la plupart des impôts accablant le peuple, un certain nombre d'entre eux, comme Mirabeau, avaient été gagnés par le camp des philosophes.

Une époque peut-être « jazz » ou « rock », puis « rap », mais on imagine mal aujourd'hui qu'un siècle ait pu être « philosophe ». C'est pourtant le cas du XVIIIe siècle français. Non que tout le monde fût assez lettré pour être passionné par les subtiles controverses entre Voltaire, Diderot, d'Alembert, Rousseau, l'abbé Raynal (encore un abbé...), Buffon et Condorcet, mais leur objet le plus sulfureux – l'anticléricalisme – a rencontré un succès d'opinion sans précédent. La remise en cause du pouvoir moral et politique du clergé s'exprimait sinon avec le même raffinement, du moins avec la même ferveur dans les salons des châteaux, les dîners bourgeois et les tavernes. Bien que les grandes figures du siècle, à l'exception de Condorcet, eussent déjà disparu depuis quelques années, à l'été 1789, les constituants qui se rangèrent à la gauche du président étaient tous imprégnés des idées du « siècle philosophe ». La gauche est née, d'abord, d'un regroupement anticlérical. Ne pas être anticlérical, c'était non seulement être complice d'un arbitraire désormais inacceptable, mais c'était aussi être ringard. En conséquence, même des individus indifférents à toute réflexion philosophique portaient l'anticléricalisme comme la dernière redingote à la mode. Entre les anticléricaux de conviction et les anticléricaux frivoles, ça faisait beaucoup de monde...

Pour les constituants à la gauche du président, le progrès passait par la fin du pouvoir temporel de l'Église. Très vite, ils rédigèrent la Déclaration des droits de l'homme et du citoyen, laquelle est un modèle de texte universaliste puisque le droit de chacun n'y procède ni de sa religion, ni de sa condition, mais de son appartenance à l'humanité. Ce n'est plus l'origine d'un individu qui définit sa valeur, mais son mérite. C'est l'acte de naissance de la gauche.

Mais on ne se débarrasse pas aussi aisément du christianisme. Pour qu'il survive, il suffit de redistribuer les cartes du bien et du mal dans un ordre plus adéquat à l'air du temps. L'important dans le christianisme, comme dans toutes les religions, c'est que le bien et le mal soient bien rangés, afin de dissimuler l'insupportable relativité des valeurs dans une nature qui a tout d'une loterie et rien d'une balance minutieusement réglée comme celle qui symbolise la justice.

Le drame de la gauche, parce qu'elle avait toutes les raisons d'avoir raison, c'est d'avoir idéalisé, c'est-à-dire déréalisé, le bien qu'elle incarnait. En plus d'être la combattante concrète de ce qu'elle jugeait des abus, elle s'est approprié la vertu, la morale, le bien. Elle s'est exonérée de la culpabilité de commettre des erreurs, lesquelles méritaient le pardon puisqu'elles avaient été commises dans une intention vertueuse. Les millions de Chinois, de Russes ou de Cambodgiens assassinés par les régimes communistes sont des erreurs que le camp des « hommes de bonne volonté », ouvertement ou non, se pardonne. Et c'est cette absolution qui prive la gauche de tous les citoyens qui grossiraient ses rangs s'ils n'étaient horrifiés par cette substitution de la gauche de droit divin à la monarchie de droit divin.

La gauche ayant préempté la vertu de la générosité, elle n'a laissé à la droite que le péché de l'égoïsme. Rappelons la célèbre protestation qu'élève Giscard d'Estaing face à Mitterrand : « Vous n'avez pas le monopole du cœur ! » On a dit que c'était une efficace habileté de bretteur, mais c'était aussi et surtout une vérité profonde. Que l'on soit de gauche ou de droite, on peut admettre que personne n'a le monopole du cœur, ni la gauche ni la droite. On peut penser que la politique de droite sert mal le bien commun, mais rien ne prouve qu'elle ne désire pas sincèrement le bien commun. On peut penser la même chose de la gauche, et c'est tout l'objet du débat démocratique.

Tant que la gauche se vit comme le parti de la redistribution et de la promotion d'idées neuves et que la droite est perçue comme le parti du mérite et de la conservation des valeurs, on peut discuter, et aboutir au fameux consensus démocratique qui maintient l'Europe en paix depuis trois générations.

Mais quand la gauche ne représente plus que la vertu et la droite le péché, il n'y a plus de discussion possible, tout consensus est une apostasie, et l'éclat brûlant de la vertu éclipse la tiède luminescence de la paix.

Depuis la Révolution française, la gauche a servi de phare aux grandes intelligences qui ont animé la vie philosophique, administrative, sociale, artistique à tel point qu'une partie non négligeable de la droite s'est peu ou prou ralliée à ses valeurs de base : démocratie, république, laïcité, antiracisme, égalité entre les femmes et les hommes, droits des homosexuels. La preuve en est que ce sont deux présidents de droite, le général de Gaulle et Giscard d'Estaing, qui ont fait voter les lois sur la contraception et l'interruption volontaire de grossesse, fondatrices du droit des femmes... C'est tout à leur honneur, mais c'est évidemment grâce à la « pensée » de gauche. Tant qu'elle se vivait encore comme une créativité politique, qu'elle fût au pouvoir ou dans l'opposition, elle servait encore à quelque chose. Mais plus elle s'est perçue elle-même comme la force du bien missionnée une fois pour toutes pour vaincre la force du mal et sauver l'humanité, plus l'arche de Noé s'est transformée en *Titanic* secrètement fasciné par le moment où il va s'écraser sur l'iceberg du Rassemblement national.

Cette mutation suicidaire de la gauche s'est traduite par l'abandon spectaculaire de l'universalisme et de la laïcité qui le fondent. Elle considère désormais l'universalisme comme une stratégie de la droite pour conserver le pouvoir, et la laïcité comme une manœuvre des fascistes pour opprimer les musulmans... Elle a volontairement renoncé à la défense politique des droits sociaux et culturels qui concernent tout le monde, sans distinction de sexe ou d'origine, pour la défense morale d'une vision du féminisme, de l'islam et de l'antiracisme qui fait dresser les cheveux sur toutes les têtes laïques et universalistes.

Perchée sur la montagne, la gauche déroule son sermon, indifférente aux grappes de fidèles qui s'enfuient vers la droite – voire l'extrême droite – en se bouchant les oreilles.

Nous vivons sur un mensonge. La gauche n'est plus la gauche et la droite n'est plus la droite. Leur opposition est un jeu de rôle au cours duquel, d'ailleurs, ils n'hésitent pas à s'échanger jusqu'à leurs valeurs fondatrices. La gauche a cédé la laïcité à l'extrême droite contre la religion, l'extrême droite a échangé ses vieilles banderoles antisémites contre les slogans de la CGT... Le vrai débat politique n'est plus entre ces deux marionnettes, entre Guignol et le gendarme qui font semblant de se taper dessus et qui se partagent la recette à la fin du spectacle. Ce qui oppose les deux courants qui font vivre la démocratie – car il faut au moins deux courants qui s'affrontent pour que la démocratie soit effective –, ce ne sont plus les marqueurs traditionnels de la droite et de la gauche. La bataille se joue entre ceux qui sont pour l'Europe et la démocratie représentative d'une part, et les souverainistes hostiles à l'Europe, favorables au référendum et à la démocratie participative, d'autre part. Or ce débat est interne à la gauche et à la droite. Comment peuvent-ils prétendre élaborer un projet de gouvernement sérieux, alors qu'ils sont divisés sur l'essentiel ?

Par souci d'honnêteté à l'égard des électeurs qui commencent à donner d'inquiétants signes de fatigue, il serait peut-être temps de jouer franchement, et de se regrouper en deux grands partis. Des sensibilités sociales diverses pourront s'exprimer à l'intérieur de chacun d'eux. En revanche, par définition, sur les deux questions fondamentales de l'intégration européenne et de la nature de la démocratie, il n'y aura plus de débats internes. Le débat politique y gagnerait beaucoup en créativité et en crédibilité.

Si cette configuration avait lieu, on imagine la confusion à l'Assemblée… Comment répartir les places situées à gauche et à droite du président étant donné les vieilles habitudes ?… Certes, au début, les communistes, La France insoumise et leurs alliés vont être un peu dépaysés sur les bancs de la droite. C'est normal. Mais très vite, ils se feront de nouveaux copains…

GENÈSE

Histoire légendaire de la créature.

Prisonnière dans la solitude qui nous est donnée avec la vie, enchaînée par le regard de la multitude, le premier jour, elle a vu que la confiance était plus forte que la méfiance.

Le deuxième jour, elle a vu que, pour survivre, il valait mieux ne pas compter sur la divinité.

Le troisième jour, elle a vu que la vérité arpentait le chemin du doute.

Le quatrième jour, elle a vu que la mort était inéluctable, mais que, dans l'imprévisibilité de son échéance, brillaient la vaillance et la joie humaines.

Le cinquième jour, elle a vu que l'amour était plus fécond que la haine.

Le sixième jour, elle a vu que l'impureté était une réalité plus pure que la pureté.

Le septième jour, elle a vu que, sa vie fragile, bordée par deux sommeils, était de la même étoffe que les rêves, et que vivre, c'est se reposer de mourir.

GENRE

Substantif qui désigne le sexe lorsqu'il est accolé aux adjectifs « masculin » et « féminin ». Cette acception est un peu vieillie. Il est intéressant de noter que le mot « genre » signifie aussi « goût », « milieu », comme l'entend Proust à la fin d'*Un amour de Swann* : « Dire que j'ai gâché des années de ma vie, que j'ai voulu mourir, que j'ai eu mon plus grand amour, pour une femme qui ne me plaisait pas, qui n'était pas mon genre ! » C'est dire la puissance du mot « genre », en l'occurrence. Le *genre* que je ne partage pas avec une personne exige que je l'exclue de mon existence puisque avec elle je gâche mes années ; j'ai envie de mourir, et elle change mon plus grand amour en comédie ridicule.

Les deux acceptions de « genre » ne sont pas étrangères l'une à l'autre. Finalement la personne qui se sent assignée à un sexe où elle se sent à l'étroit ne dit pas autre chose que « Je ne suis pas mon genre ». Elle peut d'ailleurs à bon droit décider de changer de genre dans le but de pouvoir enfin dire « Je suis tout à fait mon genre ».

Dans les années 1950, John Money, un psychosexologue passionné par l'hermaphrodisme, élabora une thèse selon laquelle les organes sexuels masculins et féminins n'étaient nullement un déterminant du genre, lequel n'était qu'une construction intellectuelle imposée par une élite ne visant qu'à perpétrer sa domination. C'était un sexologue et, comme beaucoup d'entre eux, il cherchait le chemin le plus court pour se pénétrer lui-même.

Il expérimenta sa théorie sur un jumeau, prénommé Bruce à la naissance, dont le pénis avait été mutilé à l'âge de huit mois. Il conseilla aux parents de lui donner un prénom féminin, de l'élever comme une fille, et il l'amputa des testicules à l'âge de vingt-deux mois. Hélas, en grandissant, la jeune *Brenda* voulut redevenir un garçon. Il se fit appeler David, on lui greffa un pénis, mais le résultat fut décevant, et Bruce-Brenda-David finit par se suicider à l'âge de trente-huit ans.

Mais John Money n'allait pas se décourager pour si peu. Il tenait une grande idée. Il était convaincu qu'après l'invention de la poudre, de l'eau tiède et du fil à couper le beurre il fallait donner une nouvelle impulsion à l'humanité avec une grande découverte. Il a donc décidé d'être au genre ce que Christophe Colomb fut à l'Amérique. De sexologue, il devint sociologue. Il multiplia les conférences sur le genre, nouveau continent riche de promesses révolutionnaires, pourvu que l'on admette l'idée que le sexe biologique n'est qu'un prétexte sur lequel s'appuie le *pouvoir* pour décider qui doit être un garçon et qui doit être une fille. Mais, dira-t-on, de quel pouvoir s'agit-il ? Quitte à nous répéter, rappelons que nous avons affaire à un sociologue, ancien sexologue, et beaucoup d'entre eux fondent leur science sur l'idée conspirationniste que l'essence du *pouvoir* est un ensemble de règles non dites (qui peuvent contenir jusqu'aux droits de l'homme et la liberté d'expression !) visant clairement à renforcer la position dominante d'une caste, par exemple, au hasard, blanche et masculine. Money ne fut pas reconnu à sa juste valeur. Comme pour beaucoup de grands hommes (Xi Jinping, Dieudonné, Soral, Trump, etc.), il a fallu attendre l'invention d'Internet pour que son génie soit enfin reconnu.

Certes, sa théorie du genre avait de nombreux adeptes qui venaient écouter ses conférences, assis en lotus sur des tatamis, mais enfin ce n'était pas le succès mondial qu'il attendait. Jusqu'au jour où le rayon de son génie toucha la tête d'une jeune étudiante nommée Judith Butler. C'est elle qui transforma la petite épicerie du genre de John Money – qui proposait trois ou quatre genres à tout casser – en chaîne de distribution internationale où l'on peut trouver absolument tous les genres de genres, ainsi que leurs contraires.

Il n'en faut pas douter, Butler et Money posent une bonne question : « Au fond, qu'est-ce que le genre ? Et s'il est tyrannique pourquoi supporter sa tyrannie ? » Si l'on pense que le désir d'émancipation de tout individu est toujours légitime, on ne peut que se réjouir de voir soumettre à questionnements les assignations arbitraires d'un ordre moral qui s'oppose brutalement à une réalité que rien n'autorise à remettre en cause.

Qu'un homme préfère s'habiller en femme, ou une femme en homme, se sentir homme quand on est femme, et femme quand on est homme, ou un peu des deux, ou ni l'un ni l'autre, au fond, ne devraient qu'engendrer l'indifférence bienveillante dans une société qui adhère à la Déclaration universelle des droits humains. Il reste, hélas, du travail pour que les genres qui se dissocient du genre biologique soient perçus comme banals et n'entraînent plus ni ricanements, ni discriminations, ni brutalités. Être d'un genre ou d'un autre ne dit rien de la qualité de la personne. Le seul problème, bien réel, c'est la façon dont le genre est vécu par les uns et perçu par les autres.

Si Butler et Money posent une bonne question, c'est la réponse théorique qui est – au sens plein du terme – étrange, surtout venant de Judith Butler, censée incarner le combat contre l'idée même de préjugé, c'est-à-dire le fait de juger que la réalité n'est pas ce qu'elle est. Comme souvent dans les épopées militantes, l'histoire commence par un mort, en l'occurrence, par un suicide. Mais contrairement à la plupart des luttes, le premier mort fut la victime non des ennemis de la cause, mais de la cause elle-même. Les faits sont là : cette mort d'un enfant est fondatrice de la théorie du genre qui prospère aujourd'hui dans les milieux radicaux.

La foncière étrangeté de la réponse de la théorie du genre tient tout entière dans l'indifférence avec laquelle elle passe de la contestation d'une assignation sociale à la chirurgie. Pas question ici de porter un jugement quelconque, et encore moins un jugement moral, sur le fait de recourir à la chirurgie pour changer de sexe. En revanche, on est en droit d'évoquer la question philosophique que ça pose, parce que ça ne fait de mal à personne.

Admettons que je ne désire pas être la personne que la société attend que je sois parce que j'ai un sexe masculin. Je décide de vivre pleinement ma féminité. Je suis une femme avec un pénis, j'ai une vie sexuelle qui correspond à l'idée que je me fais de celle d'une femme, ce qui n'est pas impossible avec un pénis, puisque, comme le dit Shakespeare dans *La Tempête* : « Nous sommes de la même étoffe que les songes / et notre vie infime est cernée de brouillard. » Entre ce que nous croyons être et ce que nous rêvons, il n'y a guère de différence de nature. Et, si l'on y réfléchit, pour une femme, avoir un pénis, ou pour un homme, avoir un clitoris, est moins invalidant sexuellement parlant qu'être diabétique ou peser cent trente kilos.

Jusqu'ici, on reste dans la perception d'une réalité – un corps désirant qui fait valoir son droit au bonheur – qui n'est pas soupçonnée de cacher derrière elle une réalité autre et transcendante.

C'est quand on passe à la chirurgie qu'on bascule dans une tout autre histoire. La nature n'ayant aucun but, aucun projet ni aucun sens dont on ait la preuve qu'ils existent, mon corps n'échappe pas à la règle du hasard. Dénué de sens, il est pure réalité. Au-delà de mon corps, il n'y a rien, comme il n'y a rien au-delà de la réalité. Mon corps est *un*. Je suis mon corps. Or, le recours à la chirurgie suppose qu'il y a le corps d'un côté, et l'esprit de l'autre. Il y aurait donc, dans l'univers, deux substances distinctes, la substance immatérielle de l'esprit, et la substance matérielle des corps. Spinoza, à l'inverse, dit qu'il n'y a qu'une seule et unique substance, et que l'esprit et la matière n'en sont que deux attributs parmi d'autres. En postulant qu'il y a une substance esprit distincte de la substance corps, l'une s'arrogeant la prérogative de dicter sa loi à l'autre, on entre dans le domaine de la métaphysique. Il s'agit pour l'esprit de donner du sens au corps et d'en faire le but de quelque chose. Quant au corps lui-même, on remet en cause ce qui le définit comme existant, à savoir le désir de persévérer dans son être. La mutilation est l'affirmation de la domination fantasmatique de la substance esprit sur la substance physique. C'est une variation parmi d'autres de la preuve de l'existence de Dieu. Vouloir donner du sens au corps, c'est le rêve de toutes les théologies, de toutes les idéologies totalitaires, de tous les délires hygiénistes. C'est vouloir résoudre un problème en le faisant correspondre à un absolu. Je vais être absolument une femme, ou un homme, ou autre chose de plus composite, qu'importe, pourvu que je sois comme mon esprit me conçoit. Si je sais que je suis mon corps, et seulement mon corps, et que mon esprit et mon corps sont une seule et même substance, vouloir lui donner du sens en lui greffant ou en lui ôtant des organes est inconcevable, sauf à croire que nous vivons dans un univers où la matière est coupable et que l'esprit doit la châtier. De deux choses l'une : soit je ne suis pas mon corps, la preuve, il complote contre *moi* ; soit je suis mon corps, auquel cas il m'est matériellement impossible de comploter contre moi-même. Une personne qui veut se faire opérer peut, à bon droit, répondre à tout ça en disant : de quoi je me mêle ? Il est possible même qu'elle proteste sincèrement de son athéisme et nie qu'elle réintroduise Dieu dans l'histoire en se faisant opérer. Mais il est probable aussi qu'il existe un nombre considérable de gens qui, sans le savoir, réintroduisent Dieu dans l'histoire tout en se pensant athées.

Il ne s'agit pas ici de faire sauter ou de défendre un quelconque tabou moral. Il s'agit juste d'émettre l'hypothèse contre-intuitive qu'avoir recours à la chirurgie pour mieux correspondre à un genre relève non du physique, mais de la métaphysique. Le corps n'est pas un moyen, c'est une fin en soi. Le XXᵉ siècle a été riche d'idéologies qui ont considéré les corps comme des moyens. Il est peut-être utile de garder dans un coin de notre mémoire que, de tout temps, la barbarie a surgi d'une construction métaphysique confrontée au retour obstiné du réel.

HASARD

HULOT (NICOLAS)

H

HASARD

Absence de déterminisme. On peut concevoir le hasard comme un désordre qui tend à épuiser toutes les combinaisons, mais c'est encore un anthropocentrisme. Le hasard ne tend à rien. C'est son absence d'être qui occupe le trône suprême du grand ordonnateur universel. Le hasard est méconnu, parce qu'on pense qu'il se manifeste çà et là, dans le temps bref. Mais son domaine est le temps infini, les milliards d'années. Le hasard qui fait tomber une boule deux fois de suite dans le même numéro est beaucoup moins étonnant que le hasard qui, pendant des millions d'années-lumière, combine de façon aléatoire des atomes dont l'assemblage prend la forme d'une planète chauffée par un soleil, avec sur cette planète des bipèdes autour d'une roulette dans laquelle on jette une boule qui tombe deux fois de suite sur le même numéro.

S'ils n'étaient pas obsédés par l'idée de perdre ou de gagner, en observant la roulette, les joueurs comprendraient comment fonctionne l'univers et à quoi tient leur vie. Le hasard nous apprend que le seul moyen de ne pas perdre, c'est de ne pas jouer. Pour le dire autrement, le seul moyen de ne pas mourir, c'est de ne pas vivre. C'est l'unique leçon que nous donne le hasard dont nous sommes le fruit. On peut lui rendre grâce quand on est heureux et le maudire quand on souffre. Mais à quoi bon maudire quelque chose qui n'est rien qu'un enchevêtrement aléatoire d'une infinité de causes et d'effets ? À quoi bon maudire un hasard qui s'ignore autant qu'il nous ignore quand on a si peu de temps pour apprendre à ne jamais laisser passer une occasion de s'amuser ?

La vie et la réalité qui l'entoure ne sont nullement la réussite des lois de la nature. C'est au contraire, parmi des milliards de combinaisons sans lendemain, une réussite où des éléments qui se conviennent provoquent des séries qui se répètent. La réalité et la vie ne sont pas les conséquences des lois de la nature mais leur cause. Au fond de la plupart des philosophies, la nature a inventé l'homme, et l'homme lui rend un culte pour l'avoir fait apparaître, alors que l'observation scientifique de l'univers conclut, à l'inverse, que c'est l'homme qui a inventé une nature fantasmée comme ayant présidé à son apparition.

S'il n'existe aucune volonté primordiale à l'apparition de la vie, mais seulement des combinaisons réussies du hasard, alors, pour reprendre la terminologie du philosophe Clément Rosset, tout est un « artifice » que rien ne distingue de ce que l'on appelle la « nature ». Un arbre, une tempête, un tableau de Léonard de Vinci, la Déclaration des droits de l'homme et du citoyen, le parking du supermarché ou le vaccin anti-Covid relèvent tous de l'artifice ou, si l'on veut, de la nature.

Le vertige devant l'absence d'origine intelligente de la réalité a conduit la plupart des hommes à inverser la logique du réel afin de tenter d'abolir le hasard. Les grands paranoïaques, les idéologues communistes, nazis, ou religieux n'ont de cesse d'élaborer des systèmes pour éliminer l'imprévisibilité qui menace tous les pouvoirs. Tous, sans exception, contestent les observations de la science et sont prêts à sacrifier des vies pour imposer le but et le sens qu'ils donnent à l'existence des choses. C'est toujours la vie que l'on abolit en cherchant à abolir le hasard. Les charniers sont remplis des victimes de ceux qui ont cherché à conjurer leur frayeur de vivre sous un ciel vide.

On s'est tellement habitués aux mythes selon lesquels le Créateur de nos existences est un modèle idéal, qu'on est tentés de se demander à quel exemple de perfection le hasard nous invite. La bonté, la justice, la grandeur, les vertus sont supposées être les reflets perfectibles de la bonté, de la justice, de la grandeur et de la vertu parfaite de Dieu. Mais le hasard ? Le hasard n'est qu'une fantaisie infinie. Si l'on rendait grâce d'en être la plus étonnante manifestation, la fantaisie serait l'idéal de la vertu.

HULOT (NICOLAS)[1]

Personnalité médiatique française, spécialisée dans l'annonce d'une apocalypse dont on pourrait retarder l'échéance si l'on écoutait ses conseils. Est-il bon ? Est-il méchant ? Ce n'est pas le lieu d'en juger. En revanche, dans la raréfaction des repères *intellectuels*, corollaire de la prolifération des repères *naturels*, Nicolas Hulot est un maître à penser. Alors la question se pose. Dans une société où Nicolas Hulot est un maître à penser, ne devrait-on pas s'inquiéter de ce que pensent ceux qui n'ont même pas de maître à penser ?

1. Note de l'éditeur : cette entrée a été rédigée avant que ne soient rendus publics les démêlés judiciaires de Nicolas Hulot.

I

IDENTITÉ

IDIOT

INCESTE

INDIGNATION

INDIVIDUALISME

INNOCENT

INTERPRÈTE

I

IDENTITÉ

Mot qui dit une chose et son contraire. Par exemple, on dit qu'il y a identité entre deux triangles lorsqu'ils sont identiques. Mais on dira aussi qu'Untel a une forte identité, ce qui signifie qu'il n'est identique à nul autre. C'est un mot, à proprement parler, fou. Seul un délire schizophrène *et* paranoïaque a pu produire un concept qui dit en même temps : je suis unique et je suis innombrable, je suis différent parce que je suis pareil, et j'ai une identité singulière parce que tous les membres de mon clan ont la même.

L'identité pose deux types de problème.

— Celui de l'obsession identitaire de l'individu qui ne s'affirme que par son appartenance à quelque chose (origine régionale, religieuse, idées politiques, racines familiales, penchants sexuels, etc.) et qui, en croyant apparaître dans son originalité existentielle, ne révèle que l'alarmante pauvreté de son être.

— Celui de l'obsession identitaire de l'individu qui hiérarchise les autres selon leur appartenance supposée à quelque chose (origine, race, religion, penchants sexuels, etc.) et qui en déduit le sort qu'ils méritent.

Le second problème non seulement n'est pas exclusif du premier, il en est au contraire le prolongement radical. Le classement de l'autre en fonction de ce qu'il est supposé être – par exemple, pour les nazis, juif, tzigane, homosexuel – accule les victimes à se penser d'abord juives, tziganes ou homosexuelles, quand bien même, en temps normal, elles étaient à des années-lumière d'exister exclusivement à travers cette particularité. Freud, par exemple, se vivait sans doute bien davantage comme un héritier et un continuateur des Lumières que comme un Juif viennois. C'est la montée du nazisme qui l'a renvoyé à sa judéité. C'est la colonisation, l'esclavage et la ségrégation qui ont renvoyé les Noirs à leur négritude. C'est la discrimination des femmes et des homosexuels qui les cantonne dans une identité qui n'est qu'un élément parmi tous ceux, innombrables, qui constituent leur personnalité.

L'identité est un piège dialectique parfait. Le raciste qui hypertrophie sa propre identité supposée pousse sa victime à hypertrophier à son tour son identité. C'est la raison pour laquelle des femmes, des personnes d'origines diverses, des homosexuels endossent une identité au nom de laquelle ils vont eux-mêmes discriminer ceux qui ne sont pas ce qu'ils sont. C'est la raison pour laquelle la Marche des fiertés est paradoxale. On ne peut pas, sérieusement, être fier d'être homme, femme, homosexuel, noir parce qu'on ne peut pas exclure que tout être humain, si singulier soit-il, fasse des choses dont il n'a aucune raison d'être fier... En revanche il est incontestablement légitime de se sentir fier *et* femme, *et* homosexuel, *et* noir... Si être fier de ce que l'on fait est signe de bonne santé, être fier de ce que l'on est n'a pas plus de sens que d'être fier de gagner à la roulette. Les mots sont notre pensée, et comme l'« identité » est un mot fou, la chose qu'elle désigne rend fous tous ceux qu'elle obsède.

Toutes les formes de racisme (sexisme, homophobie, antisémitisme, xénophobie) découlent directement de la passion de l'identité, parce qu'elle ne cesse de murmurer à la conscience : « Tu n'es qu'une médiocrité parmi d'autres semblables à toi, mais tu es géniale ; tu te soumets comme un animal dressé aux impératifs de ton identité – habillement, opinion, idées politiques débiles, coutumes religieuses rétrogrades –, mais tu es libre. Au bout du compte, tu bénéficies de la chaude complicité de ceux qui partagent ton identité, et tu es seule comme un chien perdu quand tu te déconnectes de ton réseau social pour aller pisser. »

L'« identité » est un mot qui ne cesse de chuchoter à l'âme la double promesse de l'épanouissement dans un collectif et d'un effondrement personnel.

Qui suis-je ? Laisser cette question en suspens, c'est accepter avec une certaine gourmandise philosophique que je n'en saurai jamais trop rien. Je suis misanthrope le matin et convivial le soir. Je suis le client de l'épicier, mais je suis aussi celui de la coiffeuse. Chaque fois, je suis un autre. Suis-je vraiment le même avec une ancienne maîtresse et avec une future maîtresse ? À l'une, on va dire le plus sincèrement du monde « Oublie-moi, je ne vaux rien », à l'autre on jure la main sur le cœur « Sans ma merveilleuse personne, ta vie n'aura aucun sens ». S'il est tout à fait possible que dans les deux cas on dise la vérité, cela prouve l'extrême inconsistance de l'identité.

Borges signale que Shakespeare a parsemé ses sonnets et son œuvre dramatique d'indices autobiographiques. Dans *Othello*, par exemple, Shakespeare dévoile une part du mystère, lorsque, par la voix du traître Iago, il fait cet aveu : « Je ne suis pas ce que je suis. »

C'est précisément parce que Shakespeare était tous les personnages si intensément réels de ses pièces qu'il n'était pas ce qu'il était. Aujourd'hui, les historiens de la littérature qui doutent que l'auteur de cette œuvre majeure ait été Shakespeare ne disent pas autre chose que ce qu'il disait lui-même. La différence, c'est que lorsque Shakespeare dit « Je ne suis pas ce que je suis », c'est vrai, et lorsque c'est un historien de la littérature qui affirme qu'un homme aussi *commun* que Shakespeare n'a pas pu écrire tant de chefs-d'œuvre, c'est faux. Ils ont juste des difficultés à admettre qu'un génie est aussi un homme commun, parce qu'eux-mêmes sont des hommes communs sans être des génies.

Se sentir dépourvu d'une identité qui détermine la personnalité et le comportement peut être vécu, au premier abord, comme un appauvrissement de l'être. Pourtant, quelle liberté retrouvée ! Combien de Marseillais qui mangent de la bouillabaisse et jouent à la pétanque préféreraient avaler une choucroute et faire un poker ? Combien d'Arabes qui mangent du couscous et vont à la mosquée rêveraient d'une blanquette de veau devant une série israélienne ? Combien de Juifs déglutissent péniblement une carpe farcie quand ils se régaleraient du jambon de Parme ? Combien d'Andalous qui tapent dans leurs mains et avalent de la vinasse en écoutant d'horribles chants flamencos connaîtraient un plaisir sincère en visitant une exposition de peintres flamands ? Et que dire de ceux dont l'identité consiste à faire partie d'une secte religieuse avec un leader qui les abuse et les envoie se faire exploser au milieu d'une foule ?

Chacun d'entre nous se revendique peu ou prou d'une tradition qui l'honore. Être du pays de Balzac, de Rabelais et de Pasteur est gratifiant, mais il ne faut jamais oublier qu'aucun d'entre nous n'est Balzac, ni Rabelais, ni Pasteur. Nous ne sommes pour rien dans ce qu'ils ont accompli. Un génie n'est jamais vraiment national, il est d'abord une manifestation singulière du génie humain. Quand j'entends Louis Armstrong ou quand je lis Omar Khayyam, je suis heureux de faire partie de la même humanité. Nous sommes déjà bien assez marqués par nos origines. Mettre en doute leur importance est beaucoup plus libérateur que de s'en ligoter. Les identités peuvent avoir leur charme, pourvu qu'elles s'expriment de façon inconsciente. Sitôt qu'elles s'affirment consciemment, elles émettent le son fêlé du tocsin de l'intelligence. L'identité est un cocktail hallucinogène qu'il est prudent de couper avec l'eau fraîche de l'autodérision.

On est (presque) tous d'accord pour dire qu'une République digne de ce nom doit s'interdire de prendre en compte l'identité des individus pour ne les juger que sur leurs actes. Alors pourquoi encourage-t-on chez les individus ce que l'on interdit à une République qui est la somme de ces individus ? Cette contradiction aberrante est en train de ruiner l'Éducation nationale.

Identité

À quelle réalité se rattache l'identité d'un enfant né en France de parents français, portant un nom français, et qui ignore que ses grands-parents étaient anglais ? Se sentira-t-il spontanément du pays de Turner, Walter Scott et des Beatles plutôt que du pays de Renoir, Alexandre Dumas et Debussy ? Tout ce qu'on peut lui souhaiter c'est de se sentir russe quand il lit Tolstoï, américain quand il écoute Bob Dylan, indien, persan et arabe quand il lit *Les Mille et Une Nuits*, juif devant un tableau de Chagall, et rien du tout quand il rêve en regardant passer les nuages. À moins d'attacher de l'importance à la couleur de peau, on peut remplacer sans la moindre difficulté des grands-parents anglais par d'autres, congolais ou vietnamiens.

L'identité existe pour le meilleur et pour le pire. Elle est un fait anthropologique qui n'est pas discutable. Tout le problème réside dans la valeur qu'on lui accorde, laquelle ne repose sur rien. Plus on la surestime, plus elle nous possède, et moins on s'appartient. Dans *Loin de moi. Étude sur l'identité*, le philosophe Clément Rosset affirme : « Moins on se connaît, mieux on se porte. »

Dans ce livre et dans *La Force majeure*, Rosset cite ces lignes attribuées à un théologien allemand du XVe siècle, Martin von Biberach : « Je viens je ne sais d'où / Je suis je ne sais qui / Je meurs je ne sais quand / Je vais je ne sais où / Je m'étonne d'être aussi joyeux. » Il n'est pas inutile de noter qu'au XVIe siècle, Martin Luther, fou de rage, noircira des pages et des pages pour réfuter Martin von Biberach en répétant qu'un chrétien doit savoir qu'il vient de son Dieu, qu'il y retourne, et qu'il doit craindre la mort et le jugement divin qui s'ensuit. Dans le même temps, Luther, au nom du salut des Allemands chrétiens, prêche une haine des Juifs qui n'est pas pour rien dans la construction d'une identité allemande dont on sait avec quelle effrayante aisance elle prospéra sous le drapeau nazi.

En ne retenant que ce qui est nécessaire à l'administration, la carte d'identité révèle toutes les informations dont notre appétit identitaire serait sage de se contenter : le nom, le prénom, la date et le lieu de naissance, la taille et la couleur des yeux. On en retrouve le condensé sur nos pierres tombales. Tout le reste, quand nous aurons fini d'en jouer, le vent l'emportera.

IDIOT

Adjectif souvent pris comme substantif dont la racine grecque – *idios* – signifie « propre », au sens d'unique, de particulier, de singulier. Clément Rosset (encore lui…) dirait, dans *Le Réel. Traité de l'idiotie* : « qui ne se duplique pas ». L'univers, en ce sens, est idiot, et il est constitué d'une infinité d'idioties. Une part précieuse de l'intelligence humaine s'acharne sinon à comprendre, du moins à constater l'impossibilité d'un standard de la réalité : il lui est impossible de se reproduire à l'identique en quelque domaine que ce soit. Évidemment, cette *idiotie* de tout ce qui compose l'univers et de l'univers lui-même a quelque chose d'angoissant dans son imprévisibilité, ce qui explique par exemple la permanence des devins, voyants et autres mages depuis l'âge de pierre jusqu'à l'âge de Twitter. Pour s'entendre, il a bien fallu que les hommes fixent quelques symboles, ne serait-ce que pour communiquer. Par exemple quand ils inventent le mot « cheval », le mot ne désigne pas un animal singulier, mais l'idée d'un cheval en général. Le mot « cheval » est le nom du cheval idéal, qui a la forme idéale de tous les chevaux, lesquels, pourtant, sont tous différents les uns des autres depuis que les chevaux existent.

Les mots sont des conventions dont il faut se méfier, car autant ils désignent la forme idéale avec aisance, autant ils peinent à exprimer les singularités, c'est-à-dire les idioties. Et pourtant, autant les formes idéales sont de peu d'intérêt pour nous pour la raison qu'elles ne sont pas de ce monde, autant les idioties sont passionnantes parce qu'elles sont la réalité même.

La réalité étant sans exemple stable, sauf l'exemple de son instabilité, et chacun la percevant à sa manière, il a bien fallu, dans un tel foisonnement d'affects incohérents, inventer quelques objets qui mettent tout le monde d'accord. Parmi ces objets, on trouve les dieux et les rituels qui s'y réfèrent, mais ils sont toujours exposés à la contestation, et nécessitent un acte de foi auquel tout le monde n'est pas toujours prêt. Mais on trouve aussi ce que l'on appelle les êtres *de raison*, c'est-à-dire les êtres qui ne sont pas *de nature*. Il est intéressant de remarquer ici que *raison* s'oppose à *nature*, comme *raison* s'oppose à *idiot*, car la nature, par nature, est idiote. Les êtres de raison sont les cercles, les lignes droites, les triangles rectangles, bref, ce qui n'existe pas dans la nature, puisque ce sont des formes parfaites et reproductibles, non singulières, donc non idiotes. À partir de ces formes parfaites, nécessaires au progrès de notre connaissance de l'univers, le tour de passe-passe métaphysique est tentant : « Puisque je suis capable d'imaginer des formes parfaites, des êtres de raison, c'est qu'il existe un *Être de Raison* suprême. » Personnellement je ne vois pas le rapport, mais beaucoup l'ont vu, ce qui explique d'ailleurs que de nombreuses divinités, et pas des moindres, sont représentées par des cercles ou des triangles. Le Dieu des chrétiens lui-même est parfois symbolisé par un triangle équilatéral avec un œil sur le centre du cercle circonscrit au triangle. Or, si Dieu est vu comme un cercle, un triangle, ou les deux à la fois, alors effectivement, contrairement à la réalité, un tel Dieu est reproductible à l'identique et à l'infini. Ce fait d'être identique, infini et innombrable est une tentative de saturation de l'univers par l'omniprésence de ce qui, par définition, n'existe pas. De fait, la réalité n'est pas constituée d'êtres de raison, puisque sa nature même, au contraire, est d'être idiote.

Confondre les êtres de raison avec la réalité idiote, c'est exactement le propre des idéologies. Elles consistent à croire qu'on peut organiser parfaitement une société avec des individus également élevés à un niveau de perfection telle qu'ils seraient tous identiques. C'est le rêve du totalitarisme, que seule une revendication obstinée de l'idiotie peut combattre.

Le mot « idiot », au cours de sa migration linguistique du grec à la langue latine, a vu son sens se modifier pour exprimer de plus en plus la stupidité ou l'absurdité. Il est devenu une insulte. Méfions-nous de son discrédit : il nous concerne, puisque, pour le meilleur ou pour le pire, nous sommes idiots. La plupart d'entre nous croient être plus heureux en étant des idiots qui s'ignorent. Ils font erreur. L'idiot conscient d'être idiot ne peut pas faire autrement que d'être libre d'être ce qu'il est puisqu'il sait qu'il ne saurait être autre chose. Et cette liberté le rend forcément plus accessible à l'émerveillement d'être en vie.

INCESTE

Pratique qui consiste à rechercher et trouver des partenaires sexuels parmi les individus au sein de la famille ou, au sens plus élargi, au sein du clan primitif. Dans notre civilisation européenne, l'inceste fondateur, celui qui est resté depuis une trentaine de siècles en tête des hit-parades des récits d'inceste, sans doute parce qu'il les contient tous, c'est celui d'Œdipe. En voici le rapide résumé, car le debut est moins connu que la fin. Laïos, roi de Thèbes, est marié à Jocaste. Un jour, il reçoit dans son palais le roi de Pise, un certain Pélops, qui lui rend visite en compagnie de son fils Chrysippe, un enfant de dix ans. Laïos, pendant la nuit, se glisse dans la chambre de Chrysippe et le viole. Le lendemain, sur le chemin du retour, Chrysippe raconte à son père le drame qu'il a vécu pendant la nuit. Pélops demande aux dieux de punir Laïos. L'oracle de Delphes interdit à Laïos d'avoir un enfant. « Et si tu en as un, il couchera avec sa mère et te tuera. » Immédiatement, Laïos cesse de coucher avec sa femme. Mais un soir qu'il est saoul, elle abuse de lui, et c'est ainsi que naît Œdipe, que Laïos s'empresse de faire supprimer.

On connaît la suite. Œdipe échappe à la mort et est recueilli par le roi et la reine de Corinthe, dont il est convaincu d'être le fils. Un jour, il apprend la prophétie de l'oracle de Delphes. Il s'enfuit pour ne pas assassiner le roi, qu'il croit être son père et pour ne pas coucher avec la reine, sa mère supposée. Et où s'enfuit-il ? Vers Thèbes, où sans le savoir il rejoint le clan natal... En chemin, il croise et tue le roi Laïos, son père, avant de coucher avec Jocaste, sa mère.

L'auteur inconnu de légende – déjà citée par Homère, plusieurs siècles avant Sophocle – note un fait hautement significatif. Œdipe aurait pu s'enfuir à Athènes, à Argos ou à Olympie. Non, il revient, fatalement – l'oracle n'étant que l'interprète de la fatalité –, dans sa communauté d'origine, à Thèbes. La genèse de l'inceste, c'est l'histoire de l'enfermement dans une origine, une tribu, un clan, une famille, et l'impossibilité de vivre avec la réalité du vaste monde extérieur. Clément Rosset a noté que l'histoire d'Œdipe, à laquelle Freud se réfère pour conceptualiser le fameux complexe, n'évoque pas un instant la première partie de l'histoire, celle du viol de Chrysippe par Laïos. Dans la littérature freudienne, l'histoire commence par l'assassinat raté d'Œdipe. Rosset pense que Freud a agi délibérément, car, féru de mythologie grecque, il connaissait toute l'histoire. Il suppose que la relation complexe que Freud entretenait avec son propre père lui interdisait de rendre un « père » responsable d'une histoire aussi sordide. Pour finir, et compléter le tableau des conséquences de l'inceste, Œdipe signifie « celui qui boite », qui a les « pieds enflés » – notamment parce que son père avait demandé qu'on lui cloue les pieds pour le pendre la tête en bas. De plus, lorsque Œdipe découvre qu'il a tué son père et couché avec sa mère, il se crève les yeux et s'exile. Tout ce que contient l'inceste est dit, dès l'Antiquité. Quand le tabou est transgressé, on ne peut plus marcher librement et l'on ne voit plus rien. Enfermé dans ces deux infirmités, on est condamné à tourner en rond, en quelque sorte, impuissant à faire l'expérience de la diversité du monde.

L'histoire d'Œdipe sera reprise tout au long des siècles dans la littérature de l'Occident, parce qu'elle est une fable fondatrice, un récit vigie qui veille au respect du tabou de l'inceste. Lorsque Darwin, au milieu du XIXe siècle, publie sa théorie de l'évolution, il prouve scientifiquement que l'homme appartient au règne animal. Depuis l'Antiquité, les intellectuels les plus audacieux, comme Lucrèce, s'en doutaient déjà, mais l'idée sentait le bûcher. Après la secousse provoquée par Darwin, dont les répliques se font encore sentir aujourd'hui, Freud est arrivé pour soigner les blessés. En quelque sorte, il a dit : oui, si l'on veut y comprendre quelque chose, il faut savoir que l'homme est un animal. En revanche l'homme n'est pas une bête, car il a érigé le tabou de l'inceste. La psychanalyse se fonde d'abord sur le décryptage de la culpabilité liée à la transgression réelle ou imaginaire de ce tabou. Ce n'est évidemment pas un hasard. Le tabou de l'inceste signifie en quelque sorte la sortie du cycle des bêtes sans mémoire historique, l'ouverture à la connaissance du monde, l'accession au statut d'individu de droit. Le tabou de l'inceste, comme n'importe quel élément de droit, est une fiction libératrice créée par l'esprit humain pour se protéger contre la fiction criminelle des lois supposées de la nature.

Les paléontologues et les généticiens nous apprennent qu'il y a soixante mille ans une petite horde de moins de deux cents individus quitta l'Afrique pour passer en Arabie. Ce sont nos parents, ce sont les premiers humains. En l'espace de quelques générations, ils ont peuplé tout le continent eurasiatique puis, en quelques milliers d'années, le reste de la planète. On peut émettre l'hypothèse – il y en a d'autres, mais celle-ci a l'avantage d'être plausible – que cette sortie du monde cyclique des autres animaux est le produit d'une évolution spectaculaire du cerveau et du système nerveux. Quand d'autres singes moins évolués avaient une certaine conscience d'eux-mêmes et de leur environnement, les mutants firent un saut conceptuel : ils ont eu conscience d'avoir conscience et, du même coup, conscience de leur condition tragique de mortels. La vie cyclique des autres mammifères étant impuissante à les distraire de l'obsession de la mort, et pour se changer les idées – c'est-à-dire pour pouvoir exister en sachant qu'ils allaient mourir –, ils sont partis à la conquête du monde, de la science et des arts. Et le premier désir – qui se cache derrière celui de territoires – fut sans doute d'aller trouver des partenaires sexuels loin de la tribu. Depuis Freud, on ne peut plus guère imaginer de grands événements humains sans trouver leur origine dans l'énergie libidinale. À la base de cette migration primordiale, il y eut sans doute, dans une forme primitive que l'on ignorera toujours, le premier tabou de l'inceste, car c'est lui qui pousse l'humain à sortir dans le monde, et à s'y inventer une existence qui le distrait de sa condition tragique. Bien sûr, tout n'est pas si net. Il y a eu des sociétés humaines qui ont négligé le tabou de l'inceste. Elles sont souvent restées à l'état tribal, enfermées dans des cultes et des rites animistes, et dans la croyance que les manifestations de la nature étaient des manifestations d'« esprits ». Rares sont les civilisations qui n'établirent pas le tabou de l'inceste. La plus célèbre est la civilisation égyptienne, qui dura plusieurs millénaires. Ses deux divinités tutélaires, Isis et Osiris, donnent l'exemple. Ils sont frère et sœur et couchent ensemble. Les pharaons épousaient leurs filles, leurs sœurs, et le reste de la population pratiquait massivement l'inceste. À tel point qu'au temps de la domination romaine un empereur prit un décret pour interdire cette pratique aux Égyptiens. Or, la civilisation égyptienne est très mystérieuse. Alors, par exemple, que les écritures grecques, latines, ou hébraïques, furent pratiquées et transmises hors de leurs terres d'origine – au point qu'elles n'ont jamais cessé d'être comprises depuis l'Antiquité jusqu'à nos jours –, l'écriture égyptienne tomba dans l'oubli sitôt l'empire disparu. En trois mille ans, elle n'exporta aucune invention, aucun grand texte universel, aucun véhicule de pensée – comme la Bible, l'*Iliade* et l'*Odyssée* ou le droit romain – qui justifiât la mémoire de la langue. Il fallut un heureux hasard, au XIXe siècle avec la découverte de la pierre de Rosette, pour qu'on commençât à déchiffrer les hiéroglyphes, parce que en dessous du texte égyptien y était gravée une traduction en grec. Quand on regarde les objets ou les monuments du début de l'empire égyptien et ceux de la fin, on y voit assez peu de différences. Pareille immobilité pendant trois mille ans est stupéfiante, comparée aux multiples révolutions de style, d'esthétique, de modes de vie, d'inventions politiques, de bouleversements de tous ordres, en quelques siècles seulement, des Grecs et des Romains. Et que dire de l'évolution de l'Europe au sens large, de mille ans avant J.-C. à aujourd'hui, c'est-à-dire également trois mille ans ? Au début, ils ont fait des pyramides, à la fin aussi. Il faut être égyptologue pour savoir, en admirant un hypogée, s'il date de l'an mil, deux mille ou trois mille, alors qu'ailleurs, en vingt ans, on passe de Renoir à Picasso, et du fiacre à l'avion. L'empire égyptien fit bien quelques expéditions, mais il connut surtout des guerres civiles liées à des rivalités de clans religieux ou impériaux. Pour qualifier la civilisation égyptienne, on est tenté par l'oxymore « civilisation tribale » tant il est vrai que la civilisation naît précisément d'une contestation plus ou moins radicale du système tribal et de la pratique de l'inceste. L'inceste est la marque d'une société qui entretient un rapport irrationnel avec une nature mythique à laquelle elle prête des lois qu'elle applique à la communauté. L'inceste est « naturel ». Il ne fait l'objet d'aucun tabou moral, ni chez les animaux, ni chez certaines sociétés archaïques. Le tabou de l'inceste est « culturel ». Tout comme dans l'ordre animal, la guerre perpétuelle au nom de la survie est naturelle, et, dans l'ordre humain, la paix est culturelle. Elle est une invention de négociations et de délégations de pouvoirs qui vise à réguler la lutte pour la vie.

Au contraire de celui des Égyptiens, les mythes fondateurs des Romains et des Grecs racontent des accouplements avec des femmes que l'on va chercher loin de la tribu – ou de la famille –, ce qui revient à peu près au même. L'enlèvement des Sabines ou celui d'Hélène par Pâris, qui déclenche la guerre de Troie – c'est-à-dire le grand récit européen –, établissent avec violence le sens de l'aventure collective, en la faisant naître à la fois d'un accouplement avec un partenaire sexuel étranger et d'un certain désir de s'affranchir des lois divines, c'est-à-dire des lois supposées de la nature.

Mais si nos sociétés inventives, ouvertes au monde, avides de savoir et de découvertes sont heureusement assises sur le tabou de l'inceste et l'émancipation des pulsions claniques, Freud rappelle que ce n'est pas sans une tortueuse mélancolie que l'individu refoule ses propres instincts qui ne cessent de menacer sa liberté. À tel point que nombreux sont ceux qui croient encore aujourd'hui que la liberté consiste en l'obéissance à des instincts que leur propre morale réprouve. C'est ainsi que, dans les périodes de troubles comme la Révolution française, on a vu proliférer les accusations de déviances sexuelles. On y accusait volontiers l'adversaire de commettre ce qu'on fantasmait de commettre. Marie-Antoinette, accusée dans les libelles d'être à la fois lesbienne et de pratiquer l'inceste avec son fils, en est l'exemple le plus célèbre. Bizarrement, le marquis de Sade, qui, en quelque sorte, incarnait ces crimes, se mêla aux troupes de Robespierre, survécut aux massacres, et mourut de vieillesse au siècle suivant quand l'innocente Marie-Antoinette finit sur l'échafaud.

Enfin, l'affaire récente d'un professeur de droit constitutionnel par lequel le scandale est arrivé remonte précisément à une période – les années qui ont suivi

Mai 68 – où la mode était au retour à la nature, synonyme de « liberté retrouvée » et d'une soumission aux instincts sous couvert d'émancipation. Les idées de Wilhelm Reich circulaient comme un virus variant, ringardisant à plus ou moins bas bruit le tabou de l'inceste et celui de la pédophilie. Il est difficile de mesurer aujourd'hui l'étendue et la banalisation de ce mouvement « libérateur », et à quel point il a pu, à l'époque, déculpabiliser voire encourager des pulsions destructrices chez des individus qui, dans d'autres circonstances, se seraient peut-être empêchés.

Derrière l'inceste, à la blessure des victimes s'ajoute la blessure de la civilisation, au sens le plus universellement acceptable par tout animal humain qui considère son humanité comme la plus précieuse de ses conquêtes ; d'autant plus précieuse que, comme toutes les conquêtes, elle n'est jamais définitivement acquise.

INDIGNATION

Colère qui valorise celui qui la manifeste parce qu'il est convaincu de la noblesse des sentiments qui la déclenchent. En disant qu'il est indigné, il dit à la fois qu'il est digne et qu'il va se conduire de manière indigne. L'indignation est une sorte d'aporie, un conflit interne délicieusement insoluble, dans lequel l'esprit se réjouit d'avoir raison de prendre congé de la raison.

À la fin de la première décennie du XXIe siècle, un opuscule intitulé *Indignez-vous* a connu un immense succès. Par son petit nombre de pages (une trentaine, sans compter la couverture), il a séduit un grand nombre de lecteurs rebutés par l'effort de lire un livre. L'auteur, Stéphane Hessel, avait commencé sa carrière en Cyrano pour la finir en Tartuffe. Du haut de son prestige de Résistant, il avait l'habitude de réciter des poèmes à la télévision avec des sanglots dans la voix, entre deux appels à tout faire péter dans la société démocratique. *Indignez-vous* fut, pendant un certain temps, la bible de ceux dont le cerveau entretient avec le raisonnement à peu près le même rapport que l'intestin du pigeon avec la fiente qui atterrit sur un col de chemise. N'hésitant pas à déclarer dans la presse allemande que l'occupation de la France par les nazis avait été moins cruelle que l'occupation de la bande de Gaza par Israël, il a séduit un nombre considérable d'indignés au-delà des frontières. Grâce à lui l'indignation devint une houle à la mode qui berça le narcissisme d'une multitude de grognons et de ronchons qu'on a vus déferler dans les rues de New York, de Paris, de Madrid, de Rome et d'ailleurs. En Italie, le mouvement Cinque Stelle parvint même au pouvoir en faisant alliance avec le parti d'extrême droite de la Lega, illustration parfaite de la réussite de la convergence des luttes des ronchons et des grognons. Car l'indignation est aveugle. Et fière de l'être. Elle est la finalité politique de la célèbre sentence française : « Il vaut mieux avoir tort avec Sartre que raison avec Aron. » L'indigné refuse le débat, parce qu'il a raison même quand il a tort. Et surtout s'il a tort. L'indignation est la poubelle de l'esprit travaillé par le ressentiment. Tout être humain conquiert sa dignité contre sa propre part de médiocrité, sauf l'être humain indigné dont la médiocrité, telle la grenouille de la fable, s'enfle jusqu'à se croire détentrice d'une morale qui va sauver le monde. Attention, il ne s'agit pas d'être indigné par les dictatures, par la Russie de Poutine, l'Iran des ayatollahs, la Chine communiste ou la Corée des Kim. Il faut être indigné par les démocraties parlementaires dont les libertés ne sont que des alibis pour faire de l'argent, et, comme chacun sait, l'argent pourrit tout.

Le professeur, l'intellectuel, le « vieux sage » qui prêche l'indignation et la range sur l'étagère des grandes vertus ne vaut pas plus cher qu'un neurologue qui prescrirait du crack à ses patients atteints d'hallucinations. L'opposition, la révolte, la contestation et la protestation sont censées être soucieuses de la validité de ce qui les suscite. L'indignation s'en fout. L'indignation n'argumente pas, elle vocifère. Elle ne cherche qu'à démontrer l'héroïsme de bazar de celui qui se drape dedans.

Tout le monde, un jour ou l'autre, ressent de l'indignation et se croit malin en se conduisant de façon indigne. Nul n'est parfait et nul n'échappe à ces moments où l'on est à la fois le pigeon et le propriétaire de la chemise maculée. Nul n'échappe au ridicule, à quoi nos nerfs fragiles nous entraînent parfois. Ce qui est impardonnable, et qui signe l'échec de notre enseignement supérieur, de notre culture démocratique et de notre inflation médiatique, c'est d'avoir laissé croire sans l'ombre d'une inquiétude philosophique que la manifestation d'une ignorance narcissique pouvait rendre le monde plus intelligent.

INDIVIDUALISME

Attitude qui consiste à mépriser et éviter les liens sociaux, et à ne s'y résoudre qu'en les exploitant à des fins de bénéfice personnel. L'individualiste est une figure maudite des temps modernes... Il est très difficile de dater avec précision l'apparition de la dénonciation de l'individualisme dans l'histoire des idées politiques. Déjà, chez les chimpanzés, l'individu porté à s'isoler du groupe pour s'occuper de ses affaires fait l'objet d'hostilité, voire de menaces d'exclusion. L'historien du futur qui étudiera notre siècle se trouvera confronté à une énigme. Il trouvera d'innombrables textes, discours, films, œuvres théâtrales, romans, essais, journaux expliquant tous les maux de la société par l'individualisme forcené qui caractérise notre époque. Alors il se mettra à fouiller notre histoire pour en découvrir les manifestations forcément innombrables. Individualisme d'autant plus stupéfiant qu'il va à l'encontre d'un des instincts les plus primordiaux de l'être humain, aussi primordial que le rut : l'instinct social. L'historien s'étonnera du peu de matériel probant.

Car l'homme est un animal social. On ne reviendra pas sur les expériences monstrueuses sur des enfants que l'on a privés de langage et de contact et qui en sont morts. L'être humain communique, c'est dans sa condition et, pour ça, il faut d'autres individus, qui eux-mêmes communiquent entre eux, sinon, ils dépérissent. Quand on meurt, si tout se passe le moins mal possible, c'est la dernière chose que l'on fait pour tenter de vivre encore jusqu'au dernier soupir, on communique.

Ce désir de lien social, produit du plus puissant et du plus archaïque des instincts, travaille l'inconscient avec la même force que le désir sexuel et peut conduire l'individu aux comportements les plus aberrants. D'ailleurs, la maladie qui prive de cet instinct certaines personnes s'appelle l'« autisme » – du grec *autos* signifiant « soi-même » –, lequel plonge la médecine et la société dans un mélange d'étonnement tragique, de perplexité et d'inquiétude. Car chacun devine que, si son instinct social est affecté, la personne autiste perçoit un monde radicalement différent de celui du commun des mortels. Ce qu'elle perçoit en regardant par la fenêtre ressemble à peu près à ce que je regarde en même temps qu'elle, et pourtant, ça n'a rien à voir. Elle y perçoit autre chose. L'autisme est une souffrance, un vide que le cerveau n'arrive pas à combler, un vide qui, chez la plupart des individus, est comblé par un bouillonnement d'affects. On y trouve l'empathie, l'amour, le besoin de protéger, d'être protégé, d'instaurer des liens de dépendance, bref, tout un fatras de stratégies sociales. Elles forment le filet de sécurité vital et nécessaire pour que les individus trouvent le courage de parcourir la vie, laquelle est un fil tendu au-dessus du néant.

Oui, l'historien s'étonnera. On peut concevoir que, dans une société, quelques originaux décident de faire une croix sur toute sexualité, mais quand toute une société décide de ne plus baiser, c'est autre chose. On y cherchera alors une cause extérieure, comme la mutation particulièrement détestable d'un coronavirus, ou l'effet dévastateur de la diffusion des cérémonies des césars sur la libido humaine. Pour l'instinct social, il en va de même. Que quelques amateurs d'installations ou de happenings décident de renoncer à tout instinct social, passe encore. Mais que toute une civilisation, au nom de l'individualisme, se mette en péril en refoulant volontairement son instinct social, il y a de quoi tomber de sa chaise. Devant cette énigme, l'historien n'est pas au bout de ses surprises. D'abord, parce que, en faisant l'inventaire de notre héritage technologique, il ne trouvera que des traces d'une passion indéfectible pour la communication. Ce qui caractérise la période qui va de la fin du XIXe siècle jusqu'à nos jours, c'est l'invention de moyens de communication de plus en plus stupéfiants, lesquels, qu'il s'agisse de l'aviation, des trains rapides ou des autoroutes numériques, connaissent plus qu'un succès populaire : une adhésion massive. Ensuite parce que l'historien va vite découvrir que ces outils de communication peuvent avoir des effets pervers sur le lien social. Non pas dans le sens où ils l'affaiblissent, mais au contraire dans le sens où ils le renforcent dangereusement, au point que le lien se transforme en entrave, notamment en entrave à penser librement par soi-même.

Les recherches, qu'elles aient été médicales, philosophiques, éthiques, psychanalytiques, ont tenté d'éclairer et d'analyser les pulsions sexuelles et leurs enjeux dans la vie de chacun et dans la société. Des premiers penseurs éléatiques jusqu'à Freud, et encore maintenant, la pulsion sexuelle est interrogée. Et les réponses que l'on a trouvées çà et là nous permettent de comprendre dans un premier temps qu'alors même que nous nous croyons libres, nous sommes prisonniers de déterminations inconscientes auxquelles nous obéissons, et de découvrir dans un second temps que la liberté n'est possible qu'à partir du moment où l'on prend conscience que l'on n'est pas libre.

La liberté est une conquête sur la soumission à l'instinct, conquête que l'on utilise pour en faire quelque chose d'autre ; par exemple, l'invention d'un antibiotique, le Parthénon ou les *Essais* de Montaigne, ou plus simplement une vie où la joie et la tragédie savent cohabiter sans que la tristesse l'emporte. En interrogeant la sexualité, on a compris que la liberté avait quelque chose à voir avec la sublimation, et qu'elle était même sa condition *sine qua non*. En désobéissant à la fatalité de l'instinct, l'espèce humaine en a tiré des bénéfices stupéfiants. Certes, un nombre conséquent d'individus, pour des raisons innombrables dont il n'est pas question ici de faire la liste, sont restés sur le bord de la route, et persistent à croire qu'ils ne sont libres que lorsqu'ils assouvissent leur instinct sitôt qu'ils en sont secoués. Mais une immense majorité d'individus ont quand même compris que, bien qu'il soit merveilleux d'éprouver l'orgasme pendant un accouplement, cela ne vaut tout de même pas que l'on fasse vingt ans de prison pour viol.

La plupart ont même fini par éprouver – c'est dire le chemin parcouru – que l'acte sexuel n'est vraiment désirable que si l'on est désiré. Notre curiosité pour le mystère impénétrable de l'objet de notre désir sexuel s'est éveillée. Tenter, çà et là, d'en saisir quelque chose participe du plaisir sexuel et, sans y renoncer pour autant, admettre qu'on n'y comprendra jamais grand-chose est un progrès inouï. C'est un bénéfice de liberté, mais aussi un déficit en assouvissement des instincts brutaux, et chacun peut concevoir qu'il en reste dans nos psychés une sourde réprobation, un regret archaïque, une dangereuse mélancolie sous laquelle la bête humaine ne dort que d'un œil. Pour ne pas retomber sous la coupe de l'instinct, elle est tenue de rendre grâce régulièrement à la liberté et au plaisir qu'elle doit à sa considération pour l'objet de son désir sexuel. C'est en tout cas le prix à payer pour passer de l'acte sexuel considéré comme un dû justifié par la nature à l'acte sexuel considéré comme un jeu entre désirants justifié par le plaisir.

Mais l'historien sera bien surpris encore de constater qu'autant la question de la pulsion sexuelle aura fait l'objet de recherches fécondes, autant la question de la pulsion sociale, qui n'est pas sans lien avec la pulsion sexuelle, sera restée sans réponse. Que l'homme soit un animal social a été considéré comme un fait établi, une constatation dont on ignore superbement les tenants et les aboutissants au point de déplorer l'affaiblissement de la pulsion sociale au nom de l'individualisme. C'est alors que l'historien découvrira avec stupeur qu'au contraire c'est l'hystérisation du lien social qui aura étouffé la société. Un peu comme si l'on déplorait la disparition de la sexualité devant le spectacle d'une partouze générale. C'est pourtant une évidence : jamais les individus n'ont été autant socialisés, jamais ils n'ont été aussi loin dans le refus d'un minimum de replis individualistes afin de penser un peu par eux-mêmes. Jamais, dans les démocraties modernes, les individus ne se sont autant regroupés par goûts, par délires communs, par religion, par opinion, par communauté de toutes sortes, sexuelles, ethniques ; jamais ils n'ont autant communiqué entre eux grâce aux réseaux sociaux. Le lieu de la sursocialisation, à quoi les démocraties universalistes nous proposent d'échapper, c'est la tribu. Or, jamais on n'a vu autant de tribus, qui n'ont parfois en commun que la haine de tout ce qui n'est pas tribal, et, par-dessus tout, de l'État de droit cosmopolite.

La dénonciation de l'individualisme n'est que l'évitement d'avoir à se poser la même question que pour la sexualité : que peut-on attendre du surmoi pour mettre fin à l'orgie de lien social dont les réseaux sociaux – qui portent bien leur nom – révèlent les manifestations les plus alarmantes ? Comment sublimer cette pulsion sociale monstrueuse qui ne se justifie que par la revendication de sa propre existence, et qui menace de faire s'effondrer une civilisation fondée sur le respect de la liberté individuelle ? On va objecter que la solitude est un mal du siècle. Mais, être hypersocialisé ne protège aucunement contre la solitude, au contraire. Partager les idées, les lubies, les croyances, les indignations, les haines d'une tribu, c'est oublier d'avoir le courage d'exister. À l'euphorie de se fondre dans un groupe se mêle la perte inavouée de soi-même, avec lequel on se sait plus vivre. La solitude, ce n'est pas d'être avec personne – ce qui n'est d'ailleurs que rarement la réalité –, la solitude c'est d'être avec personne quand on est seul avec soi-même. L'animal social est porté à vivre en tribu, en meute, en horde ; la liberté n'a aucune place dans son existence exclusivement consacrée à dévorer plutôt qu'être dévoré. La domestication de l'instinct social a permis l'avènement fragile de l'individualisme en donnant du temps libre à l'individu. Tout le temps qu'il n'a plus employé à survivre, comme le lui ordonnait l'instinct social, il l'a consacré à l'invention de sa vie, à la création de sons et de formes, à son plaisir, à la culture d'un lien social choisi, au gré du jeu de l'amour et du hasard. Ce n'est pas du manque de lien social, mais au contraire de sa prolifération monstrueuse et aberrante qu'étouffe notre société menacée de dislocation par la multiplication de communautés les plus aberrantes auxquelles la communication numérique confère une autorité totalitaire. Tout ce qui est pensé par la communauté devient une vérité pour la seule raison qu'elle est pensée par la communauté. Le monde devient très simple et la vie très pauvre. C'est de la disparition de l'individu capable de penser par lui-même dans son coin que meurt la liberté de tous. C'est du triomphe du lien social sur l'individualisme que meurt l'intelligence. C'est au moment où il renonce à établir une distance critique avec le groupe social auquel il appartient que l'individu humain retourne à la bête humaine condamnée à crever seule au milieu d'une multitude dont elle est incapable de se passer. La multitude lui aura apporté tout ce qu'elle voulait, hormis la moindre curiosité, la moindre considération et la moindre affection pour sa singularité. C'est pourtant en s'émancipant, non pas du lien social, mais de sa tyrannie, que l'on trouve quelques allégements au métier de vivre et de mourir. Par exemple, la considération de l'un pour l'autre, en dépit du mystère que resteront l'un et l'autre. Parcourir le chemin de l'un à l'autre est une aventure qui dépasse infiniment le temps de notre existence.

On dit de Marcel Proust qu'il a coupé *tout lien social*, les dix dernières années de sa vie, pour écrire *À la recherche du temps perdu*. Il est mort pratiquement la plume à la main, en train de corriger, modifier, rallonger… Imaginons qu'il ait survécu jusqu'à aujourd'hui, et que l'on écoute derrière la porte de sa chambre. Aucun doute que l'on entendrait le grattement de la plume sur le papier, parce qu'il serait encore en train d'insérer une digression entre deux paragraphes, nouvelle petite lumière clignotante dans l'épaisseur du mystère de l'autre.

Son individualisme méprisait-il le *lien social*, ou bien l'a-t-il éclairé comme peu d'œuvres avant lui ? L'être humain est le seul animal social qui se grandit dans la solitude.

INNOCENT

Se dit d'une personne qui n'y est pour rien dans ce qui lui arrive. Le mot est très souvent associé à « massacre ». L'Évangile selon Matthieu raconte qu'à la naissance de Jésus, les oracles ayant annoncé la naissance d'un roi des Juifs, Hérode envoya les soldats à Bethléem tuer tous les enfants de moins de deux ans. S'ensuivit la fuite en Égypte de Marie, Joseph et de l'Enfant Jésus. Peut-être que, sans cet effroyable souvenir de famille, Jésus n'aurait jamais prêché une parole qui, prise au pied de la lettre, interdit formellement tout massacre.

La question de l'innocence fonde toute la philosophie tragique. L'innocence est sans cesse menacée par tout ce qui grouille de plus noir dans l'âme humaine : le mensonge, la calomnie, la cruauté, la peur et, par-dessus tout, la bêtise qui se croit intelligente…

La philosophie tragique décrit un univers dénué de toute signification, c'est-à-dire innocent de toute préméditation et de tout projet. Il se configure par hasard au gré d'une infinité de combinaisons possibles, sans aucun but, en toute innocence, en quelque sorte. Dans ce monde d'incertitude, réussir une vie humaine revient à s'émerveiller d'exister, parce que, quoi qu'il arrive, c'est déjà ça, et que de toute façon, il n'y a rien d'autre.

La question est cruciale. De quoi les enfants massacrés par Hérode ont-ils eu le temps de s'émerveiller ? Qu'ont-ils connu de l'étonnante diversité de l'univers ? Ils n'ont connu, sitôt venus au monde, que l'effroi de la douleur et de la mort à quoi les a condamnés un roi paranoïaque excité par les devins. Ils n'ont pas été punis pour leurs actes – ils n'avaient pas encore eu le temps de faire quoi que ce soit –, mais pour leur existence. Or, s'il y a bien une chose dont ni rien ni personne ne peut être tenu pour coupable, c'est d'exister. Exister est tragiquement, ou joyeusement, mais éternellement, innocent. L'existence, c'est l'innocence même.

C'est pourquoi, si la question de l'innocence parcourt les grandes religions sans que les réponses données soient toujours bien claires, elle est en revanche au cœur de toute philosophie qui se respecte. Ce droit innocent (non coupable) à l'existence est à la base du droit. De lui découlent toutes les libertés dont celle, pour les penseurs, de penser librement, c'est-à-dire innocemment.

Les périodes où les penseurs ont adhéré à des idéologies, comme le communisme ou le fascisme, ont toujours été des périodes de grands périls pour les innocents. Au nom d'idées généreuses ou cruelles, et au mépris de la réalité, on a martyrisé des existences, non pour ce qu'elles faisaient, mais pour ce qu'elles étaient ou pour ce qu'elles n'étaient pas, ce qui revient au même.

Je ne sais pas si le massacre des innocents relaté par Matthieu est légendaire ou historique, s'il a eu lieu ailleurs, ou avant, ou plus tard, mais il est plausible. On peut même le considérer comme un fait archétypal qui ne cesse de se répéter au fil des siècles, comme le retour d'Œdipe à Thèbes, ou celui d'Ulysse à Ithaque.

On peut penser qu'avec le temps, ici ou là, depuis Hérode, les mœurs ont fini par s'adoucir. Pourtant, c'est au XXe siècle que se produisirent les massacres d'innocents les plus effroyables, massifs et organisés. C'est au XXe siècle que l'idéologie a triomphé le plus brutalement de l'innocence d'exister. Ce siècle restera comme celui qui a porté à son apogée tragique l'histoire du massacre des innocents. Jamais comme en ce siècle l'innocence n'a été autant méprisée par les esprits censés éclairer la route de l'humanité. Il semble même que, après le point final que Darwin, Nietzsche et Freud ont mis aux derniers doutes qui subsistaient sur l'essence innocente de l'existence humaine, la rage ait envahi tous les inquisiteurs. Tous les idéologues du XXe siècle et leurs militants, pour sauver le monde, ont pris pour modèle la Reine de cœur d'*Alice au pays des Merveilles*, laquelle ne connaît qu'une réponse pour régler les différends, celle d'éliminer les différences : « Qu'on lui coupe la tête ! »

Rien de plus dangereux que ceux qui prétendent « sauver le monde ». Ce faisant, ils avouent d'entrée de jeu qu'ils pensent le monde coupable. Convaincus de n'être pas dupes de la duplicité du monde, ils croient savoir à quoi s'en tenir sur toute chose et ils ont perdu toute innocence. C'est à ce moment-là que l'on doit commencer à se méfier de ceux qui, la main sur le cœur, affirment vouloir baliser la route d'un monde parfait. Ils ne peuvent qu'être obsédés par l'élimination de l'innocence dont l'existence même révèle leur monstruosité. Fatalement, ils séduisent tous ceux qui, n'ayant jamais rien su sauver, pas même un hérisson qui traverse la route, se voient soudain élevés du rang de bon à rien à celui de bon à tout. Ils fédèrent spontanément toutes les haines, toutes les colères, toutes les jalousies, toutes les aigreurs, tous les ratages. Pour eux la réalité d'une chose ne dépend pas de son existence observable, mais du nombre de gens qui y croient. Au mépris de toute vraisemblance, ils sont convaincus qu'il faut assassiner les vagues innocentes pour mater le trouble océan.

Bien que l'expérience ait déjà été tentée par le passé, avec des résultats inexorablement décevants, ils s'entêtent, de siècle en siècle, parce qu'ils croient toujours, contre toute évidence, que cette fois-ci sera la bonne.

Être innocent, c'est s'émerveiller qu'il n'y ait pas un seul atome de l'univers qui existe dans le but qu'on le trouve merveilleux. C'est, lorsque l'on éprouve la joie de vivre, savoir rendre grâce à l'univers en sachant qu'il n'y a pas de réciprocité possible.

INTERPRÈTE

Se dit d'une personne qui, par un travail d'ascèse, cherche l'oubli de soi, le non-être et l'absence de jugement afin de ne pas dénaturer la réalité qu'elle désire transmettre. L'interprétation est le domaine des savants et des créateurs. Il n'y a guère de différence de principe entre Newton qui énonce que « tout corps persévère dans l'état de repos ou de mouvement uniforme en ligne droite dans lequel il se trouve, à moins que quelque force n'agisse sur lui, et ne le contraigne à changer d'état », Balzac qui rédige *La Comédie humaine*, et Arturo Benedetti Michelangeli qui interprète un prélude de Chopin.

L'ascèse pour parvenir à l'abolition de soi varie selon les individus ; il n'y a, hélas, guère de règles ni de recettes. Pour certains, comme pour Geoffrey Firmin, le héros d'*Au-dessous du volcan*, de Malcolm Lowry, ça consiste à s'envoyer des litrons de mescal et de tequila jusqu'à ce qu'entre les rats qu'il voit grouiller dans le lavabo apparaisse la double réalité d'un crime qu'il a laissé commettre et d'une femme dont l'amour est impuissant à le sauver. Pour d'autres, c'est au contraire une recherche spirituelle visant à n'être plus qu'une énergie au service de l'objet à transmettre : vision, trouvaille, partition musicale, vibrations repérées dans les formes et les couleurs des choses. L'ascèse, dans tous les cas, relève d'un rituel de travail à quoi s'adonnent tous les interprètes, dans l'espoir parfois déçu – mais qu'importe ! – d'atteindre l'état recherché. L'interprétation est le domaine des rêveurs très éveillés. Ils se déportent dans un couloir de l'espace-temps où ils se laissent traverser par les choses, la beauté, la laideur, la joie, la souffrance, la musique, sans opposer de résistance.

Ici, point de jugement, ni de morale, ni de référence à soi-même pour juger de l'utilité des choses. Le corps, tel un supraconducteur, achemine quelque chose de la réalité, qu'il pose à sa place exacte, quelque part, dans la totalité de l'univers. Le passage à travers le corps de l'interprète, parce qu'il n'y a plus les forces de frottement de l'ego, ne fait subir à la réalité aucune déperdition d'énergie. L'interprète n'exprime plus que le pur désir d'être de la chose interprétée. Il n'est nullement ici question de passivité, tout au contraire. Tout n'est plus que désir et activité. En ce cas, la seule trace que laisse l'interprète sur l'objet transmis, c'est quelque chose de son irréductible singularité, laquelle est un mystère humain qui, en donnant sa vie à l'interprétation, en fait une œuvre de création.

Si nos sens n'étaient pas émoussés par l'incessante, la rassurante et la narcissique distraction de notre propre image en train de faire semblant de comprendre le monde, alors on découvrirait l'intensité presque insupportable de la réalité. L'interprète est un médium qui, par instants, nous révèle cette intensité. Sinon, pourquoi la gorge se serrerait-elle devant une mimique de comédien, ou la perfection de la nuance sous les doigts d'un pianiste ?

C'est la raison pour laquelle, dans *À la recherche du temps perdu*, le personnage de Bergotte s'évanouit tandis qu'il contemple *La Vue de Delft*, de Vermeer, saisi par la réalité du « petit pan de mur jaune ». Il ne s'en remettra pas. Il meurt, comme Proust peu après, lequel avait trouvé l'idée de la mort de Bergotte en ayant eu lui-même un malaise devant le tableau. Et Proust conclut étrangement : « On l'enterra, mais toute la nuit funèbre, aux vitrines éclairées, ses livres, disposés trois par trois, veillaient comme des anges aux ailes éployées et semblaient, pour celui qui n'était plus, le symbole de sa résurrection. »

S'il n'y avait plus une seule vie pour en avoir conscience, la réalité matérielle persévérerait avec la même intensité saisissante, indifférente au fait que rien ne la perçoit. Que sont nos vies provisoires, sinon un enchaînement désordonné de perceptions tragiques et joyeuses, d'agonies et de résurrections ? La joie de vivre n'est pas tant une humeur qu'une liberté d'interprète qui fait mourir devant *La Vue de Delft* et ressusciter à la lecture d'*Un amour de Swann*.

JOURNALISTE
JUIF

JOURNALISTE

Historien du présent. L'association de ces deux mots fait surgir une évidence : l'impératif de modestie est la règle de la profession. L'historien du passé, qui bénéficie du recul pour rapporter un événement, dispose d'une documentation ; il s'informe sur les causes, les conséquences, le contexte, sur les recherches des autres historiens. L'historien du présent rapporte le fait du jour, et quand il lui donne un sens particulier, c'est sur la base immédiate de sa propre sensibilité. D'où la tyrannique modestie qui commande au travail de l'historien du présent.

Balzac fait le récit de la genèse et décode tous les gènes du journalisme moderne dans la série des romans dont *Illusions perdues* est le cœur. Il disait que le journalisme était une « grande catapulte mise en mouvement par de petites haines ».

Montaigne, dans son chapitre des *Essais* « Des livres », consacre quelques paragraphes aux historiens dont il est friand lecteur et fin connaisseur. Il suffit de remplacer le mot « historien » par « journaliste » pour obtenir une radiographie de la profession.

« J'aime les historiens ou fort simples ou excellents. Ceux qui sont simplement historiens n'ont pas les moyens de mêler à l'Histoire quelque chose de leur cru, et n'y apportent que le soin attentif de recueillir tout ce qui vient à leur connaissance et d'enregistrer de bonne foi toutes choses sans choix ni tri, laissent notre jugement intact pour la connaissance de la vérité. [...]

« Les historiens vraiment excellents ont la capacité de choisir ce qui mérite d'être su, peuvent entre deux rapports, retenir celui qui est le plus vraisemblable [...]. Ils ont raison de prendre l'autorité de régler notre opinion sur la leur, mais cela n'appartient pas assurément à beaucoup de gens.

« Ceux qui sont entre les deux (c'est la catégorie la plus répandue), ceux-là nous gâtent tout : ils veulent nous mâcher les morceaux. Ils se donnent le droit de juger et, par conséquent, d'incliner l'Histoire vers leur opinion [...]. Ils entreprennent de choisir les choses qui méritent d'être connues et nous cachent souvent telle parole, telle action privée qui nous instruirait mieux. Ils laissent de côté, en les considérant comme incroyables, les choses qu'ils ne comprennent pas [...]. Ainsi, à force de beaux mots, ils ne cessent de nous cuisiner un mélange des bruits qu'ils recueillent aux carrefours des villes. »

C'est sans nul doute à cette troisième catégorie de journalistes – la plus répandue, comme le déplorent Montaigne et Balzac – que Nietzsche fait allusion quand, à la fin du XIXe siècle, il prophétise : « Encore un siècle de journalisme – et tous les mots pueront. »

L'information est la circulation sanguine de la démocratie. Elle est censée nourrir la bonne qualité du débat, qui en est le cœur. Qu'elle doive être libre va de soi, mais il faut aussi qu'elle soit honnête. La démocratie est un vaisseau fragile dont les journalistes de la troisième catégorie sont les premiers naufrageurs. Si aujourd'hui, dans les manifestations de Gilets jaunes, de La France insoumise, de propalestiniens ou d'antivax, les journalistes se font agresser et insulter, ils en portent une part de responsabilité. En se prenant pour des justiciers, en dénonçant au lieu de rapporter, en alimentant les indignations sans s'inquiéter de leurs composantes complotistes, ils ont engraissé un monstre qui se retourne contre l'ensemble des journalistes, et singulièrement contre les meilleurs d'entre eux. Comme les aristocrates de l'Ancien Régime qui se piquaient de donner raison à ceux qui leur couperont la tête dix ans plus tard, les journalistes, en accordant aux réseaux sociaux le double statut de collaborateurs et de concurrents, s'offrent en première victime du monstre que, par gloriole et vanité, ils se flattent d'apprivoiser.

Si la modestie est la première des vertus du journalisme, la vanité en est le péché capital. La raison en est que, dans les écoles de journalisme, on apprend que le monde serait infiniment moins intéressant et sans doute moins vivable sans le journalisme. C'est vrai. Mais une telle responsabilité accordée au journaliste dès le début de sa formation ne va pas sans le risque d'entraîner chez lui une mégalomanie très invalidante pour exercer le métier. On a vite fait d'oublier que la réalité que l'on croit percevoir, et dont on doit rapporter l'essentiel, comprend une infinité d'éléments dont la plupart échappent même à l'intelligence la plus pénétrante. Ce n'est pas ajouter une lettre de noblesse au journalisme que de lui accorder qu'il est un art. Au contraire, c'est le rappeler à la prudence. Bien qu'il s'en défende, il est un artifice. Comme la musique, il procure des émotions à condition que la note soit juste. Comme en musique, quand on cherche la note juste, on la destine à tout le monde. On se condamne à jouer faux en cherchant à complaire à une certaine opinion.

S'attabler au festin tragi-comique du monde en ouvrant un journal ou en écoutant une radio est d'abord motivé par le plaisir qu'on espère y trouver, quelle que soit la cruauté de l'actualité. Plaisir ambigu, inavouable, mais nécessaire. Le journalisme répond à une gourmandise, une fringale de réel, et aussi à un désir de vérifier la solidité des cordages qui retiennent notre radeau au bord du gouffre des catastrophes et des guerres.

En France, pour obtenir la carte de presse, il faut que le salaire du journaliste représente plus de cinquante pour cent de ses revenus. C'est un critère simple pour exercer un métier problématique. Il a l'avantage d'être mesurable, contrairement au véritable critère que requiert l'exercice du journalisme, à savoir la capacité de commencer par suspendre son jugement et de s'imposer un moment de neutralité. On appelle ça « penser contre soi-même », alors qu'il s'agit plutôt d'arrêter de jouer au plus malin avec la réalité. Ne serait-ce que parce que, tôt ou tard, elle se venge...

Le premier réflexe du journalisme, c'est de mettre en doute les arguments de la tribu. La tribu n'a pas besoin du journalisme pour vivre, contrairement aux victimes qu'elle choisit de sacrifier sur l'autel de ses croyances.

Le drame du journaliste de la troisième catégorie, c'est que trop vaniteux pour faire partie de la première, et pas assez talentueux pour faire partie de la deuxième, il court avec la meute pour *cuisiner les bruits qu'il recueille aux carrefours des villes.* Au menu, rien pour le lecteur de journal, dont l'appétit pour les surprises que lui réserve le monde ne saurait se satisfaire de cette tambouille idéologique. Les journalistes des deux premières catégories sont la seule espèce menacée dont la disparition n'inquiète aucun naturaliste. Les petites haines ont mis en mouvement la grande catapulte. La prophétie nietzschéenne s'est réalisée : les mots puent. Quand la presse pense comme tout le monde, elle n'intéresse plus personne.

JUIF

Ce mot a trois définitions.

Première définition. Un Juif est le descendant d'un peuple de l'Antiquité originaire de la Palestine et dont la capitale religieuse et politique était Jérusalem. Les Juifs et les autres peuples de cette région ont passé quelques siècles à se faire la guerre, à se conquérir, à se réduire en esclavage, à se libérer, et à refaire la guerre. Du temps où Rome a dominé le monde connu, lorsque les Romains occupaient un territoire, généralement, les peuples autochtones finissaient, bon gré mal gré, par accepter la loi et surtout la protection de l'Empire, qui leur garantissait la fameuse *pax romana*. L'Empire romain connaissait des guerres à ses frontières, mais les territoires conquis étaient généralement pacifiés. Sauf en Palestine. Les Juifs furent un des rares peuples à se rebeller constamment contre l'occupation romaine. Ils avaient leurs livres, leurs lettrés, leurs lois, leur théologie, et n'entendaient nullement y renoncer. Les Juifs ont été un cauchemar pour l'Empire. Les Romains mobilisaient des garnisons en Palestine pour maintenir l'ordre et réprimaient toute résistance avec une cruauté exemplaire. Ils condamnaient les réfractaires à la lente et abominable agonie de la crucifixion, afin que le peuple ait le temps d'apprécier le sort réservé aux insoumis.

C'est la raison pour laquelle, dans les Évangiles, rédigés plusieurs dizaines d'années après la mort du Christ, on bute sur une incohérence historique. C'est évidemment l'autorité romaine, seule autorisée à condamner à la mort par crucifixion, qui porte toute la responsabilité de l'exécution d'un agitateur qui s'appelait Jésus et dont une rumeur prétendait qu'il était le roi des Juifs. Le Jésus historique était vraisemblablement une sorte de version antique du Mahatma Gandhi ou de Nelson Mandela.

Les *fake news* sont des malversations intellectuelles dont les conséquences dramatiques peuvent traverser les siècles. C'est le cas de celle colportée par les Évangiles. Leurs rédacteurs, Luc, Jean, Matthieu et Marc, s'adressaient au monde romain. C'est sans doute pour cette raison qu'ils ont préféré raconter l'histoire du « Fils de Dieu » en exonérant les Romains de la responsabilité de son supplice. La crédibilité n'étant pas le premier souci dans une histoire au cours de laquelle on ressuscite les morts et on marche sur l'eau, les narrateurs, contre toute vraisemblance historique, ont décidé que c'était le peuple juif qui avait demandé à l'occupant romain de crucifier un dissident nommé Jésus. Si les évangélistes avaient accusé les Romains, leurs livres n'auraient intéressé que les Juifs, lesquels ne représentaient qu'une petite niche de diffusion. En accusant les Juifs, c'est le marché de tout l'Empire romain qui s'ouvrait. C'est souvent à un petit détail que tient le succès ou l'échec d'un roman. C'est à ce mensonge à but commercial que l'on doit à la fois l'antisémitisme chrétien et le succès du christianisme.

Quand des individus sont accusés d'avoir commis un meurtre, ils peuvent être maudits avec leur famille pendant quelques générations, mais au bout d'un certain temps, on passe à autre chose. En revanche, lorsqu'ils sont accusés d'avoir assassiné un Dieu éternel, c'est comme s'ils continuaient éternellement à l'assassiner. Les Juifs sont donc éternellement coupables d'avoir tué un Dieu qui ne mourra jamais, puisqu'il est éternel. On dira que cette phrase est aberrante. C'est exact. Elle l'est comme l'est l'antisémitisme. Pourtant, ça ne l'a pas empêché d'irriguer le christianisme jusqu'à ce que le pape Jean XXIII décide d'y mettre fin (voir l'entrée « Pape »).

Deuxième définition. Juif signifie « représentant d'une diaspora », laquelle, malgré les persécutions séculaires dont elle fit l'objet, contribua activement au progrès artistique, littéraire, scientifique et politique des pays où elle s'est implantée. C'est de l'hybridation de la culture gréco-romaine et de la culture juive que naquit la civilisation européenne. Le plus abruti des antisémites ne peut ignorer la part juive de son identité européenne. C'est pourquoi la haine raciale est plus fragile que la haine antisémite. Au bout d'un certain temps, l'étranger qu'on déteste finit par faire partie de la famille, et la haine fait place à l'indifférence. Il n'en va pas de même pour le Juif. Contrairement au racisme, qui est la haine des autres, l'antisémitisme est la haine de soi. Celui qui se hait lui-même cherche à haïr celui qui lui ressemble le plus. C'est pourquoi la haine des Juifs est aussi interminable que la bêtise.

Le dernier soupir de l'homme de ressentiment est encore un reproche. La haine de soi est un mode de vie fondé sur la méchanceté, l'abaissement des meilleurs au nom de l'égalité des crétins, la médisance, la dépréciation, la dénonciation, le rejet sur les autres de toute responsabilité dans les ratés de la vie personnelle. Elle est une maladie de l'âme qui finit presque immanquablement par trouver dans l'antisémitisme le fantasme de sa rédemption. L'antisémitisme est la cape de magicien que se confectionne la médiocrité pour changer ses échecs en injustices.

Troisième définition. « Juif » est un de ces mots magiques dénué de toute signification. Il ne désigne absolument rien ni personne. Le mot « Juif », employé par un antisémite, est une incantation, un phonème destiné à faire apparaître un monstre à l'image de celui qui le rêve. L'antisémitisme chrétien et l'antisémitisme idéologique – en quoi il a muté au XIXe siècle – ont en commun de n'avoir aucun objet réel. C'est la raison pour laquelle il s'est merveilleusement greffé sur la pensée de la droite traditionaliste comme de la gauche radicale, sans provoquer le moindre phénomène de rejet. On le constate aujourd'hui dans les manifestations anti-passe sanitaire, antivax, de Gilets jaunes et de la CGT, où coexistent le plus pacifiquement du monde les trois antisémitismes qui déshonorent la France : le musulman, le gauchiste, et le bon vieux fasciste tout surpris de l'aubaine de se faire de nouveaux amis.

Voltaire, créateur du *Dictionnaire philosophique portatif*, s'est laissé aller à de nombreux dérapages antisémites. On peut plaider qu'il a été rédigé deux siècles avant l'extermination des Juifs d'Europe, laquelle est l'épisode capital de notre histoire humaine. S'il avait vécu après la Seconde Guerre mondiale, il est fort probable que Voltaire eût modifié son jugement. Il est même assez plausible qu'il aurait pris la défense du capitaine Dreyfus à la fin du XIXe siècle. Après tout, il n'aimait pas plus le protestantisme que le catholicisme, et il a défendu Callas.

Il y a deux sortes d'antisémites : ceux d'avant la Shoah, et ceux d'après. Les premiers baignaient dans une culture chrétienne riche de stéréotypes antisémites auxquels même des esprits rationnels avaient la faiblesse d'adhérer, mais tous n'étaient pas soupçonnables d'être des criminels. De même, les propos misogynes que l'on trouve chez nos grands auteurs ne prouvent nullement que, dans leur vie, ils se soient comportés avec les femmes de façon méprisante et méprisable.

Il en va autrement avec les antisémites qui le sont restés ou qui le sont devenus *après* la Shoah. Ceux-là sont de véritables criminels dont le crime consiste à approuver rétrospectivement l'assassinat de six millions de personnes parce qu'elles étaient juives. L'antisémitisme d'avant est la névrose d'une civilisation brillante, qui, pour des raisons religieuses, entretenait un conflit avec ses propres origines. L'antisémitisme d'après est l'adhésion à un génocide.

L'antisémitisme hitlérien se voulait païen, déchristianisé, idéologique, puisé aux sources d'auteurs de la fin du XIXe siècle, parmi lesquels on trouve quelques Français comme le comte de Gobineau ou Édouard Drumont. C'est une évidence historique : bien plus que de saint Paul, c'est de cet antisémitisme idéologique – qui a conçu l'extermination des Juifs d'Europe – que l'antisémitisme d'aujourd'hui est l'héritier. Il en va évidemment de même pour les antisémites musulmans, pour lesquels l'antisémitisme nazi a recouvert l'antisémitisme coranique. Nul n'ignore désormais les conséquences de l'antisémitisme. L'antisémite d'aujourd'hui l'est, et le demeure, non pas en dépit de la Shoah, mais parce qu'il l'approuve.

À l'échelle de la cour de récréation, le souffre-douleur, c'est l'enfant roux, ou albinos, ou qui a les oreilles décollées. À l'échelle du monde, le souffre-douleur, c'est le Juif. Il partage cette infortune avec les femmes. Ce sont d'ailleurs deux aspects d'une même histoire. Quand on y réfléchit froidement, débarrassé un instant de tout préjugé moral ou politique, en se contentant d'observer la réalité de l'enchaînement des causes et des effets, on se demande comment il est possible d'être juif sans être féministe, ou d'être féministe et antisémite ? Existe-t-il une convergence des luttes dont la nécessité soit plus évidente ?

Les Juifs, les femmes et les souffre-douleur des cours de récréation ont le même programme : qu'on leur foute la paix. Ce n'est pas grand-chose, mais ça changerait la face du monde et marquerait un pas de géant dans l'histoire de la civilisation humaine.

Entre le jour où un terroriste a assassiné trois enfants dans une école juive à Toulouse – sans que l'horreur en suscite le moindre élan de solidarité nationale – et aujourd'hui où l'on voit chaque semaine des manifestants avec des pancartes antisémites, le doute n'est plus possible : il y a quelque chose de pourri au royaume de France. Et la seule question qui vaille désormais est la plus fameuse de l'art dramatique européen : « Être, ou ne pas être [héritier et responsable des libertés civiles] : voilà la question. Qu'y a-t-il de plus noble pour l'âme ? Endurer les coups et les revers de l'injurieuse fortune ? Ou s'armer contre elle pour mettre frein à une marée de douleurs ? »

KING (MARTIN LUTHER)

K

KING (MARTIN LUTHER)

Leader politique afro-américain (1929-1968). On ne saurait trouver ici un exposé exhaustif de la vie et de l'œuvre de Martin Luther King, mais un rappel et une rapide mise au point des conséquences de son action, comparée à celles d'autres courants antiségrégationnistes. Le caractère, le courage et l'intelligence de Martin Luther King en font une des personnalités les plus remarquables et intellectuellement héroïques du XXe siècle. Une personnalité d'autant plus admirable qu'aujourd'hui les luttes pour l'établissement de droits légitimes des personnes opprimées sont aux mains de leaders qui prônent le séparatisme et l'écrasement de l'ennemi. Martin Luther King était de cette race d'hommes – trop rares et précieux – qui pensent librement.

Pour saisir l'étendue et la profondeur de son esprit, il faut prendre conscience de la tragédie humaine à laquelle il avait décidé de donner une issue. C'est la moindre des choses de condamner le racisme. C'en est une autre de se mettre dans la peau d'une personne humiliée, d'enfants dont les parents ont été violés et assassinés impunément, exploités sans aucun recours, battus, nus de tout droit, livrés pendant des générations à la terreur de l'arbitraire de l'homme blanc. Qui peut ignorer que, longtemps après l'abolition, d'abord de l'esclavage, puis, *un siècle plus tard*, de la ségrégation, les traces profondes des terreurs éprouvées et des blessures psychologiques sont transmises jusqu'à aujourd'hui ? C'est en 1865, quelques semaines après sa réélection, qu'Abraham Lincoln, président républicain, fit voter la loi d'abolition de l'esclavage. Il a été assassiné quelques jours plus tard, comme le sera Martin Luther King. Et ce n'est qu'en 1964 que Lyndon Johnson fera voter la loi sur les droits civiques abolissant la ségrégation.

On parle du pessimisme des Juifs ashkénazes, thème principal de leurs blagues les plus drôles, lesquelles sont les traces vivantes de l'arbitraire criminel auquel ils ont été soumis pendant des siècles en Europe de l'Est.

L'histoire, certes, est différente, mais la peur qui subsiste aujourd'hui et dont témoignent ces plaisanteries merveilleusement créatives montre comment la disparition des victimes, et même celle des bourreaux, n'efface jamais les conséquences innombrables du crime. L'une de ces blagues, sous ses dehors frivoles et joyeux, dissimule tout le drame. Nathan appelle sa mère au téléphone :

« Allô, maman, ça va ?

— Oui, ça va très bien !

— Excusez-moi, madame, je me suis trompé de numéro ! »

Et il raccroche. Sous ce minuscule dialogue humoristique palpite encore toute l'angoisse des mères, inquiètes des abominations qui menaçaient leurs enfants, de leur naissance à leur mort, dans un monde qui trouvait légitime leur persécution.

Comment imaginer que l'on puisse échapper à la transmission d'un instinct de survie mis à l'épreuve à chaque instant de l'existence ? Lorsque l'on est blanc, on peut parfaitement comprendre la survivance de blessures psychologiques profondes infligées à des Noirs parce qu'ils étaient noirs. En revanche, il est très difficile, peut-être impossible, d'éprouver la réalité de cette douleur. Et c'est dans la distance qui sépare la compréhension nécessaire de l'impossible ressenti que se cultivent le respect et le désir d'apprendre quelque chose de cette inimaginable douleur humaine.

C'est à cela que faisait appel la brillante intelligence de Martin Luther King. Sans céder à la haine, dont il était pourtant facile de laisser les sirènes assourdir les oreilles, il a fait une sorte d'état des lieux, en commençant par analyser ce que les Blancs avaient construit, notamment depuis Abraham Lincoln : une nation où régnait encore le racisme, mais où la Constitution et une partie de l'opinion pouvaient laisser espérer qu'un jour être blanc ou noir serait indifférent. Il détestait sans doute la manière dont les Blancs faisaient fonctionner la démocratie américaine, mais il a jugé que ce système démocratique n'était pas en contradiction avec l'idée que des Noirs pouvaient le faire prospérer au même titre que des Blancs, pour peu que l'on mette le projet de vivre dignement au-dessus des préjugés des uns et des désirs de revanche des autres. Il faisait le pari de considérer que les hommes du passé étaient morts, et que les vivants devaient négocier ensemble une fraternisation tenant compte de la mémoire d'une domination honteuse pour les uns, et d'une humiliation destructrice pour les autres. Il ne se faisait pas d'illusion, il savait que le chemin serait long, périlleux, souvent très contesté dans sa propre communauté, et c'était là sa grandeur.

Il pensait qu'il fallait un grand courage pour être non-violent. Il pensait que, pour combattre le racisme et ses conséquences, il ne fallait pas « humilier l'adversaire, mais gagner son amitié et sa compréhension ». Il pensait qu'il fallait lutter contre les idées plutôt que contre les personnes. Il pensait qu'il ne fallait pas utiliser les méthodes brutales et dégradantes de l'adversaire. Il pensait que la résistance non-violente « concerne notre être intérieur, et consiste à refuser la haine et à vivre selon des principes fondés sur l'amour ». Il pensait qu'à la fin la vérité triompherait et ouvrirait la voie à la justice.

D'autres mouvements de défense des droits des Noirs d'Amérique ont été contemporains, ou bien ont succédé à celui de Martin Luther King, comme les Black Panthers, Nation of Islam, et d'autres leaders, comme Malcolm X ou Louis Farrakhan. Des Juifs, victimes eux aussi du racisme, et qui, auparavant, étaient leurs alliés historiques, ils ont fait des ennemis à abattre. Ils ont choisi une stratégie qui revendiquait ouvertement d'écraser les Blancs. À l'opposé de Martin Luther King, ils ont jugé que la Constitution démocratique était un torchon qu'il fallait remplacer par un système inspiré des idéologies de l'extrême gauche et de l'islam. Bien sûr, ils ont été applaudis par l'extrême gauche française. C'est à cette période qu'on observe une des premières manifestations d'un islamo-gauchisme, qui, en France, germait déjà depuis la guerre d'Algérie.

Si bien qu'on a noté bien peu d'indignation dans les rangs de nos intellectuels lorsqu'en 1995, lors de la grande manifestation de Washington, son leader, Louis Farrakhan, prononça un discours séparatiste, homophobe, antisémite et sexiste.

Beaucoup de ceux qui étaient enfants ou adolescents, en France ou ailleurs, ont été bouleversés en entendant, pour la première fois, la voix de Ray Charles à la radio. Le « Genius » avait un don : la pulsion de ses cordes vocales était la même que celle de ses doigts sur le clavier, et ses musiciens devaient s'aligner parfaitement sur cette puissance sensible et nuancée. *Georgia on My Mind* est un de ses plus grands succès. C'est une reprise d'une très belle chanson mélancolique des années 1930. Mais chacun sait que le Ku Klux Klan faisait brûler ses croix à Stone Montain et assassinait impunément en Géorgie.

En réadaptant légèrement le texte et en s'appropriant la mélodie, Ray Charles a créé une chanson d'amour mystérieuse. Parmi les jeunes Français qui la découvraient, beaucoup pensaient que Georgia était une femme, ou un enfant mort ; peu savaient que c'était un endroit magnifique où furent commis d'abominables crimes. Mais la chanson n'y perdait rien. Ray Charles la chantait comme une chanson d'amour déchirante et il avoue lui-même avoir toujours pensé à une femme en la chantant. « *I said Georgia, Georgia / a song of you / comes as sweet and clear / as moonlight through the pines / Other arms reach out to me / other eyes smile tenderly / still in peaceful dreams I see / the road leads back to you...* » Dans la voix et le piano de Ray Charles, toute la tristesse et tout l'amour du monde, mais aussi toute la puissance de la vie remplissaient le cœur du public, qui ne savait pas trop pourquoi c'était si beau.

Quand on fait le bilan de ce qu'ont gagné les mouvements séparatistes et radicaux de Malcom X ou de Farrakhan, le résultat est bien maigre. Ils ont entraîné des vies dans le meurtre, le terrorisme, et le projet aberrant de détruire les Blancs. Ils ont fourni un alibi aux assassins suprémacistes blancs et installé la peur et la désapprobation chez les Blancs d'Amérique et d'ailleurs, pourtant acquis à la cause des Noirs d'Amérique. La voie qu'ils ont cherché à ouvrir s'est révélée une impasse où se sont entassés des cadavres, contrairement à celle de Martin Luther King, qui a été, quoi qu'on en dise, d'une fécondité impressionnante quand on mesure le chemin parcouru...

Ce sont quelques milliers de voix de Géorgie qui ont fait élire Joe Biden et Kamala Harris. C'est le triomphe de Martin Luther King, et peut-être aussi, pour des raisons qu'il est difficile d'exprimer avec des mots, celui de Ray Charles.

LAÏCITÉ
LIBERTÉ

L

LAÏCITÉ

Principe fondateur des libertés publiques, qui, dans l'intérêt de tous les individus, place les lois communes au-dessus des coutumes et des règles des diverses croyances. Depuis son origine grecque, la civilisation européenne est tiraillée entre le désir d'obéir à des lois inspirées par une volonté divine (ou *naturelle*), et celui d'obéir à des lois conçues par la raison pour échapper à la tyrannie des représentants de Dieu (ou de la *nature*). Ces conceptions de la loi ne cessent de s'affronter puisque chacun défend sa propre idée d'un Dieu (ou d'une *nature*) qui n'existe pas. C'est à ces divergences, qui font de la guerre (c'est-à-dire du retour à l'état de nature) une fatalité, que la laïcité s'impose comme une autorité supérieure, garante de la coexistence pacifique des différentes conceptions du monde.

Il existe de nombreuses définitions de la laïcité, dont la plus commune est la séparation du pouvoir politique d'avec le pouvoir spirituel qu'exercent les religions. La laïcité n'admet pas plus qu'un pouvoir soit religieux qu'une religion prétende à la politique. Même un croyant de bonne foi, quelle que soit sa religion, s'il consent à penser par lui-même quelques secondes, aperçoit rapidement le bénéfice personnel qu'il tire à vivre sous un régime pluraliste et laïque. En effet, si la pluralité des conceptions du monde est une fatalité massive, la laïcité, en revanche, est une aubaine.

Contrairement à certains propos abusifs, la laïcité ne peut en aucun cas être modérée ou radicale. Il y a ou il n'y a pas laïcité selon qu'il y a ou non séparation étanche entre l'administration politique et les convictions religieuses, de même qu'un angle ne peut être modérément ou radicalement droit. S'il mesure plus ou moins de quatre-vingt-dix degrés, il n'est pas droit, et voilà tout. Ceux qui prétendent amender la laïcité pour la rendre compatible avec les prérogatives d'une religion, au prétexte que celle-ci risque de recourir à la violence si on l'empêche d'exercer un pouvoir temporel, veulent ni plus ni moins supprimer la laïcité.

La laïcité, comme principe effectif des sociétés modernes, est un acquis très récent, mais une très vieille idée.

Épicure est le plus connu de ces penseurs antiques qui, trois siècles avant notre ère, ont exprimé une conception laïque de l'univers. Il voulait bien convenir que les dieux existaient quelque part dans l'éther et qu'il nous était loisible de les imaginer dans leur éternité. En revanche, il expliquait qu'ils ne pouvaient rien pour nous, et nous, rien pour eux. Selon Épicure, le monde de la réalité et l'arrière-monde des dieux ne disposent d'aucun moyen de communication, d'interaction ou d'influence. Manière de laisser pendante la question de leur existence. Le conseil de Jean de La Fontaine au charretier embourbé, « Aide-toi le ciel t'aidera », relève de la même philosophie, secrètement mais foncièrement athée. Si les dieux ne peuvent rien pour nous, et nous, rien pour eux, qu'ils existent ou non n'a guère d'importance.

Deux siècles après Épicure, le poète latin Lucrèce rédigea une description de l'univers destinée à transmettre les idées d'Épicure, le fameux *De natura rerum*.

Ses sept mille quatre cents hexamètres prouvent que la volonté d'une démarche scientifique peut accoucher d'un sommet de la poésie. Lucrèce, en mettant le hasard au cœur de la manifestation de la réalité, a inspiré tous les grands penseurs et artistes matérialistes de la Renaissance. L'univers selon Lucrèce n'est composé que d'atomes et de vide, et c'est le hasard, et non un quelconque déterminisme, qui produit la *réalité*.

De cette conception du monde découle l'idée que les hommes ne peuvent compter que sur leur raison pour mettre en place les conditions d'une vie où le bonheur et la paix sont possibles.

Bien qu'affreusement scandaleuse et combattue par les philosophies et les religions dominantes qui postulent que l'univers répond à un but dont découle une morale à laquelle les hommes doivent sacrifier, l'idée, parce qu'elle s'appuyait davantage sur l'observation que sur la supposition, a survécu à l'effondrement des mythes gréco-romains et à l'avènement du christianisme. La réalité est têtue et elle parvient parfois à s'imposer même dans les esprits les plus croyants. Ainsi le jeune saint Louis, conscient des dangers qu'entraînait la fuite des cerveaux, s'opposa-t-il au pape qui appelait à persécuter les lettrés de la Sorbonne. Les rois de France, dès le XVe siècle, ont élaboré une doctrine gallicane qui visait à empêcher le pape et l'ultramontanisme de concurrencer leur pouvoir temporel. Pour balbutiant qu'il fût, il s'agissait déjà du combat souterrain de la laïcité contre les délires du pouvoir spirituel.

La plupart des philosophes des Lumières, Voltaire en tête, ne concevaient pas l'univers sans une divinité organisatrice. Avec Rousseau, ils opposèrent aux aberrations de la religion le modèle de la nature. C'était remplacer Dieu par Dieu, mais sans la religion. Il faut néanmoins leur reconnaître que, s'ils ne se sont pas attaqués au P-DG – comme Spinoza un siècle avant avait eu le courage de le faire –, ils ont considérablement affaibli la rentabilité de l'entreprise religieuse. Au point que, quelques années après la disparition des encyclopédistes, éclata la Révolution française. Cela est un point capital qu'il convient de rappeler : ce qui motive les révolutionnaires, ce n'est pas tant l'opposition à l'aristocratie et au pouvoir royal que le rejet du clergé. L'objet de la Révolution française, c'est d'abord l'expulsion du pouvoir religieux. La première guerre républicaine des soldats de l'an II fut menée contre la Vendée des prêtres réfractaires, guerre dont Victor Hugo raconta les grandeurs et les bassesses dans son mémorable roman *Quatrevingt-treize*.

C'est l'identité laïque qui fonde à la fois la nation française et sa conception de la République.

Lorsque l'on séjourne dans un pays étranger aux traditions, aux lois et aux coutumes différentes des nôtres, il est d'usage de respecter les mœurs locales. On ne roule pas à droite en Angleterre, on ne se fait pas cuire une côte de bœuf dans un temple bouddhiste, on n'entre pas dans une mosquée en buvant de la bière, on ne visite pas le mur des Lamentations en string. Il n'y a que dans les pays où les lois, les coutumes et les traditions sont laïques que l'on se permet de transgresser ce qui fonde la cohésion sociale ! Comme si la laïcité de la France, par exemple, était une culture moins fondamentale et moins respectable que les cultures religieuses. Comme si la laïcité devait incliner poliment la tête en signe de bienvenue à ceux qui la refusent, alors même qu'elle est l'élément primordial de l'identité de la nation.

Faudrait-il afficher dans les gares et les aéroports l'avertissement : « Attention, vous entrez dans un pays laïque dont vous êtes priés, par courtoisie, de ne pas transgresser les principes » ?

La laïcité, qui ne se prononce pas sur l'existence de Dieu, mais repose sur l'idée que ce ne sont pas à ses représentants de rendre la justice, n'est admise par la plupart que comme un système d'égalité de traitement des manifestations de la religion dans la société. Or, les manifestations de l'athéisme ont toujours du mal à passer. On va même aujourd'hui jusqu'à les soupçonner d'être motivées par une sorte de racisme, de provocation et de mépris des croyants. La philosophie athée, qui a mis tant de siècles avant d'être légale, et qui n'est pas pour rien dans l'établissement d'un régime laïque, n'a jamais été aussi discrète que de nos jours, alors même que la laïcité est attaquée de toute part.

Si la laïcité était moins assoupie, elle tiendrait à l'œil le mouvement naturaliste qui, sous couvert d'écologie, est en train de faire entrer par la fenêtre de l'Assemblée nationale la déesse Nature – et toutes les bigoteries qui l'accompagnent –, qu'une dizaine de générations de combats laïques avaient fini par mettre à la porte.

Pas besoins d'études scientifiques pour constater que les premières bénéficiaires de l'instauration de la laïcité sont les femmes. C'est à mesure que la laïcité a été effective que les droits des femmes le sont devenus, tant il est vrai que ce sont les religions, toutes les religions, qui ont justifié la soumission des femmes par le devoir d'obéir à une morale dont la référence est la nature conçue comme le livre dans lequel Dieu écrit ses lois.

La laïcité est ou n'est pas. Elle ne peut être ni moins ni plus sans cesser d'être ce qu'elle est. Vouloir l'accommoder, c'est vouloir améliorer la coque d'un bateau en y faisant un trou. Peu importe qu'il soit énorme ou minuscule, la voie d'eau finira quand même par faire couler le navire. Inutile de faire semblant d'en douter : ce sont les femmes qui, les premières, feront naufrage. Suivies de près par les Juifs. Puis par n'importe qui...

LIBERTÉ

Absence de contraintes, à moins qu'elles ne ressortissent à la raison et à la logique. Encore un de ces fichus mots, tout de relativité, mais qui suggère un absolu. L'esprit humain est ainsi fait qu'il suffit qu'un absolu soit suggéré pour qu'il considère que sa réalité soit possible. C'est ainsi qu'il suffit que Dieu soit suggéré pour que certains valident son existence : si mon esprit le conçoit, c'est possible. Puisque mon esprit imagine la liberté comme une totalité sans limites, et que les lois prétendent garantir ma liberté, j'attends donc des lois qu'elles abolissent toute régulation à mes pulsions. On peut le résumer ainsi : je désire des lois qui interdisent l'application de la loi. On en revient toujours au fantasme de l'état de nature dans lequel l'individu pense qu'il sera libre, alors que, jour et nuit, il devra être aux aguets pour se nourrir, survivre, se reproduire et vaincre tous les autres, également aux aguets jour et nuit pour les mêmes raisons. Or, si chaque seconde de ma vie est occupée à la défense de mon existence, il ne m'en reste pas une seule pour vivre librement. C'est cette évidence qui, aujourd'hui, fait l'objet d'une inquiétante négation.

En observant un chevreuil bondir dans un champ, ou un écureuil sauter de branche en branche, le rêveur est tenté de croire qu'il assiste à un idéal de liberté désirable. Mais le chevreuil, tout comme le gentil écureuil, dont la peur se déclenche au moindre craquement de branche, ne cesse de mobiliser la totalité de ses ressources pour échapper aux prédateurs, survivre aux intempéries, et gagner le match de la reproduction. Dans la nature, le rêveur de la liberté naturelle oublie que les animaux ne meurent pas de vieillesse, et qu'à la moindre faiblesse même le carnivore dominant se transforme en proie misérable, attaqué par les vers et les fourmis avant même de mourir. Ce que l'on perçoit comme une liberté de nature est un camp d'extermination qui, avec la belle saison des fleurs à profusion et des chants d'oiseaux, se déguise en jardin idyllique.

Dans la nature, la liberté n'est pas un principe, mais la projection d'un rêve qui ne résiste pas à une minute d'observation. Tout n'est que maillon de la chaîne alimentaire et rivalité sexuelle, et tout moment de faiblesse une condamnation à mort.

La liberté n'est pas un absolu ; elle est un bricolage spécifiquement humain, qui consiste à aménager dans une nature tyrannique des espaces et du temps destinés à mettre de l'érotisme dans le sexe, de la beauté dans l'utile, de l'harmonie dans la cacophonie du monde, de l'amitié dans la compétition, du repos et de la réflexion dans le mouvement perpétuel des choses, de la santé dans la fragilité du corps, de la joie dans la fuite de la vie...

Dans l'essentiel de la philosophie occidentale, la liberté et la vérité ont partie liée. Dans un monde sans vérités partagées, il n'y a pas de liberté concevable, et dans un monde sans libertés, il n'y a pas de vérités partageables.

Les dictatures substituent la propagande à l'information et à la culture, et les sociétés qui préfèrent la propagande aux savoirs s'acheminent vers la dictature. Pourtant, c'est au nom de la liberté que de nombreux mouvements, qui vont du « wokisme » aux antivax, en passant par les Gilets jaunes, le néoféminisme ou le néoantiracisme, revendiquent non pas le droit à l'erreur, mais le devoir d'erreur.

« Au nom de ma liberté, j'ai le droit de dire que deux et deux font cinq, et ma parole a autant de valeur que la tienne quand tu dis que deux et deux font quatre. » Lorsqu'on discute avec un indigéniste ou un antivax, on voit bien que l'argument final n'est pas tant « J'en sais plus que les gens qui travaillent sur le sujet depuis vingt-cinq ans » que « J'ai le droit de penser ce que je veux, à la base, on est libres, non ? » Justement non... À la base, nous ne sommes pas libres, précisément parce que nous sommes enfermés dans des erreurs que nous croyons supérieures à la réalité. Qui peut nier qu'une personne vaccinée qui se promène dans la rue est plus libre qu'un antivax contaminé par le Covid – qui sans aucun doute en a contaminé d'autres – en train d'étouffer sur un lit de réanimation qui coûte dix mille euros par jour à la société ?

Si les réseaux sociaux sont une menace mortelle pour la liberté, c'est précisément parce qu'ils véhiculent l'idée que dire, croire, propager des aberrations sont les preuves de ma liberté. Dès le XVIIe siècle, Spinoza, qui est un des fondateurs des libertés modernes, explique que l'individu n'est pas libre précisément *parce qu'il croit qu'il est libre*. C'est en cessant de croire à la fable de sa liberté que l'individu commence à s'émanciper. La liberté n'est rien d'autre qu'un combat perpétuel contre l'erreur, avec des victoires provisoires et des triomphes relatifs.

La liberté démocratique n'est possible qu'au prix d'une autorité qui s'exerce quand les vérités partageables nécessaires à la cohésion sociale ne sont plus partagées – savoirs scientifiques, constitutionnels, historiques, etc. Cette autorité n'est pas tant la voix de la logique et de la raison, qu'incarne le pouvoir politique, que celle d'une écrasante majorité des individus qui n'ont aucune envie de vivre dans le monde de l'ignorance et de l'arbitraire. La liberté n'est ni un absolu ni une idée métaphysique tombée du ciel. Avant d'être une réalité politique, donc une matière à débats nécessaires, c'est d'abord le territoire gagné par l'individu épris de vérité sur celui de l'animal abruti et superstitieux qui sommeille en lui.

MÉDIAS DE FLUX

MEIN KAMPF

MENSONGE

MILA

MOI

MORIN (EDGAR)

MUSIQUE

M

MÉDIAS DE FLUX

Médias (radio, télévision, journaux) dans lesquels des personnes, dont c'est le métier, élaborent une succession de programmes proposés aux utilisateurs. Une journée de radio ou de télévision, une maquette de journal, à leur façon, racontent une histoire. Les médias de flux sont précieux, parce que l'utilisateur en y cherchant ce qu'il veut trouve aussi ce qu'il n'attend pas. Avec une placidité bovine, on regarde les médias de flux agoniser lentement, délaissés par la génération montante qui s'informe, se distrait et se cultive uniquement par l'intermédiaire des réseaux sociaux.

Les médias de flux audiovisuels ont donc décidé de produire des podcasts qu'ils pourront proposer aux nouveaux utilisateurs via les réseaux sociaux. On accepte donc comme une fatalité la disparition prochaine des médias de flux au profit de la diffusion, par les sites et les réseaux spécifiques, de programmes préenregistrés.

Pour s'informer – sur l'actualité, sur la culture –, plus besoin d'utiliser un média de flux qui ajoute une offre aléatoire à ce qu'on attend, puisqu'on trouve tout ce que l'on veut sur Internet. En revanche, on n'y trouvera jamais ce qu'on ne cherche pas.

Or, les choses les plus importantes sont celles qu'on trouve sans les chercher, parce qu'elles révèlent par hasard une part de nous-mêmes qu'on ignorait. On regarde la disparition des médias de flux comme une amusante péripétie du progrès, comme la disparition des allumeurs de réverbères, alors qu'il s'agit d'une révolution cognitive qui propose de remplacer les caprices du hasard par un menu.

Les podcasts sont des trésors de témoignages, de connaissances, de transmission de l'histoire, de vulgarisation de toutes les sciences, là n'est pas la question. Ils sont encore, pour la plupart, le produit des médias de flux, qui semblent désormais impuissants à survivre au succès des produits qu'ils mettent sur le marché. Le fait est là : la baisse de fréquentation des médias de flux est constante à mesure que s'élève la moyenne d'âge de leurs auditeurs, téléspectateurs et lecteurs. Et c'est là que se pose la question. Face au succès des podcasts, il semble que les médias de flux baissent les bras devant la tâche de composer des programmes qui séduisent par leur charme et leur créativité. Un peu comme si, devant le succès de leurs canots de sauvetage, les paquebots se résignaient à leur naufrage.

Les médias de flux s'arrogent l'autorité éditoriale de remplir chaque heure de la journée à leur manière avec les programmes qu'ils fabriquent, et c'est de cette autorité que l'internaute ne veut plus entendre parler. C'est lui qui programme pour lui-même.

Il est comme un touriste qui entrerait dans la plus grande bibliothèque du monde d'où l'on aurait chassé les bibliothécaires. Il finira bien par trouver çà et là quelques ouvrages qui parlent à sa sensibilité, il se rapprochera de ce qui lui est déjà proche, mais jamais il n'aura autant de chance qu'une étrangeté lui devienne familière que lorsqu'il y avait des bibliothécaires pour le guider loin de ses habitudes.

Celui qui s'informe sur les réseaux sociaux cherche à être confirmé dans ce qu'il pense, dans ce qu'il est, dans ce qu'il veut paraître, alors que celui qui utilise un média de flux sera forcément, un jour ou l'autre, amené à se poser des questions sur des sujets dont il ignorait l'existence avant que le flux ne les lui apporte. Si l'apprentissage de la culture demande un travail plus ou moins méthodique, la culture elle-même est le fruit du hasard. C'est la rencontre opportune des désirs qui sommeillent et des objets d'étonnement qui les réveillent.

C'est peut-être une des questions dont dépend la vie ou la mort des sociétés où règnent à la fois la paix et la diversité. Les médias de flux auront-ils le talent et le désir de convaincre de leur nécessité ?

MEIN KAMPF

Titre d'un livre d'Adolf Hitler, en français *Mon combat*, paru en 1925 dans l'indifférence. Malgré les efforts militants, la diffusion n'a pas atteint 25 000 exemplaires. Ce n'est pas le livre qui a fait connaître l'auteur, mais l'inverse… Quand Hitler arrive aux portes du pouvoir, les ventes explosent, et il en vend un million en 1933. Dès 1935, un exemplaire de *Mein Kampf* est offert à tous les jeunes mariés. C'est ainsi que *Mein Kampf* finit par atteindre, en 1944, le chiffre flatteur de 12 millions de ventes. Mais le succès posthume ne se dément pas, puisqu'au moment où le titre est tombé dans le domaine public, le 1er janvier 2016, on évalue à 80 millions le nombre d'exemplaire vendus. Dès 1930, *Mein Kampf* a été traduit en arabe, et aujourd'hui encore il se situe dans les dix meilleures ventes dans certaines régions du Moyen-Orient. Avec *Les Protocoles des sages de Sion*, *Mein Kampf* a largement contribué à fournir un accompagnement idéologique solide à ceux qui désirent éliminer les Juifs du Moyen-Orient.

Près d'un siècle après sa parution, lorsque l'ouvrage tombe dans le domaine public, le débat agite le monde intellectuel français. Ou plutôt, plusieurs débats s'entrecroisent. Faut-il ou non republier *Mein Kampf*, introuvable en librairie depuis la fin de la guerre ? Beaucoup s'y opposent, craignant qu'en tombant dans de mauvaises mains il ne répande de mauvaises idées. D'autres disent qu'on le trouve déjà gratuitement sur Internet, et que ce n'est pas la peine d'en rajouter. D'autres encore, au nom de la liberté d'expression, trouvent scandaleuse la censure qui frappe l'ouvrage, et ils en profitent généralement pour réclamer dans le même temps la republication des pamphlets de Céline.

Il existe d'autres livres qui n'ont pas été publiés parce que l'on craignait qu'ils ne nuisent à la cohésion sociale. Le cas du *Discours sur la servitude volontaire*, de La Boétie, est intéressant. Dans cet essai brillant, le tout jeune La Boétie – il n'avait pas vingt ans – s'étonne de la soumission qu'obtient un tyran accompagné d'une poignée de complices de la part de millions d'individus alors que leur écrasante supériorité numérique permettrait de supprimer le tyran et sa bande sans difficulté. Après sa mort, son ami Montaigne s'était juré de publier ce texte. Dans le projet primitif des *Essais*, il avait prévu de l'introduire intégralement dans son premier volume. Des protestants radicaux en faisaient déjà circuler une édition. C'était en pleine guerre de Religion. Craignant que l'utilisation de ce livre ne profite aux radicaux des deux camps, il renonça à sa publication, ou plutôt, la remit à plus tard, convaincu qu'un jour ou l'autre le public tirerait profit de cette critique lumineuse de la monarchie absolue.

Le problème est inverse de celui de *Mein Kampf*. Dans les années 1570, où les massacres se multipliaient, il était vital qu'une autorité pacificatrice émergeât, et le livre de La Boétie pouvait être instrumentalisé pour empêcher cette émergence. D'ailleurs, Montaigne a lui-même œuvré pour faire advenir cette autorité en encourageant Henri de Navarre à devenir Henri IV.

En ce qui concerne *Mein Kampf*, le livre avait déjà été publié à des millions d'exemplaires, et l'influence qu'il a eue n'est pas une hypothèse mais un fait historique. Avant même qu'on débatte de savoir s'il fallait ou non le republier, *Mein Kampf* avait déjà été un élément central de l'effondrement de notre continent et de l'extermination des Juifs d'Europe, l'un n'allant pas sans l'autre. Montaigne se pose la question de la pertinence de la date de publication. Étant donné les circonstances tragiques, son interprétation pouvait avoir des conséquences négatives. Dans le cas de *Mein Kampf*, on se demande pourquoi il y a eu débat sur sa publication, et surtout ce débat-là.

Ce livre est un programme qu'Hitler a accompli à peu près de bout en bout. Nous vivons aujourd'hui dans une Europe qui s'est construite sur les ruines et les charniers théorisés dans *Mein Kampf*. Notre monde est entré dans une nouvelle ère au moment où le livre a connu le succès, au début des années 1930. Tout se passe comme si nous en avions vécu chaque chapitre. Chaque page tournée nous enfonçait toujours plus profondément dans l'horreur, jusqu'à la dernière ligne. Le livre s'est refermé avec le bombardement final de l'Allemagne et du Japon, et nous avons reconstruit notre monde sur la cendre qui recouvrait la quatrième de couverture de *Mein Kampf*.

Étrange qu'il y ait eu un débat de forme sur sa republication. Il est évident qu'il fallait le rééditer avec les informations et les analyses d'historiens, tout simplement parce que l'on ne doit rien ignorer de ce qui a conduit l'Europe à son suicide. On doit tout savoir, tout étudier, répertorier tous les ingrédients, toutes les méthodes, tout le système de mensonge, de propagande et d'exploitation de la pulsion de mort que Freud a été un des rares intellectuels de l'époque à mettre en évidence. Le livre *Historiciser le mal. Une édition critique de* Mein Kampf est enfin sorti, avec, en regard d'une nouvelle traduction de *Mein Kampf*, une analyse critique, une mise en contexte et une déconstruction ligne par ligne du manifeste nazi. Il était grand temps que les autorités morales, politiques, intellectuelles, fassent le travail qu'elles n'ont pas eu le courage de faire en 1930. Étrange que nos intellectuels d'après-guerre, à quelques rares exceptions près, aient été si prompts à déconstruire les principes de l'État de droit, de la démocratie ouverte, et de l'universalisme des droits de l'homme. Au sortir de l'apocalypse, la priorité n'était-elle pas de déconstruire le nazisme en analysant minutieusement le livre qui en expose les principes et les moyens de son avènement ? Apparemment non... Pourquoi ? Parce que c'était une histoire révolue ? Parce qu'en « déconstruisant », comme on dit dans le jargon, c'est-à-dire en faisant honnêtement son métier de philosophe et d'historien, on aurait fatalement découvert quelques cousinages entre le totalitarisme nazi, qui était « le mal », et le totalitarisme communiste, qui, à l'époque, était « le bien ».

Comme si les ressorts psychologiques qui ont fait le succès de *Mein Kampf* appartenaient à l'histoire. Comme s'ils avaient été le produit accidentel d'une période révolue. Comme si, avant d'être le produit d'une époque, *Mein Kampf* n'était pas avant tout le produit de certains aspects de l'humanité. Et comme si ces aspects de l'humanité avaient magiquement disparu en 1945.

Quel désir d'aveuglement bien dans l'air de notre temps ont exprimé les débats sur l'opportunité de la publication d'un *Mein Kampf* analysé par les historiens ! Quel témoignage du déni de réalité qui restera la marque de fabrique de notre temps ! Les passions criminelles qui sont la matière de *Mein Kampf* auraient-elles disparu au point qu'il serait désormais inutile de les étudier assez sérieusement pour espérer conjurer leur retour ? Ces passions seraient-elles désormais aussi lointainement rattachées à notre histoire actuelle que la guerre du Péloponnèse, ou les guerres puniques ? Le nationalisme, l'idée qu'il y a une race d'élite, la légitimation de la conquête de l'espace vital pour cette élite, le mépris et la persécution des autres, le fanatisme, le culte du leader, l'idéologisation de l'antisémitisme, la démagogie et les mensonges, qui produisent un phénomène massif de radicalisation..., ont-ils magiquement disparu en 1945 ? Relèvent-ils de l'histoire antique ? Alors même qu'ils ne cessent de ressurgir comme un vieil eczéma, avec toujours plus de fréquence dans nos démocraties somnambuliques, on a osé, et on ose encore, en toute naïveté, ou en toute perversité, se demander s'il est opportun d'essayer de comprendre et d'analyser ce qui les a excités avec assez d'efficacité pour qu'ils puissent déclencher une guerre mondiale !

On dit que les Français adorent les débats. C'est vrai, on pourrait même s'en flatter, s'il ne fallait préciser qu'on adore les débats à côté de la plaque, pour éviter d'avoir à débattre de l'histoire de la plaque. Au moment de la sortie de *Historiciser le mal. Une édition critique de Mein Kampf*, tout Paris était recouvert d'une grande photo de Coco Chanel, affiche de l'exposition « Gabrielle Chanel, manifeste de mode ». Or, Coco Chanel, c'est de notoriété publique, était pro-nazie et antisémite convaincue. A-t-on vu ou entendu un seul militant de la *cancel culture* protester et organiser des commandos pour lacérer ces affiches avec la même ferveur tous azimuts qu'ils censurent des vers de Racine ou qu'ils vandalisent la statue de Churchill ? Que ceux qui disent craindre que *Mein Kampf* ne réveille des vieux démons se rassurent. Ils sont déjà réveillés. Mieux. Ils n'ont jamais fermé l'œil.

C'est maintenant que le débat commence. Le livre est officiellement disponible. Les penseurs d'aujourd'hui sont-ils prêts à faire le travail que la plupart de leurs collègues des années 1930 ont honteusement négligé de faire ? Oui ou non, assistera-t-on à une énième « trahison des clercs » ? Prendront-ils en compte la réalité qu'ils ont sous les yeux ou bien continueront-ils à la dissimuler derrière le nuage de mouches abruties de leurs opinions personnelles ? Finiront-ils ou non par comprendre que le vrai secret du succès de *Mein Kampf*, c'est leur démission ? Y a-t-il un autre débat qui vaille ?

MENSONGE

Parole, raisonnement ou constat formulé sans que le locuteur ait le désir qu'il corresponde à une quelconque réalité. On ne traitera pas ici des petits mensonges de confort, comme ceux que l'on profère pour se débarrasser d'un fâcheux, mais du mensonge comme écosystème de l'esprit humain. Lorsque l'évangéliste Jean écrit « Au commencement était le Verbe », il n'est pas très loin de la vérité. Aujourd'hui, à la lumière de l'évolution de nos connaissances, « Au commencement était le mensonge » serait plus exact. Non pas en ce qui concerne l'apparition de l'univers, mais celle de l'humanité. Dès sa naissance, l'enfant en « désaide », comme le décrit Freud, n'est que conscience de sa vulnérabilité. Il interprète frustrations et douleurs (éloignement du sein ou du biberon, douleurs dentaires, etc.) comme un complot de tout l'univers contre lui. Heureusement, une significative proportion d'individus, en grandissant, apprend à faire l'effort de trier entre les maux d'origine extérieure, et ceux dont il est lui-même responsable. Mais ce n'est pas très clair ni facile. Conscient que sa vie s'achemine vers la mort inéluctable, il est porté soit à se convaincre que l'univers ou la société lui sont hostiles et complotent contre lui, soit à croire qu'il échappera à la mort en adhérant à une idéologie religieuse, soit les deux.

Mais tout de même, dans l'état actuel de nos connaissances, on peut affirmer avec une marge d'erreur négligeable :

– que l'univers, loin d'être hostile ou bienveillant, est absolument indifférent au sort des individus ;

– que les sociétés des États de droit modernes, occupées à plein temps à maintenir une cohésion sociale fragile, ont autre chose à faire que de persécuter les individus qui la composent ;

– que l'idée d'une vie après la mort est une bouée de sauvetage, qui peut être d'une certaine utilité tant que l'on est en vie, mais qui se dégonfle sitôt poussé le dernier soupir.

L'animal humain, sous l'effet de la peur qui accompagne sa conscience tragique d'un monde et d'une vie dénués de sens et de finalité, est condamné à lutter plus ou moins victorieusement toute sa vie contre le mensonge qui explique et le déni de réalité qui rassure. Seuls des éléments de caractère et de culture philosophiques, comme la joie de vivre, la vaillance, la curiosité et l'enthousiasme lui permettent de vivre décemment tout en ayant conscience du néant qui cerne son existence. Le mensonge est un état, l'acceptation de la réalité est un chemin. Le mensonge et la vérité ne sont pas symétriques, ils ne sont pas le contraire l'un de l'autre. Le mensonge est naturel et relativement fixe, tandis que la vérité est culturelle et changeante. Le mensonge est un refuge, la vérité est une quête joyeusement désespérée. Pour prendre une métaphore cycliste, le mensonge est un vélo d'appartement, la vérité ne tient debout que si l'on pédale autour du monde sans jamais s'arrêter.

MILA

Jeune femme née en France au début du XXIe siècle, devenue célèbre à cause des menaces de viol et de mort dont elle a fait l'objet, d'abord de la part de ses condisciples musulmans, puis de la part d'un nombre incalculable d'internautes abonnés aux réseaux sociaux. Dans n'importe quelle dictature, Iran, Corée du Nord, Arabie saoudite, Chine, on ignorerait son nom ; elle aurait sans doute été assassinée sans que personne ait eu le temps d'apprendre son existence. Dans une démocratie moins fragile, dans la France des années 1980 par exemple, son affaire aurait été réglée en quelques jours, ses persécuteurs auraient été identifiés, renvoyés du lycée, déférés devant le juge des enfants et sanctionnés.

Mila, pour son malheur, n'est pas seulement la victime de ses persécuteurs, elle est le révélateur brutal d'un processus qui, au nom d'une fausse tolérance et d'une vraie lâcheté, a réduit la laïcité fondatrice de notre droit à une peau de chagrin dont il est désormais de bon ton de discuter les limites. Mila est le révélateur que la censure a changé de camp. Elle a quitté les ors du pouvoir pour s'installer dans l'égout de l'opinion. Désormais, les ciseaux qui censurent la vie ne sont plus aux mains des gouvernants, mais des gouvernés.

Pour les personnes qui pensent et qui disent que les religions sont des nuisances et Dieu un fantasme toxique, la France est devenue un labyrinthe dans lequel ils vivent traqués par un Minotaure engraissé d'une complaisance intellectuelle et politique qui fait se retourner dans leur tombe tous les résidents du Panthéon.

Le problème de Mila est insoluble. Elle est en vie, elle est innocente de tout délit, mais elle est condamnée à mort et privée de la liberté d'aller et de venir, laquelle est la première de toutes les libertés constitutionnelles. Priver arbitrairement une personne de cette liberté est un crime. Mais comment empêcher et punir ce crime alors que depuis plus d'une génération on a refusé de constater que se mettaient en place les conditions de sa possibilité ? Pendant plus d'une génération, ce ne sont pas des personnes comme Mila qui ont été traitées comme des victimes, mais précisément les persécuteurs. Quand, pendant des années, des mairies, des partis politiques, des universitaires, des journalistes, nous ont intimé l'ordre moral de considérer comme des opprimés ceux qui, aujourd'hui, oppriment Mila, la conversion est compliquée.

Il serait plus confortable, plus logique, et moins fatigant de considérer que Mila est coupable et que ses bourreaux sont, politiquement et moralement parlant, dans leur droit... C'est ce que l'on a dit lors des premières menaces contre *Charlie Hebdo*, et c'est même cette idée que des intellectuels français prestigieux comme Baudrillard ont subtilement suggérée lors des attentats du 11-Septembre. C'est la petite musique que jouent les premiers violons d'une gauche pourrie, où barbotent Plenel, Morin et autre Virginie Despentes. Seulement, le cas Mila est dur à avaler. Cette gauche qui s'approprie à la fois la cause des femmes, des homosexuels et des puritains musulmans se trouve un peu gênée devant le cas de Mila persécutée par des puritains musulmans parce qu'elle est femme et homosexuelle... C'est cornélien. Qui choisir... ? On préfère faire profil bas et attendre que passe l'orage, mais l'orage ne passe pas.

Nous vivons dans une démocratie qui cohabite avec le ministère de la Tartuferie, lequel exerce un pouvoir régalien dont la situation de Mila met en lumière toute l'obscénité. Dans un État de droit laïque, une personne vaut pour toutes. En ce sens, tout le monde est Mila, comme tout le monde est Charlie. Une majorité écrasante en est parfaitement consciente et convaincue. Ce n'est pas l'indifférence qui réduit cette majorité au silence, c'est un frisson de terreur. D'ailleurs, il ne faut pas s'y tromper. Les lycéens et les étudiants qui réprouvent l'attitude de Mila et « comprennent » le comportement de leurs copains qui se réclament de l'islam réagissent non par conviction profonde, mais sous l'effet d'une peur qu'ils ont intégrée. Ils tentent de rendre cette peur plus acceptable à leurs propres yeux et à ceux des autres en la déguisant en bon sens tolérant pour l'intolérable. Plus d'un, en se retrouvant seul dans sa petite chambre, avec ses photos de footballeurs et de rappeurs, doit avoir quelques doutes sur l'équité de son jugement. De même pour les professeurs qui ont continué de faire la classe devant les persécuteurs de Mila. Son absence, sa table vide, au milieu de la classe, son nom rayé de la liste d'appel ont dû provoquer quelques états d'âme derrière la dignité académique.

Au fond, tout ce petit monde proteste d'autant plus fort de sa bonne foi qu'il n'est pas trop à l'aise dans ses Nike. On a beau être misérable, on n'en est pas moins homme...

Si le problème de Mila semble insoluble, c'est que les coupables sont nombreux et les complices innombrables. La société démocratique est devant ce dilemme. Elle doit sauver Mila de ses persécuteurs nombreux et de leurs complices innombrables, parce que tout le monde est Mila. Y compris ceux qui veulent sa peau, trop abrutis pour le comprendre. La bonne ou la mauvaise opinion que chacun est en droit d'avoir de Mila n'a rien à voir dans cette affaire.

Mila révèle une explosion nucléaire de la délinquance antidémocratique. Le problème de Mila nous paraît insoluble parce que nous n'imaginons pas une seconde que le pouvoir politique, dans l'état où il se trouve aujourd'hui, soit en mesure de le résoudre. Il est bien possible que nous ayons tort. Le pouvoir démocratique est parfaitement en mesure de trouver une solution, pour peu qu'il le décide. C'est un travail de fourmi, qui demandera des moyens, du temps et de l'obstination. Mais s'il ne se fixe pas pour but que Mila et quelques autres qui existent déjà – et beaucoup d'autres à venir – puissent un jour vivre normalement, c'est sa propre existence qu'il condamne à mort et, avec elle, la liberté de tous.

Il faut juste espérer que l'on retienne la leçon de 1998, quand, dans l'hébétude chiraquienne, une foule de crétins s'est convaincue que le problème était réglé parce qu'une équipe de France *black-blanc-beur* avait gagné la coupe du monde de foot. Au cas où on ne l'aurait pas compris, la comédie est terminée. De la liesse unanime sur les Champs-Élysées, il ne reste plus qu'une jeune fille seule, menacée de viol et de meurtre parce que ses cheveux rasés au-dessus des oreilles offensent le Prophète.

MOI

Pronom personnel qui, lorsqu'il est substantivé, désigne ce qu'un individu croit être. On fait un grave contresens sur la psychanalyse lorsqu'on lui prête le pouvoir de permettre aux analysants de connaître leur « moi ». La psychanalyse ne permet que d'élucider les origines et les stratégies des névroses qui condamnent le « moi » à répéter toujours les mêmes erreurs. Une fois qu'il a appris à éviter le piège, le « moi », toujours aussi mystérieux à lui-même qu'à l'analyste, continue son petit bonhomme de chemin sans que personne puisse en rationaliser les caprices.

Le « moi » a beaucoup de points communs avec Dieu. Il fait l'objet d'une foi fervente, d'une adoration déraisonnable, et d'une hypothèse de réalité qui ne repose sur rien de concret. En effet, le « moi » serait composé d'un rapport stable entre des qualités, des défauts, des pulsions, des attirances et des dégoûts dont aucune observation sérieuse n'a jamais découvert l'existence. Le « moi » est indicible, ce qui est bien pratique pour ne pas avoir à en exposer les termes.

Moi

Pour exprimer leur « moi », certaines personnes ont recours au procédé du haïku qui, en dix-sept syllabes, exprime l'univers par une goutte de rosée qui fait trembler un pétale de fleur. Par exemple, une personne peut vous regarder dans les yeux et vous révéler gravement : « Je suis quelqu'un qui n'aime pas les frites. » À vous d'imaginer le reste du « moi » à partir de cet indice. On peut éventuellement déduire qu'il s'agit d'une personne qui craint le cholestérol, qui est soucieuse d'un bon équilibre alimentaire, qui se méfie des féculents, qui évite la Belgique, qui répugne à mettre dans sa bouche des formes phalliques, mais tout cela ne mène pas bien loin. D'autres prétendent vous apporter davantage de clefs en déclarant : « Je suis quelqu'un qui adore Mallarmé et qui collectionne les timbres. » Plutôt que de se perdre en conjectures, on est tenté alors de leur répondre : « Désolé, je suis quelqu'un qui aime Jean-Sébastien Bach et les cheeseburgers, nous ne pouvons pas nous entendre, restons-en là. »

Lorsque, dans une conversation sur le monde comme il va, quelqu'un en vient à parler de son « moi », on est assuré d'entrer dans un tunnel de banalités dont on ignore quand il finira.

Pascal exagérait en affirmant que « le moi est haïssable ». Il n'est que dénué intérêt, ce qui est peut-être pire. Chacune des circonstances de notre vie – amour, danger, échec, réussite, vieillissement, maladie, fortune, pauvreté – révèle un « moi » que l'on ignorait auparavant. Il n'existe aucun « moi » constant qui nous permette de prévoir nos réactions ; et vouloir le définir, le comprendre, le modifier est absolument vain, puisqu'il n'existe que dans la mesure où les circonstances ne cessent de le faire varier. On appelle « éthique personnelle » l'effort de s'imposer un comportement cohérent avec nos valeurs personnelles, compte tenu de l'incohérence à laquelle l'inexistence du « moi » nous invite.

Il est tentant de détourner la preuve cartésienne de l'existence de la réalité : « Je pense à autre chose qu'à mon "moi", donc que je suis. »

Penser au « moi » fait perdre le temps précieux que l'on pourrait consacrer à penser à autre chose. Penser au « moi », c'est aller au-devant de l'angoisse de ne pas être reconnu pour ce qu'on est, ou au contraire l'angoisse d'être une imposture, l'angoisse de tomber malade et l'angoisse d'avoir à mourir. Les moments les plus heureux de la vie sont ceux où l'on s'oublie, où nos sens sont captés par quelque chose qui advient. Notre être ne touche à la plénitude que dans l'assomption qui nous enlève au néant du moi pour nous faire pénétrer dans le monde. Nous ne sommes que notre désir, rien de plus, rien de moins, et tout le reste relève d'une croyance malheureuse.

Le bonheur n'est pas dans le « moi ». En revanche, confronté à sa nature à jamais indéchiffrable, et à son existence douteuse, on rencontre à coup sûr la tristesse et la déconvenue.

Se rendre disponible pour le bonheur, ce n'est pas se demander ce que le temps qui reste à vivre va offrir au « moi », c'est savoir ce qu'on veut offrir au temps qui reste.

MORIN (EDGAR)

Archétype de l'intellectuel français de la seconde moitié du XXe siècle. Edgar Morin a trouvé son chemin en suivant les traces de pneu de tous les dérapages de Sartre. On peut parler dans son cas d'un itinéraire sans faute. Il s'est trompé absolument sur tout. Orphelin après la mort prématurée de Staline, il s'est rapidement consolé avec le doudou maoïste. Les intellectuels des années 1970 serraient le *Petit livre rouge*, de Mao, dans leurs bras en suçant leur pouce pour s'endormir, bercés, selon Morin, par le « sentiment surtout qu'en Chine se concilient [...] la rationalité suprême et l'humanité suprême, l'adhésion enthousiaste des masses et la lucide direction des chefs, l'harmonie et le devenir ». Quand les victimes de Staline et de Mao ont fini par faire un tas si haut qu'il en devenait gênant pour apercevoir l'avenir radieux, Morin se replia sur des causes plus consensuelles, parce qu'il faut bien manger… C'est ainsi que, fort de son passeport sanitaire juif qui le protège de toute accusation d'antisémitisme, il a courageusement pris parti pour tous les braves démocrates du Moyen-Orient qui se battent contre la dictature sanguinaire d'Israël.

Edgar Morin réalise l'exploit physique et intellectuel de pouvoir dire à l'âge de cent ans autant d'âneries à la minute qu'il en disait lorsqu'il avait vingt ans. Pour cette performance, il est reçu partout avec les honneurs dus à l'inventeur de la « pensée complexe ». Car Edgar Morin a inventé la « pensée complexe ». Avant lui, la pensée était simple. Platon, Aristote, Kant, Nietzsche, Schopenhauer sont à Edgar Morin ce que la brouette est à la navette spatiale. Autrefois, les penseurs se contentaient de penser quelque chose, avec Edgar Morin on peut désormais penser n'importe quoi.

Jamais, lorsqu'il est interviewé, aucun journaliste digne de ce nom ne lui rappelle ses deux derniers exploits. Quel gâchis de passer sous silence les deux livres qu'il a cosignés avec Tariq Ramadan, le fameux intellectuel musulman féministe de gauche. Une telle persévérance dans l'erreur le hisse au rang des plus prestigieux intellectuels français de son époque. Sans verser dans l'admiration béate, on peut affirmer qu'Edgar Morin souffre avantageusement la comparaison à côté d'Alain Badiou et de Cyril Hanouna.

Morin (Edgar)

Faites l'expérience, écoutez sur Internet un cours de philosophie de Vladimir Jankélévitch, lequel n'a eu droit à une reconnaissance tardive et laborieuse que grâce à l'amour de ses élèves et à l'émission de Bernard Pivot. Écoutez comment résonne chaque mot qu'il extirpe du fond de lui-même, comment il traque le détail mystérieux qui éclaire la réalité, comment il s'adresse à ce qu'il y a de plus élevé, de moins dupe, de plus sincère chez ses auditeurs. Tous ces éclairs de vérité, toutes ces couleurs, tous ces mouvements désordonnés de la vie, toute cette rocaille d'idées qui égratignent au passage, n'est-ce pas vulgaire, fatigant, et affreusement suranné ?

Comparez avec notre philosophe-sociologue – cette licorne existe ! – Edgar Morin. Cette manière de susurrer des fausses évidences, comme renvoyer subtilement Israël et le Hamas dos à dos pour finalement concéder l'avantage au Hamas, cette diction épiscopale, ce ronron de trucs qui volettent dans l'air du temps et qui caressent les certitudes des ignorants... N'est-ce pas raffiné, revigorant, et merveilleusement tendance ?

Entre Jankélévitch qui se bat contre l'erreur pour faire entendre la réalité et Morin qui se bat contre la réalité pour faire entendre l'erreur, c'est Morin qui domine le match, et ce n'est que justice. Là-dessus, les arbitres de la pensée moderne que sont Twitter, Facebook, TikTok et Instagram sont formels. Il suffit de constater son score de *likes* et de *followers* : Edgar Morin fait jeu égal avec Kim Kardashian. Pour l'honneur des intellectuels français, il faut à tout prix qu'il passe devant elle, quitte à cosigner un livre avec Francis Lalanne.

MUSIQUE

Vibrations différentes, organisées pour produire un ensemble vibratoire qui, en se transmettant au cerveau par le tympan, déclenche une série d'émotions diverses. C'est le premier chant, sans doute pour accompagner une cérémonie d'amour ou de mort, qui a changé notre condition animale en condition humaine. Non seulement la musique est un dieu qui tient sa promesse de consolation, mais c'est le seul dont on ait la preuve irréfutable qu'il existe.

La musique est l'exemple merveilleux que la facticité – tous les artifices inventés par l'homme – ne se distingue en rien du reste de la réalité. Car la musique est à la fois un pur artifice et une pure réalité physique : de l'air qui, agité, produit des sons. On a souvent l'intuition – et beaucoup d'auteurs l'ont exprimée – que la musique est l'art par excellence. Sans doute parce que, précisément, la musique ne *veut* rien dire. Elle se contente d'être, dans sa plénitude. Elle est à elle-même sa propre signification. La musique veut dire la musique et rien d'autre. Et lorsqu'elle se hasarde à prétendre vouloir dire quelque chose, comme il arrive parfois à la musique de Beethoven, par exemple, elle perd de vue son objet qui est de n'être que musique. Contrairement aux mots, qui sont des flèches ajustées visant des zones précises de notre perception, les sons de la musique entrent à tâtons dans notre conscience et l'explorent pour tenter d'atteindre la zone qui jouira de la vibration. Rien de plus organisé et objectif que la musique, rien de plus hasardeux et subjectif que sa réception. C'est un peu comme si elle parvenait à nous faire pénétrer de l'autre côté du miroir de Lewis Carroll, là où tout s'inverse. D'un côté on attend que passe la tristesse sublime pour qu'advienne enfin la joie merveilleuse, de l'autre on attend que passe la joie merveilleuse pour qu'advienne enfin la tristesse sublime.

On peut dire sans trop s'égarer que, dans la musique de Mozart, il n'est question que de l'amour qui rend supportable notre vie mortelle et de la mort qui nous murmure de nous hâter d'aimer. Prenons son concerto pour piano n° 23, parce qu'il est célèbre et que son deuxième mouvement a servi de bande originale à de nombreux films, dont l'admirable *L'Incompris*, de Luigi Comencini. Le premier mouvement virevolte de joie de vivre et de soif d'aimer, et si un nuage d'inquiétude traverse son ciel bleu, c'est parce qu'il y ajoute à la beauté. Mais dans toute cette jubilation, on ne peut s'empêcher d'attendre avec impatience le deuxième mouvement, pour ressentir, émerveillé, cette insondable tristesse d'enfant. Comme si toute l'agitation joyeuse du premier mouvement n'était là que pour nous faire jouir de la mélancolie du second, comme si le second mouvement exprimait la nostalgie du premier, et que ce regret était aussi désirable que ce qu'il regrette. Beaucoup de compositeurs ont construit ainsi la dramaturgie de leurs concertos pour piano. Mais là où Mozart est un génie, c'est qu'il est un des rares compositeurs chez lequel on trouve des moments d'allégresse aussi insondables – et parfois même plus profonds – que les moments de tristesse. Par exemple, l'air *Non so più cosa son, cosa faccio* de Chérubin, dans *Les Noces de Figaro* : « Je ne sais plus qui je suis, ce que je fais. Chaque visage me fait palpiter, je parle d'amour éveillé, je parle d'amour en rêvant, je parle d'amour à l'eau, à l'ombre, aux montagnes, aux fleurs, à l'herbe, aux fontaines, à l'écho, à l'air, au vent, et si personne ne m'écoute, je parle d'amour avec moi. » La musique que Mozart a composée pour cette aria émet une vibration cousine de celle du cantique des créatures de François d'Assise. Tout comme on désire que jamais ne cesse la mélancolie du deuxième mouvement du concerto n° 23, on voudrait que toujours dure la sensualité allègre de l'aria de Chérubin.

C'est la raison pour laquelle la musique échappe à toute morale et à tout jugement de valeur moral. À son meilleur, elle nous fait aimer aussi profondément le bonheur que le malheur. Le bien et le mal lui sont étrangers, elle ne connaît que le bon et le mauvais, c'est-à-dire l'amour et la mort. C'est dans le rapport que l'amour entretient avec la mort qu'elle va puiser la beauté. Elle ne fait que constater. Elle ne juge pas, elle n'a rien à dire, elle chante sa propre réalité.

Le philosophe Clément Rosset disait que la manière dont on perçoit la musique devrait nous inspirer pour percevoir le reste de la réalité.

Parce que la musique n'a aucun sens manifeste, nous la percevons sans tous les préjugés qui distordent la façon dont nous percevons les choses auxquelles on cherche toujours à donner un sens. La musique produit une joie insensée, inexplicable, que déclenche indifféremment l'expression du bonheur ou du malheur. Et cette joie relève d'une haute philosophie quand elle est la réaction du corps humain face au hasard qui bat les cartes du bonheur et du malheur. Si, autant qu'il est possible, nous nous laissions affecter par le reste de la réalité comme nous sommes affectés par la musique, nous manquerions moins d'occasions de passer un bon moment.

De ce côté-ci du miroir, c'est la pesanteur qui prouve que l'on existe. De l'autre côté, c'est la légèreté. Quel est le côté réel ? Lequel est un artifice ? La musique donne la bonne réponse au bon moment.

N

NATURE

NUIT DEBOUT

N

NATURE

Totalité de ce qui existe. Il est impossible d'avoir un point de vue autre qu'imaginaire sur la nature. Pour avoir un point de vue sur une chose, il faut s'en détacher et prendre un certain recul. Or, nous pouvons toujours tenter de nous en détacher et reculer jusqu'à l'infini, nous sommes toujours au cœur de la nature. Nous ne pouvons que constater la nature. L'interpréter, lui trouver un sens, lui supposer un but, lui prêter un message, relève du délire.

Chacun d'entre nous a un idéal de nature le plus souvent lié à des souvenirs d'enfance ou à un enracinement régional. Pour certains, ce sont les pentes abruptes couvertes de conifères et le cri des marmottes, pour d'autres, les criques rocheuses où dansent les homards. Aux uns les rêves de grands espaces sauvages, aux autres les collines aux prés bordés de haies où paissent les vaches… Cela traduit des tempéraments humains, mais ne dit rien de la nature.

La nature, comme concept s'opposant aux artifices humains, n'existe pas. Elle est une croyance, voire une conviction, mais elle n'a aucune réalité. Elle est elle-même un artifice du hasard, comme l'homme, et comme les productions humaines.

Opposer l'homme et la nature, comme le font la plupart des idéologies et toutes les croyances religieuses, ne répond qu'au désir insatiable que nous avons de trouver un sens à ce qui nous échappe. Les étoiles, les montagnes, le vent, les océans, les volcans, les virus, les bactéries, la faune et la flore ne sont pas plus « naturels » que les fusées, les vaccins, les sous-marins, les pesticides, les antennes-relais et *La Joconde*, de Léonard de Vinci. Comme la nature est la combinaison aléatoire de toutes les manifestations de toute la réalité, la seule chose qui pourrait ne pas être naturelle serait une entité divine. Elle suppose qu'il existe un au-delà de la réalité dont l'existence ne peut être affirmée par le savoir, mais par la foi.

Il s'agit alors non d'un fait, mais du mirage consolateur d'un hôtel cinq étoiles dont les néons clignotent dans le néant de la mort.

La nature n'est pas une « bonne mère » ; elle est le saccage permanent d'elle-même, avec çà et là des organismes un peu mieux bricolés qui résistent un peu mieux et un peu plus longtemps avant de rejoindre à leur tour le chaos. L'homme ne dégradera jamais autant la nature qu'elle ne se dégrade elle-même. Au contraire, avec ses capacités cérébrales supérieures, il aménage la nature pour la rendre habitable, et, grâce à la science, à la culture, à la philosophie, il crée des espaces de liberté, de sécurité, d'hygiène, pour échapper à la tyrannie d'une nature dont rien ne pourra jamais le dissocier. La nature se modifie en permanence, et en modifiant la nature, l'homme ne fait que suivre le mouvement général, tout en se modifiant lui-même.

On touche bien l'ambiguïté de notre conception de la nature lorsqu'on dit d'un artiste qu'il est merveilleux de naturel. Cela signifie qu'il est au meilleur de son art, c'est-à-dire de sa maîtrise de l'artifice. Lorsque Louis Jouvet incarne le Dr Knock avec un tel *naturel* qu'on ne voit plus que Knock, c'est qu'il est au sommet de son art, c'est-à-dire de l'artifice.

Ni la nature ni l'artifice, d'ailleurs synonymes, ne sont bons ni mauvais. Ils se contentent d'exister dans la plus parfaite indifférence, dénués de but, de morale, de modèle. Si la musique, écrite ou non, éveille des émotions étranges, c'est précisément qu'elle est, comme la nature, le produit d'une improvisation qui a tout en commun avec celle de la vie sous toutes ses formes. Nous admirons les nuages et les flammes des cheminées pour la même raison : ils sont toujours pareils, jamais les mêmes, ils évoquent des formes fugitives qui disparaissent à tout jamais.

La nature est un danger permanent pour la liberté et le bonheur humains, l'humain lui-même étant un danger, comme le reste. L'idée que l'on se fait d'une nature dont la culture – la science, les arts, la philosophie, la politique – serait l'ennemie est la plus dangereuse qui menace l'animal humain. C'est de l'idée que l'on se fait de la nature que l'on déduit des lois et des morales qui combattent notre effort incessant d'échapper à la tragédie.

Héraclite, philosophe présocratique qui postule le mouvement perpétuel des choses, dit que « la nature aime à se cacher ». Et pour cause : en mutation perpétuelle, elle ne peut jamais apparaître sous une forme durable qui permettrait de la définir.

Quand Montaigne affirme que « la constance même n'est qu'un branle plus languissant » il ne dit pas autre chose. Toutes les définitions que l'on donne de la nature sont artificieuses, parce qu'à peine l'avons-nous définie qu'elle est déjà tout autre chose.

L'animal humain a ceci de singulier qu'il ne désire pas seulement vivre, il désire également être heureux. La culture, sous ses formes les plus diverses, n'est qu'une manifestation de la nature – ou si l'on préfère de la nature humaine – qui ouvre cette possibilité de la joie de vivre sans laquelle l'être humain ne serait qu'un grand singe parmi d'autres.

Si la morale était raisonnable, elle cesserait de se référer à la nature, et approuverait les artifices de toute sorte qui améliorent l'existence. L'abolition de la peine de mort, l'égalité des sexes, la banalisation des pratiques sexuelles non reproductrices sont des victoires de l'artifice sur l'idée de nature. C'est d'ailleurs la raison pour laquelle ce sont des acquis fragiles qui font l'objet de menaces perpétuelles et d'oppositions parfois criminelles.

Rien ne menace la nature, rien ne peut la menacer, rien ne la menacera jamais qu'elle-même. Elle est souveraine dans son inconscience d'exister. Les seules menaces qui nous intéressent pèsent sur l'être humain, qui doit négocier son existence avec le reste de la réalité. C'est la raison pour laquelle l'idéologie écologiste prend le problème à l'envers. Tout ce qui ne met pas l'espèce humaine au cœur de sa réflexion n'est qu'une mythologie qui, sous couvert de restaurer un paradis perdu en y condamnant l'artifice, sépare l'« homme-coupable » de la « nature-innocente » afin de le punir d'exister. En cela, rien de bien nouveau. Toutes les religions et tous les dieux écrivent le même scénario sinistre, dont l'écologie naturaliste d'aujourd'hui n'est qu'une variante. À ceci près que sa diffusion numérique est en train de précipiter l'humanité dans un pensionnat de curés obsédés par les interdits.

Restaurer l'environnement humain est une nécessité permanente et vitale. C'est l'aventure humaine. En revanche, restaurer la nature – ou *sauver la planète* – est la manifestation la plus inquiétante de la pulsion de mort. Dans toute son immensité, la nature ne rit pas, n'a que faire de la fantaisie ou du bonheur, du bien-être et de l'absence de souffrance, de la légèreté, de l'insouciance, sauf dans le minuscule espace du cœur humain. Que l'on puisse s'intéresser à autre chose restera toujours une source d'étonnement. Et d'effroi.

NUIT DEBOUT

Contraire de Lumière debout.

OGM

OGM

Sigle signifiant « organisme génétiquement modifié ». Objet de la recherche scientifique visant à maîtriser des modifications génétiques, lesquelles peuvent s'appliquer à l'agriculture, l'élevage, la médecine, et au vivant en général. Contrairement à l'idée reçue, la modification génétique n'a nullement été *inventée* par des scientifiques. Ils n'ont fait que reproduire en laboratoire ce qu'ils ont observé dans la nature. Toute la documentation sur la recherche en génétique est disponible pour le public, et sa synthèse savante n'a pas sa place dans un dictionnaire philosophique.

Il s'agit de noter qu'à partir des années 1990 les mouvements contestataires altermondialistes et écologistes se sont investis dans une lutte radicale contre les OGM. Ces mouvements, la plupart du temps, ignoraient l'origine profondément chrétienne de leur combat. Ses leaders, José Bové, par exemple, étaient des disciples du philosophe protestant Jacques Ellul, ou du catholique formé au Vatican Ivan Illich. Toucher aux gènes, c'était toucher à la volonté de Dieu, laquelle s'exprime par la manifestation de la vie selon d'incessantes modifications génétiques. Une fois de plus, Dieu et la nature sont synonymes. En se battant pour la seconde, les militants se font les soldats du premier.

La peur des OGM, disons-le simplement, est une pure résurgence des grandes peurs médiévales de la fin du monde, des sorcières, du diable et du jugement dernier. Elle correspond en tout point à ces croyances contrariées qui déclenchaient des paniques et des massacres.

En l'occurrence, il s'agit de la croyance selon laquelle l'autorité de la nature est une autorité parfaite à laquelle il est criminel de s'opposer ou de se substituer. Et lorsque « la nature se met en colère » en produisant des éruptions volcaniques ou des épidémies, c'est pour punir l'homme de ses péchés. D'abord on veut punir l'homme en général, mais comme le programme est trop vaste pour être réalisé, on resserre la focale, on cherche des coupables moins nombreux. Les sorcières, par exemple, les bossus, les étrangers, les soupçonnés d'apostasie, et, au bout du compte, ça finit toujours par retomber sur les Juifs (voir l'entrée « Juif »).

Comme d'habitude, une simple observation permet de constater l'aberration de ce fantasme métaphysique, mais c'est sans espoir de convaincre les délirants, tant il est vrai que l'observation de la réalité n'est jamais un argument valable contre l'aberration métaphysique. Tout simplement parce que l'aberration métaphysique parle d'autre chose que ce dont elle parle. Elle parle d'OGM, mais elle parle surtout de l'impuissance des individus à s'accomplir librement en dehors d'un troupeau où tout le monde bêle à peu près la même chose et où le désir ne se porte sur un objet qu'à la condition qu'il soit désiré par les autres. Le fait que mon désir soit partagé m'apporte la preuve que j'ai raison. Cette pulsion mimétique qui est notre lot commun n'a pas tout à fait la même conséquence selon qu'on désire la musique de Mozart parce que Chopin la désirait ou qu'on désire la destruction des OGM parce que José Bové la désire.

Ce n'est pas parce que l'observation de la réalité est impuissante à convaincre les croyants qu'il faut s'en priver. Qui préfère-t-on ? La nature, qui n'a aucun dessein – sauf pour les protestants américains et les musulmans qui militent contre la théorie de l'évolution de Darwin –, une nature qui se confond avec le hasard, qui rebat les cartes du vivant à chaque génération, quitte à faire apparaître la grippe espagnole, le coronavirus, la mucoviscidose et le Sida ? ou bien des scientifiques qui mobilisent leur raison, leur logique et leur savoir pour accomplir la modification d'un brin d'ADN qui va peut-être changer la vie d'agriculteurs de zones arides, d'enfants malades, ou ôter à des parasites leur pouvoir pathogène ?

Au plus fort de la lutte contre les OGM, les faucheurs militants ont fauché des plantes transgéniques qui étaient le fruit de plusieurs années de recherche contre le diabète et la mucoviscidose. Depuis les fenêtres de leurs laboratoires, combien de savants de l'Inserm se tordaient les mains en regardant les hordes moyenâgeuses anéantir leur travail ? Au XIIIe siècle, au début du règne de saint Louis, les mêmes attaquaient la Sorbonne pour persécuter les lettrés.

Cette vieille passion théologico-naturaliste s'exprime de la même façon dans des camps apparemment totalement opposés.

Les militants anti-avortement, par exemple, ou de la Manif pour tous, les antivax et les anti-OGM, ne sont pas les mêmes, certes, mais l'origine de leur agressivité est la même. C'est le même ressort, elle prend juste un objet différent pour cible. D'ailleurs, si les anti-OGM ne sont pas tous opposés à l'avortement, en revanche les opposés à l'avortement sont rarement pro-OGM... Tous trouvent un sens à leur désir de violence en combattant ceux qui osent transgresser les lois éternelles de la nature. Chaque fois, il s'agit de défendre « la vie », qu'ils conçoivent comme le domaine sacré d'une nature qui sait ce qu'elle fait. Cela implique que le mariage ne peut être qu'hétérosexuel, que les femmes n'ont pas à décider d'empêcher une naissance, qu'on n'a pas le droit d'introduire dans les corps un vaccin qui en modifie les réactions, et qu'il est interdit de modifier ce qui programme la vie, à savoir les gènes. Tout ça, finalement, parle de la même chose.

Imaginons une scène qui se passerait il y a dix ou vingt mille ans. Trois types sont en train de tailler des haches de pierre, un quatrième arrive avec une hache en bronze. Les tailleurs des haches en pierre sentent le danger. Ils s'opposent farouchement à la diffusion des haches en bronze : « La pierre est naturelle, le bronze est le produit d'une magie diabolique qui s'approprie les pouvoirs des dieux en mélangeant des métaux en fusion. Et puis notre communauté est soudée par le culte qu'elle rend à la pierre. Avec le bronze, les savoirs ancestraux et le lien social de la tribu vont disparaître… » À la fin de l'histoire, les tailleurs des haches en pierre se font casser la gueule parce que la hache de bronze est beaucoup plus efficace que la hache de pierre. Le passage de l'âge de la pierre à l'âge du bronze a bien duré quelques milliers d'années, mais s'il n'avait pas eu lieu, il n'y aurait pas aujourd'hui d'ambulance pour vous conduire à l'hôpital quand vous faites un malaise cardiaque.

D'ailleurs existe-t-il un seul antivax, un seul anti-OGM, un seul anti-avortement, un seul opposant au mariage homosexuel, un seul Torquemada de la défense de la nature qui, se sentant mourir d'un infarctus, ne rende grâce au génie humain quand il entend l'ambulance arriver ? La foi a des limites, surtout quand on atteint celles de la vie.

Le refus de la science et de la technologie, parce qu'elles sont des artifices humains qui détériorent la perfection de la nature, est une vieille branche de la philosophie. Étrangement, au sein de ce que nous appelons le « Siècle des lumières », les deux tendances ont cohabité. Rousseau et Diderot par exemple, sur ce point décisif, sont en désaccord total. Rousseau croit en la nature, Diderot parie sur les artifices du génie humain.

Au XXe siècle, la philosophie hostile à la science et à la technique connaît un développement spectaculaire, notamment grâce au philosophe allemand Martin Heidegger. Connu du grand public surtout à cause de la polémique interminable sur son passé nazi, il n'en a pas moins considérablement influencé nos philosophes modernes, notamment Sartre, Derrida, Foucault et quelques autres. On pourra toujours dire que leur pensée a été mal comprise, simplifiée et déformée, en attendant, s'ils ont été mal compris, c'est qu'ils ont mis un certain acharnement à l'être. Quoi qu'il en soit, on se retrouve aujourd'hui dans une société laïque où l'hostilité à la science, qui s'exprime au nom d'une « morale naturelle » qui n'existe pas, connaît un succès grandissant dans toutes les couches de la société.

Il est tout à fait possible que certaines modifications génétiques soient dangereuses, inutiles ou nuisibles. Il est nécessaire qu'elles soient critiquées scientifiquement et prohibées politiquement. Mais on a bien compris que la question n'était pas là. Si la question de l'écologie, avant même que le mot n'existe, a toujours été centrale pour l'humanité, aujourd'hui, pour des raisons économiques et démographiques, elle revêt un caractère d'urgence que personne ne conteste. Les sols, les fleuves et les océans, selon qu'ils sont exploités par quelques millions d'individus épars sur la planète, ou par huit milliards d'habitants concentrés dans les zones urbaines ou fertiles, ne posent pas les mêmes problèmes.

Les OGM sont une voie de recherche de la science parmi beaucoup d'autres, laquelle, parce qu'elle est susceptible d'aboutir à quelques applications bénéfiques, ne mérite pour aucune raison cohérente une opposition aussi farouche que radicale. Cette hostilité aux progrès de la génétique, et singulièrement l'opposition aux OGM, est un marqueur politique. Il devrait éclairer une évidence à laquelle nous semblons aveugles. Il y a deux écologies. L'une, culturaliste et scientifique, mise sur les découvertes humaines pour trouver des solutions.

L'autre, naturaliste, mise sur l'obéissance à des lois de la nature dont on serait bien en peine de prouver qu'elles existent. Il faudrait se réveiller, se frotter les yeux, et rapidement apprendre à distinguer entre l'écologie culturaliste, qui mise sur la réalité humaine, et l'écologie naturaliste, qui mise sur des lois fantasmatiques.

La distinction est aussi urgente que le sont les problèmes environnementaux. Les formes qu'ont prises les critiques sur les OGM ou la recherche sur les cellules souches sont des signaux d'alarme. S'il faut encourager, financer et mettre en œuvre les solutions de l'écologie scientifique, il faut en revanche combattre l'écologie naturaliste avec la même détermination que le radicalisme religieux. Ils représentent le même danger, parce qu'au fond ils parlent de la même chose.

Leur force de persuasion et leur succès communs tiennent à l'inexistence de ce qui fonde leur combat. Dans les débats, ils sont toujours gagnants, parce qu'il est malaisé d'argumenter contre ce qui n'existe pas : « Et d'ailleurs, comment osez-vous vous en prendre à Dieu ? ou à la nature ? Comment osez-vous vous en prendre à une abstraction dont l'immensité surpasse infiniment votre dérisoire réalité ? » Fin du débat.

Et c'est dommage, parce que c'est exactement là qu'il devrait commencer.

PAIX

PAPE

P

PAIX

Désigne la période pendant laquelle la culture a le dessus sur la nature. On appelle « guerre » les périodes où la nature supplante la culture. Si l'on entend par « culture » la somme des savoirs scientifiques, philosophiques et artistiques, elle ne se conçoit pas sans la mémoire historique des guerres. La paix est le but de toutes les réflexions philosophiques, de tous les efforts du législateur, de toute la science qui vise à améliorer la vie matérielle et la santé. La paix est une intuition humaine laborieuse. Son élaboration est incessante. Elle a commencé avec le premier homme conscient de sa finitude qui s'est dit « Tant qu'à faire de mourir, il vaut mieux vivre libre et heureux » et ne s'achèvera qu'avec le dernier homme.

La paix n'existe pas dans la nature, où ne règne que la loi du plus fort, du plus nombreux, du plus résistant, du plus efficace. Dans l'état de nature, c'est-à-dire l'état de guerre, le temps est saturé par la lutte pour la survie. La liberté n'y a pas la moindre place. Sous le régime de la guerre, c'est-à-dire de la nature, les individus dotés d'une force athlétique ont une espérance de survie à laquelle les corps fragiles – comme ceux de Mozart, Shakespeare, Verlaine, Galilée, Einstein, Toulouse-Lautrec – ne peuvent prétendre. Sans la paix, pas de toiles de maîtres, pas d'œuvres littéraires, pas d'architectes, pas de recherche scientifique.

La paix n'est pas une valeur philosophique, morale, éthique, elle est *la* valeur philosophique, éthique et morale. La base. Les grands guerriers dont la mémoire mérite d'être honorée sont ceux qui ont vaincu la barbarie et ramené une paix au nom de laquelle ils se sont battus, Winston Churchill par exemple. Il y en a sans doute beaucoup d'autres, mais ces deux-là sont exemplaires à tous égards. (Car il y a deux Winston Churchill : celui qui picole en peignant des tableaux et celui qui sauve le monde du nazisme, et les deux sont exemplaires). C'est la raison pour laquelle le pacifisme est si ambigu. Il arrive qu'il faille que l'on défende la paix et la liberté. Par pacifisme, ne pas vouloir choisir entre les bourreaux et les victimes, c'est en réalité choisir les bourreaux en se parant de l'alibi du pacifisme. On peut le comprendre et même l'admettre. Ce qui est moins clair, quand on y pense, c'est la raison pour laquelle le pacifisme est toujours rangé dans la colonne des vertus. Pourtant, il est évident que c'est une posture dont le courage ou la lâcheté dépend des circonstances. Lorsque le nazisme envahit l'Europe, par exemple, dans quelle colonne faut-il ranger le pacifisme, compte tenu de l'évidence que si le nazisme avait été victorieux, l'état de guerre n'aurait jamais pris fin ? On peut comprendre qu'à de telles époques on soit tenté de se dire pacifiste pour ne pas avoir à s'exposer. Le grand argument du pacifiste se résume ainsi : « Si tout le monde était comme moi, il n'y aurait pas la guerre. » C'est une fausse évidence, car, s'il y a la guerre, c'est parce que précisément tout le monde est comme lui, et regarde passer la barbarie comme les vaches regardent passer les trains. La paix demande la vigilance de tous, et elle exige que ceux qui l'aiment la défendent quand elle est insultée. On peut être pacifiste et ne pas vouloir défendre la paix, mais alors qu'on ne vienne pas nous dire que l'on aime la paix.

De nos jours, les deux plus grandes menaces extérieures qui pèsent sur la paix sont le Parti communiste chinois et l'islam politique. Et à l'intérieur de nos sociétés démocratiques, c'est l'absence d'intérêt dont elle fait l'objet. La paix est un concept poussiéreux à côté duquel on passe sans s'arrêter pour aller admirer d'autres concepts que la modernité fait briller de tous leurs feux, comme la nature, l'identité et le « wokisme » (voir l'entrée « *Woke* »)...

Pendant la guerre, tout le monde a conscience de la guerre. Même dans les oasis d'insouciance, une petite peur ignoble tournicote dans un coin de la tête. Même dans les détails de la vie quotidienne, tout se décide et tout se joue en fonction de la guerre. Même dans les rêves, le sang coule. Même dans les îlots protégés de débauche et de corruption, les danseurs ont l'intuition de la rafale de mitraillette. En temps de guerre, personne n'oublie la guerre, ni les planqués, ni les combattants, ni les enfants, ni les déserteurs, ni les généraux, ni les traqueurs, ni les traqués. Tous ont en commun d'avoir conscience d'être en guerre. Et cette conscience dure tant que dure la guerre.

Il n'en va pas de même pour la paix. Une fois qu'elle est là, elle se fait oublier. Après deux générations, on oublie le prix qu'elle a coûté. On vit dans la paix comme des poissons qui ignorent tout de l'eau hors de laquelle ils étouffent. La paix est un mot qui sonne comme cette voix nasillarde sortant d'un vieux phono, qui chante un monde passé de mode. On peut mesurer l'inquiétante indifférence dont elle fait l'objet lorsque la conversation tourne sur l'Union européenne. Si l'on rappelle que sa construction, si imparfaite soit-elle, vise d'abord à consolider les conditions de possibilité de la paix, on se fait sortir du débat. « Ah non, pas ça... la paix... tu n'as que ça comme argument ? Les autres problèmes sont autrement importants : la souveraineté des nations, les critères économiques, les réglementations qui menacent le camembert au lait cru, la libre concurrence, le réchauffement climatique, l'indépendance monétaire... » On insiste : « Oui, mais on vit en paix ! – Arrête ! La paix, c'est fait, ce n'est plus le problème. Chaque fois, on se fait avoir avec ton argument de la paix. La ficelle est trop grosse ! »

Le problème de la paix, aujourd'hui, c'est qu'on ne perçoit la guerre qu'à travers des écrans. Entre les images des films de fiction, des reportages de guerre et nous, il y a des écrans. Si épouvantables que soient les images qui défilent, si bouleversantes ou traumatisantes soient-elles, entre elles et nous, il y a un écran qui leur ôte l'essentiel de leur réalité. On croit qu'il y a deux mondes étanches l'un à l'autre, de part et d'autre de l'écran. La guerre est un ailleurs, donc la question de la paix n'est pas d'actualité. Tout ce qui ronge la charpente de la paix – les nationalismes, les dictatures, les théocraties, les séparatismes, les radicaux de toutes les causes – fait l'objet de débats pour ou contre, à l'issue desquels la médaille de l'originalité et de l'intelligence paradoxale revient plutôt à ceux qui sont pour. Ceux qui sont contre n'ont recours qu'à la logique, ce qui est à la fois banal et facile.

Si la paix était aimée, nos dirigeants politiques seraient traités avec davantage de considération. Du de Gaulle de la Libération jusqu'à Emmanuel Macron, tous nos chefs d'État, quoi qu'on pense des uns ou des autres, ont contribué à l'établissement de la paix en Europe. Les derniers en date ont d'autant plus de mérite qu'ils ont l'impression que ça n'intéresse personne. Quand on leur exprime nos critiques, si l'on était juste, on s'entendrait pour y ajouter la considération que mérite leur détermination à maintenir la paix. La politesse est un élément central du système nerveux démocratique. Le maintien de la paix la justifie. À l'inverse, celui qui ne met pas la paix en haut de ce qui justifie son pouvoir ne devrait espérer aucune politesse. Tous les moyens sont bons pour s'en débarrasser.

Rappelons que la guerre, ce n'est jamais ce que l'on croit, c'est toujours pire, et jamais quand on croit, c'est toujours plus tôt que prévu. La guerre, c'est la porte défoncée et l'horreur qui commence, avec ceux qu'on aime torturés à mort devant nos yeux, avec la terreur, la faim, la soif, la panique, avec, d'une seconde à l'autre, toutes sortes de douleurs physiques et morales sans aucune limite, avec parfois, juste avant de mourir, dans un flash, l'image du vert paradis de la vie d'avant, le paradis de la paix, de cette paix qu'aujourd'hui on balaye d'un revers de main quand on nous dit d'y penser. Ô mémoire hémiplégique, si seulement tu pouvais te souvenir du futur...

PAPE

Chef de l'État du Vatican et de l'Église catholique. Le premier pape fut saint Pierre. L'histoire est étrange. On connaît les paroles du Christ : « Tu es Pierre et sur cette pierre je bâtirai mon église. » Ça ressemble un peu à une blague. L'apôtre se serait appelé Marcel, personne n'aurait cru que sur ce marcel Jésus construirait une église. Jésus, en bon showman, ne l'a-t-il désigné que parce qu'il s'appelait Pierre et que ça faisait fonctionner le jeu de mots ?

La question se pose sérieusement cependant, car pendant la Passion, Jésus, qui apparemment connaît les limites de Pierre, le prévient : « Avant que le coq ne chante, tu m'auras renié trois fois. » C'est donc en toute connaissance de cause que Jésus fait son héritier de celui qui, par trois fois, le reniera. L'histoire démarre curieusement, et c'est peut-être une des raisons de la fortune du christianisme : il intègre les contradictions les plus énormes dans son dogme, la plus stupéfiante étant le

Dieu en croix, consubstantiel à son Père, auquel il demande pourquoi il l'a abandonné. Dieu peut-il se reprocher à lui-même de l'avoir abandonné ? Non, évidemment, sauf dans le christianisme, lequel, sachant que peu de monde s'y précipitera, ouvre la porte à l'athéisme.

Pierre eut une suite ininterrompue de successeurs qui, fidèles à sa tradition, renièrent tous plus ou moins, avec une grande désinvolture, les vérités de l'Évangile. S'il est « plus facile à un chameau de passer par le chas d'une aiguille qu'à un riche de pénétrer dans le royaume des cieux », ça n'a pas empêché les papes de cultiver une puissance et une richesse à faire rêver tous les renégats.

Bien que dépositaire du jugement divin sur Terre, les papes n'en sont pas moins hommes. Tous ne se valent pas. Certains ont sauvé l'honneur. Parfois un peu tardivement, comme Jean-Paul II, qui a fini par reconnaître en 1990 que l'Église avait eu tort de condamner Galilée en 1633. Par chance, entre-temps, ça n'a pas empêché la Terre de tourner autour du Soleil.

Dans ce dictionnaire dont l'objet n'est pas de tresser des lauriers aux clergés quels qu'ils soient, il faut pourtant citer un pape qui s'est vigoureusement détourné du dogme pour faire droit à la réalité. Jean XXIII, dont le pontificat succède à celui qui a vu l'extermination des Juifs d'Europe, a interdit, lors du concile Vatican II, que l'on considère désormais que les Juifs soient tenus pour responsables de la mort du Christ. Cette décision est lourde de conséquences théologiques, parce qu'elle contredit frontalement le récit des Évangiles dans lesquels le personnage de Judas fournit la base de l'antisémitisme et où Ponce Pilate, désormais seul coupable, n'a plus aucune raison de se laver les mains ! Déjà à l'époque, l'accusation des Juifs sentait bon la propagande. Il était évident que c'étaient les Romains qui, dans une Palestine rebelle qu'ils occupaient militairement, décidaient qui serait ou non crucifié. Jean XXIII est le pape qui a fait de l'antisémitisme un péché. On aimerait pouvoir en dire autant de toutes les religions.

Le début du XXIe siècle a vu l'arrivée d'un pape « sympa ». Tout le monde aime bien le pape François. Il aime les pauvres, il est un peu rétif à l'idée que les homosexuels se marient, mais ça ne l'empêche pas de dormir, il est contre la méchante mondialisation et pour la gentille écologie, il préfère l'Amérique du Sud à l'Amérique du Nord, l'Afrique à l'Europe, bref, il réunit à peu près toutes les qualités requises pour avoir des bons papiers dans *Le Monde* et trois petits bonshommes qui sourient dans *Télérama*. Mais ne nous y trompons pas, sous son sourire et sa bonhomie, François est un digne successeur de Pierre, le saint patron des renégats. Le 15 janvier 2015, *le jour même* de l'attentat de *Charlie*, à propos duquel il est interrogé par des journalistes dans un avion qui l'emmène à Manille, le pape répond qu'il comprend les terroristes. « Si un grand ami parle mal de ma mère, dit-il [sa mère l'Église, évidemment], il peut s'attendre à un coup de poing, et c'est normal. » L'assassinat des journalistes de *Charlie* n'est donc qu'un coup de poing légitimé par une offense. Réponse digne de saint Pierre, lequel, quand on lui a demandé s'il était ami avec le Christ, a répondu qu'il n'en avait jamais entendu parler.

RADICALISATION
RELIGION
RÉSEAUX SOCIAUX
RÉSILIENCE

R

RADICALISATION

Trouble psychologique, beaucoup plus fréquent qu'on ne pense, qui atteint les croyants qui n'ont pas vraiment la foi. Je décide d'être croyant, d'adhérer à un dogme religieux ou autre. J'ai envie d'en être, je me plie à l'initiation, j'apprends les mots et les gestes, je respecte scrupuleusement les règles de ma croyance, mais, au fond de moi, le miracle ne s'accomplit pas. Je ne ressens pas la tranquillité que confère la certitude que l'objet de ma croyance existe vraiment, et que j'existe à ses yeux. Alors pour essayer de prouver que ce à quoi je crois est une réalité divine indiscutable, je condamne à mort les apostats et les infidèles.

C'est en accumulant les morts que je prouve que ma foi est une chose sérieuse. J'essaie de prouver que mon Dieu existe en supprimant ceux qui pensent qu'il n'existe pas. Quand il ne restera plus que des individus comme moi, prêts à user de la force physique pour dissimuler la faiblesse de leur foi, peut-être que le miracle se produira enfin, et que je serai un vrai croyant parmi les vrais croyants.

Il semble évident qu'une personne que les rituels religieux apaisent et qui croit, sans trop s'interroger sur la profondeur de sa foi, que le monde est régi par une divinité bienveillante, n'a aucun besoin de tuer qui que ce soit pour prouver que Dieu est grand. Elle n'a nul besoin non plus de voir le monde entier suivre son rituel. Le vrai croyant a quelque chose de l'ermite. Celui qui prêche cherche déjà à se convaincre en perturbant son prochain.

C'est seulement lorsque son adhésion à la croyance entre en conflit avec une secrète absence de foi que le religieux (ou le politique) se radicalise. Le radicalisé est un individu qui ne tolère pas le monde sans un Dieu (ou un idéal) auquel il n'arrive pas vraiment à croire.

Il semble bien hasardeux de vouloir déradicaliser un individu. En effet, il n'y a que deux voies également escarpées : lui faire admettre qu'il serait meilleur pour lui de renoncer à Dieu, ou bien lui prouver une bonne fois pour toutes que son Dieu existe, qu'il peut désormais dormir tranquille et nous foutre la paix.

La première voie a peu de chances d'aboutir. Pour la seconde, je ne pense pas qu'il existe, à l'heure actuelle, de psycho-sociologues en mesure de fournir les preuves irréfutables de l'existence de Dieu (ou d'un quelconque idéal) à des croyants dont la foi ressemble à celle des enfants au moment où ils s'accrochent encore à l'existence du Père Noël, bien qu'ils connaissent déjà l'existence de la carte Bleue.

Molière, dans *Le Tartuffe*, a dressé le portrait définitif du radicalisé. Si Molière a pu démasquer le faux dévot sans trop être accusé de stigmatiser les vrais, c'est qu'à l'époque la quasi-totalité de la population était chrétienne. Aujourd'hui, les radicalisés sont généralement issus de l'immigration, et c'est faire insulte à l'ensemble d'une minorité opprimée que de démasquer l'un des siens. C'est du moins ce que prétendent les psycho-sociologues, aussi impuissants à affirmer l'absence de Dieu qu'à prouver qu'il existe.

Jusqu'à maintenant, seuls l'attentat suicide ou la mort dans une fusillade ont délivré les radicalisés des tourments du faux dévot. On ne connaît guère d'exemples de radicalisés qui se sont sincèrement convertis à la réalité. Après l'ivresse et l'adrénaline d'une course folle en marche arrière, les petits pas en avant vers le réel leur semblent fades et laborieux.

Après la plupart des attentats, on nous informe que le terroriste est un petit délinquant, avec un casier judiciaire où l'on ne trouve que quelques bagarres, des vols, du trafic de drogue... Puis on apprend qu'il est un radicalisé de fraîche date, qu'il a rencontré la religion récemment, en prison, ou sur Internet, ou dans la mosquée du coin. Il est intéressant de remarquer que, tant qu'il n'avait pas rencontré Dieu (ou l'idéal), il se contentait de commettre des délits relevant du tribunal correctionnel. Ce n'est qu'une fois devenu « croyant » qu'il passe au terrorisme, généralement après quelques semaines ou quelques mois. C'est donc bel et bien la religion qui transforme le petit délinquant en terroriste, alors même que les commentaires qui fleurissent après un attentat tentent toujours de minimiser le rôle de la religion (il n'était converti que depuis peu, donc la religion n'a rien à voir là-dedans). La plupart des terroristes sont des grenades goupillées que la religion a dégoupillées et lancées dans la foule.

Nous payons cher ce « biais interprétatif », comme on désigne les erreurs que la puissance d'une partie de l'opinion fait faire aux gouvernants. Il a fait perdre un temps précieux dans la guerre que les bigots de toute sorte ont déclarée à la société laïque.

La question de savoir si un radicalisé est récupérable pour lui-même et pour les autres est ouverte, et sans doute encore pour un moment... Mais la vraie question n'est pas là. Qu'avons-nous oublié de faire pour que, dans nos sociétés constitutionnelles et pluralistes, tous les jours, il puisse se lever un assassin qui tue des gens au hasard parce que Dieu est grand ? Il est urgent de trouver la réponse, sinon la génération suivante va faire pareil, en pire. Que doivent donc leur transmettre leurs parents et leur apprendre leurs enseignants pour que les enfants préfèrent vivre heureux que mourir en martyrs ? Bien que la réponse soit moins compliquée qu'on ne pense – en tout cas, moins que la déradicalisation d'un djihadiste –, étrangement, elle ne manquera pas de susciter les débats les plus rudes des temps qui viennent.

Enfin, si nous avons mis tant de temps à prendre conscience que la radicalisation posait un problème, c'est qu'il existe en France un respectable courant de pensée, généralement de gauche, qui refuse de condamner la Terreur de 1793. Dans la Révolution, tout est bon par principe, et il faut y prendre tout, sauf à être un mauvais Français. Il y a en France un goût historique pour la Terreur qui ne va pas sans une certaine sympathie pour l'idée qu'on puisse commettre des crimes de masse pour défendre une cause. Certes, même ceux qui, aujourd'hui, se sentent moins les héritiers de la Déclaration des droits de l'homme et du citoyen de 1789 que du Comité de salut public de 1793 ont condamné fermement les attentats commis par des radicalisés. Mais ils n'ont pas manqué de suggérer que la société attaquée par les terroristes avait quand même tout fait pour les énerver. On a même entendu Jean-Luc Mélenchon affirmer que les attentats islamistes étaient des manœuvres du *système* pour fausser le résultat des élections.

Dans les démocratiques laïques, c'est sur le fumier de cette complicité politique que prospère la radicalisation.

RELIGION

Artifice qui consiste à humaniser la nature pour en déduire des règles, des lois et des rituels. Une des premières tâches des religions est d'assigner des rôles en fonction du sexe. À la femme et à l'homme, elle substitue le père et la mère. Le rôle de la mère est centré sur sa fonction naturelle qui est l'élevage et la reproduction de l'espèce, celui du père est d'exercer l'autorité pour assurer la pérennité de l'ordre naturel. En résumé, la mère c'est la nature, le père c'est la loi. Si la mère fait les croyants, le père fait les pratiquants.

Les religions sont, selon Freud, des illusions à distinguer des illusions personnelles : « Mes illusions – outre qu'aucun châtiment ne menace qui ne les partage pas – ne sont pas, comme les illusions religieuses impossibles à corriger ; elles ne possèdent pas un caractère délirant. »

L'adversaire mortel des religions est la liberté de pensée. En exerçant la critique sur les absurdités des religions et leur absence de fondement (miracles, vie éternelle, lois transcendantes, contradictions grossières dont fourmillent les textes canoniques, etc.), on échappe aux fables pour jouir de la liberté d'appréhender la réalité non pour ce qu'elle signifie – puisqu'elle ne signifie rien – mais pour ce qu'elle est.

On pourrait croire qu'étant donné l'absurdité des dogmes, la liberté de pensée a la tâche facile. Mais ça n'est pas le cas, car la foi ne découle pas de l'observation de phénomènes farfelus dont personne n'a jamais vu la queue, mais du désir qu'ils existent. Or, sommes-nous autre chose que ce que nous désirons ? Comme le note Spinoza, tout ce qui nous apparaît utile pour persévérer dans notre être est bon à prendre. Que cela existe ou non n'est même pas un détail. Le désir emporte toujours tout sur son passage, y compris – et surtout – les notions de vraisemblance, de vérité et de mensonge.

Le religieux est un molosse dont la férocité est décuplée par le fait que l'os qu'il prétend ronger n'existe pas. Il grogne et menace toute personne qui s'approcherait pour lui voler un trésor d'autant plus précieux qu'il lui manque. C'est le principe même du désir qui s'accroît en proportion de l'éloignement de son objet, comme Corneille le note avec malice : « Et le désir s'accroît quand l'effet se recule » (*Polyeucte*).

L'aspect spectaculaire des contraintes religieuses – tenues vestimentaires, régime alimentaire, rituels contraignants, répression des apostats, etc. – est un paravent de réalités répressives qui dissimule le néant qui se cache derrière.

Si Dieu existait, les religions seraient des clubs de rencontre où l'on cultiverait la joie de vivre entre amis. Les religions sont l'exemple type de la démocratie participative. Elles fonctionnent sans chef manifeste, mais en se référant à la logique d'une raison supérieure dont elles supposent qu'elles sont l'émanation. Comme toute démocratie participative, la religion produit impunément des aberrations et des conflits qui ne trouvent leur légitimité que dans le désir qu'on en a. Sa devise est : le monde est ainsi, parce que je le veux.

Le XVIIIe siècle philosophe s'est courageusement attaqué aux religions. Tout le *Dictionnaire philosophique portatif* de Voltaire vise à les ridiculiser, sans pour autant nier la réalité de ce qui les inspire, à savoir un Grand Horloger qui règle l'univers. Rousseau pensait sans doute que l'humanité y gagnerait si elle remplaçait le Dieu des religions par la Nature. Mais c'est remplacer l'identique par le même. À quoi bon ? La même cause – Dieu ou la nature – produit toujours les mêmes effets : la religion ou l'idéologie qui est une tentative de recycler la loi naturelle

La tolérance nous enseigne qu'il faut admettre que certaines personnes ont besoin de la religion pour ne pas tomber dans le désespoir ou le nihilisme. Ces mêmes personnes, qu'une foi secourable aide à vivre, ne sont, potentiellement, ni pires ni meilleures que les athées. C'est dans les fissures de leurs dogmes qu'ont fini par fleurir les libertés d'aujourd'hui, et les athées, pas plus que les croyants, ne ressentent le besoin de raser les cathédrales et de mettre la musique de Jean-Sébastien Bach à l'index. Il existe des croyants, et même des autorités religieuses, dont la bienveillance repose sur l'humour, avec lequel ils postulent une divinité dont ils admettent sagement qu'elle est inconcevable. En conséquence, ils peuvent s'accorder avec les incroyants pour lesquels la réalité n'a ni cause ni but déterminés et qui n'ont pas besoin de Dieu pour rendre grâce d'être en vie.

Évidemment, le danger est toujours là. Il se peut que leur folie se réveille quand ils sentent que l'ordre naturel est par trop menacé. Alors, ils se mettent à défiler contre le mariage homosexuel, contre l'avortement ou les vaccins.

C'est là qu'achoppent la plupart des critiques des religions. Elles hésitent à attaquer le noyau dur qu'est la divinité elle-même. C'est pourtant par là que tout commence toujours, et que tout recommence, et que tout finit par dérailler. C'est l'idée même de Dieu, plus encore que les religions, qui donne aux fanatiques l'énergie d'instaurer la barbarie, d'aller s'occuper des affaires des autres, de demander des comptes à ceux qui n'en tiennent pas, et, finalement, de piétiner la liberté humaine.

Bien plus qu'aux religions, auxquelles on peut prêter la vertu des refuges pour âmes abandonnés, c'est au Dieu que les hommes s'inventent que l'on doit leur entêtement à vouloir imiter une *nature divine* en sanctionnant tout ce qui n'obéit pas à ses critères. Le Dieu des hommes d'une certaine origine ordonne de massacrer ceux d'une autre région. Le Dieu des frustrés veut que les femmes soient soumises. Le Dieu des hétérosexuels veut que les homosexuels soient condamnés. Le Dieu des petits veut le raccourcissement des grands. Le Dieu des grands veut l'écrasement des petits. Le Dieu des moyens en veut à tout le monde. Le Dieu des radins veut supprimer la misère avec l'argent des autres, en en prélevant un peu au passage pour ses frais d'organisation. D'ailleurs, c'est le point commun de tous ces dieux qui n'en font qu'un, ils sont tous radins, et tous préconisent une frugalité qui recommande de se satisfaire de ce qui est gratuit : une prière, un bol de soupe, un viol et une bonne nuit. Évidemment, les religions aménagent quelques dérogations pour la catégorie de la population qui joue les intermédiaires entre Dieu et les mortels. C'est à ces dérogations que l'on doit les grands artistes dont les intermédiaires achetaient les services. On croit que les religions sont décadentes lorsqu'elles admettent des dérogations. C'est évidemment l'inverse. Les religions qui imposent la piété la plus pure empêchent systématiquement l'épanouissement de la science, des arts, de l'éducation de tous, et elles engendrent une décadence fatale de la société. C'est ce qui est arrivé à l'islam. C'est lorsqu'elles s'éloignent de Dieu – au point de tolérer que les hommes le concurrencent en étant eux-mêmes les créateurs du monde où ils vivent – qu'on voit apparaître les poètes et les savants. En revanche, c'est à mesure que les religions se rapprochent de Dieu que les livres brûlent et que disparaissent les poètes et les savants. La religion est le modulateur des fréquences de transmission entre l'homme et Dieu. C'est-à-dire entre l'homme et rien. Et plus la religion transmet avec sévérité le néant de ce rien, plus l'homme se transforme en souffre-douleur d'un clergé sadique.

Dans le délire religieux, la religion est seconde parce que c'est elle qui impose l'idée de Dieu, mais c'est l'idée de Dieu qui est première et qui inspire les religions.

Nous sommes les héritiers de ce XVIIIe siècle, où la tendance a été de contester la religion en lui opposant le culte de la nature. Le culte de l'Être suprême que voulait instituer Robespierre est la tentative avortée de remplacer l'une par l'autre. Comme si la religion, qui ne repose sur rien, pouvait progresser en nommant le rien autrement. C'était remplacer bio bonnet par bonnet bio.

L'échec de Robespierre n'est pas resté sans suite. Bien que le XIXe et le XXe siècle aient porté en France des coups sévères à la tyrannie des religions, l'idée de Dieu s'est repliée dans la religion naturelle dont les écologistes naturalistes sont l'effrayant clergé. Sans surprise, comme tous les religieux, ils prétendent fixer les règles de l'habitat, de l'alimentation, des allées et venues, des pratiques domestiques, et de l'éducation des enfants.

Il y a deux écoles philosophiques. L'une postule un ordre naturel qui implique une volonté de la nature à être ce qu'elle est, l'autre postule que cette volonté de la nature est une pure fable. C'est aux combats de la seconde contre la première que nous devons nos fragiles libertés.

Si la pulsion religieuse est si forte, c'est qu'elle répond à deux désirs distincts. L'un, délirant, est d'être justifié par une volonté transcendante. L'autre, plus compréhensible, est de baliser sa vie avec des rituels, religieux ou non.

Par exemple, fêter Pâques ou Noël, retourner tous les ans voir une chapelle romane perchée sur une colline au milieu des champs, souhaiter des anniversaires, se faire deux cafés avant de se mettre au travail, lire un journal en commençant par les dernières pages, remplir un stylo avec une certaine encre, enfiler une vieille robe de chambre, comme Diderot le faisait, pour affronter la page blanche... Les rituels sont l'artifice d'un ordre bienfaisant, mais qui ont conscience d'être un artifice, un doux délire, l'équivalent des doudous des enfants. Ils aident à s'éveiller ou à s'endormir. Ils agissent comme une drogue légère qui rend moins angoissante la plongée quotidienne dans les bonnes ou mauvaises surprises de la vie. Qu'ils soient ou non connotés religieusement n'a pas d'importance. Il y a des athées qui, dans certaines circonstances, ont recours à une prière qui d'ordinaire s'adresse à Dieu, comme le Cantique des créatures de François d'Assise, mais qui, dans leur cas, est une manière de rendre grâce d'être en vie.

Que la religion soit une prison intellectuelle édifiée sur une idée aberrante n'évacue en aucune façon la question de la grâce. La grâce, qui est un état provoqué par le rapport qu'on entretient parfois avec une pure réalité, s'offre à nos sens en de nombreuses circonstances. L'absence de Dieu, au contraire de l'idée commune, démultiplie le désir d'accéder à la grâce, car elle seule justifie que l'on vive. Qu'elle se manifeste au détour d'un paysage, d'une musique, d'un ciel étoilé entre deux cyprès, d'un jeu d'acteur, d'une forme d'objet, d'un animal sauvage surpris par des phares de voiture, d'une chanson, d'une conversation philosophique, d'un dîner entre amis ou d'une preuve d'amour inattendue, la grâce est toujours imprévisible et impose à l'homme sans Dieu de s'efforcer d'être toujours prêt à l'accueillir. Elle est l'autre nom de l'humour, lequel, comme la grâce, est l'art de rire de ce qui n'a pas de sens. Le crime capital des religions, c'est de dissocier l'humour de la grâce. Les religions condamnent l'humour car il permet de goûter à une grâce dont elles réservent l'exclusivité à l'autre monde. L'humour empoisonne les religions, et les religions, qui en ont pleinement conscience, n'hésitent pas à le punir de mort.

« Que me reste-t-il à faire de ma vie et du monde si le ciel est vide et que je suis privé de la religion ? demande le croyant en se tordant les mains. – En rire, répond l'athée, du rire du Dieu farceur qui regarde le monde entre deux nuages. »

RÉSEAUX SOCIAUX

Système numérique dont les possibilités quasi infinies d'arborescences offrent à l'utilisateur une méthode nouvelle pour juger du vrai et du faux, du bon et du mauvais, du clair et de l'obscur. Finies, l'observation et l'analyse, méthodes laborieuses qui demandent de lourds efforts de concentration. Il y a des petits compteurs sous le texte, et c'est le chiffre le plus élevé qui détermine sa validité de l'idée émise. À l'effort intellectuel s'est substituée la loterie. On comprend le succès planétaire. Beaucoup jugent réactionnaire de mettre en garde contre un système qui permet de poster la photo de la galette-saucisse qu'on est en train de manger à Quimper... Le problème n'est pas vraiment là. Encore que... on peut se demander à quelle pulsion correspond l'acte de prendre en photo et de diffuser ce que l'on est en train de manger...

Mais on ne poste pas que des galettes-saucisses ou des pêches Melba avec leurs petites ombrelles en papier. Et surtout, on ne fait pas que poster. On dialogue, on s'interpelle, on se juge, on s'informe les uns les autres.

L'impact des réseaux sociaux, l'étude de leurs contenus et de leurs conséquences sont désormais au cœur de nombreuses réflexions qui nourrissent des dizaines de volumes, voire des centaines. Il n'est pas question ici de prétendre apporter de nouvelles informations sur le sujet. Tout a été dit. On sait tout ce qu'il faut savoir. Il s'agit plutôt d'en tirer les conclusions pratiques. Mais avant d'en arriver là, quelques rappels.

Souvent, dans notre histoire, quand monte un péril, il se trouve d'excellents analystes pour prévenir que si l'on n'en bloque pas l'ascension, la catastrophe sera inéluctable. Par exemple, pendant le long processus de radicalisation au sein de l'islam, qui commence avec Khomeyni en 1979 pour devenir ce qu'il est aujourd'hui, il s'est trouvé des intellectuels européens et musulmans pour en dénoncer la menace. Non seulement on ne les a pas écoutés, mais ils ont été exilés de la société intellectuelle. Aujourd'hui, comme ils l'avaient prévu, on vit dans une société démocratique régulièrement frappée par un terrorisme islamique dont elle est la cible principale. Qu'importe ! Ceux qui avouent s'être trompés sont nettement plus rares que ceux qui persistent dans ce qui n'est plus une erreur, mais une faute.

Il en va de même avec les réseaux sociaux. *Grosso modo*, la plupart d'entre nous sont capables de mesurer l'énormité du problème et sa progression constante, mais on attend de voir. Ici non plus, il ne s'agit pas d'une erreur mais d'une faute.

On croit savoir, depuis Paul Valéry, que les civilisations sont mortelles. L'histoire semble lui donner raison (voir à ce sujet l'entrée « Europe »). Pourtant, depuis l'Antiquité, la civilisation européenne s'accroche. Elle est toujours là au Moyen Âge, où l'on continue d'étudier les textes de la Bible, de Platon et d'Aristote. Elle est rescapée de la Shoah et du nazisme, lequel n'était rien d'autre qu'un gigantesque attentat terroriste contre la culture européenne.

Il est probable qu'aucune des civilisations disparues auxquelles pense Valéry n'a subi autant de ruines d'empires, d'invasions et de guerres que la nôtre. À tel point qu'on est en droit de se demander à quoi tient son génie de la survie.

À moins de refuser de voir la continuité entre Homère et Shakespeare, entre la Bible et Racine, entre Pythagore et Einstein, entre Lucrèce et Darwin, entre Phidias et Michel-Ange, entre le fameux discours de Périclès aux Athéniens il y a 2 450 ans et celui de Churchill aux Anglais en 1940, on doit admettre qu'il existe des principes vitaux de la civilisation européenne qui, comme le Phœnix, meurent dans les ténèbres et renaissent à l'aube.

S'il est difficile et hasardeux de tenter d'énumérer ces principes vitaux, il en est un auquel il faut s'arrêter, parce qu'il est au cœur de la tourmente provoquée par la révolution des réseaux sociaux.

Nous sommes les heureux légataires d'une philosophie politique qui, dès ses premiers balbutiements, s'est posé une question très complexe, laquelle, pour ce qu'on en sait, n'a guère passionné les autres civilisations. Dès l'Antiquité, il s'est trouvé des philosophes et des scientifiques (ils étaient souvent les deux) pour mettre en discussion la perception de la réalité, et la relation avec la nature et les divinités. Bien qu'ils aient été nombreux à prêter un sens à l'existence des choses, il s'en est toujours trouvé d'autres pour les contredire et semer un doute. À ceux qui promettaient la récompense d'une vie après la mort, ils répondaient que le plus sage était d'exister de façon satisfaisante tant qu'on est en vie. Dans la philosophie de la civilisation européenne, il y a, sous mille formes différentes, parfois même religieuses, ce souci de revenir à la réalité tangible, et à l'effort intellectuel nécessaire pour la percevoir pour ce qu'elle est, et non pas pour ce que l'on croit qu'elle est.

L'invention du théâtre grec, où des acteurs *figuraient* les crimes, a fini par l'emporter sur les autels où l'on égorgeait des vierges. Cet art de la représentation des choses au terme de laquelle les morts et leurs assassins se tiennent par la main pour saluer sous les applaudissements du public, ce génie de la fiction qui s'assume comme fiction, témoigne de la reconnaissance d'une condition humaine et d'une légitimité communes. Ce principe n'a pas toujours été le plus partagé, loin s'en faut, mais en ne cessant jamais d'animer un débat de fond, il a fait vivre la civilisation européenne.

La prise en compte de la réalité de l'autre a inspiré toutes les grandes lois émancipatrices – écrites ou coutumières – de la civilisation qu'on appelle « judéo-chrétienne » – bien qu'elle soit plutôt judéo-grecque – si l'on admet que le christianisme est le produit d'une hybridation de la philosophie grecque et de la pensée juive. Elle n'a jamais cessé de chercher à prouver non pas tant que Dieu existe, mais que l'*autre* existe. Descartes fit l'expérience de douter de tout pour pouvoir énoncer le fameux « Je pense donc je suis ». Chacun, doté de la conviction d'exister parce qu'il pense, est bien obligé de vivre avec l'idée qu'il n'est pas le seul, et que l'autre *est*. Sauf à considérer que l'autre est une illusion, ce qui a été envisagé, mais n'enlève rien à la conscience qu'il faut bien vivre avec l'autre et lui supposer les mêmes droits qu'à soi pour vivre en paix avec lui, fût-il une illusion, ou comme le suggère plus poétiquement Shakespeare, un rêve.

Il existe un effort philosophique qui traverse les siècles et dont le but est de conférer au corps, le mien et celui de l'autre, la réalité la plus concrète possible. La médecine est le produit de cet effort. Sans lui, nous en serions encore à pratiquer la magie pour exorciser le corps qui abrite le mal. L'abandon d'intuitions métaphysiques au profit d'une médecine expérimentale est l'expression de cette attention – parfaitement antinaturelle mais absolument culturelle – portée à la réalité de l'autre. Plus récemment, les institutions de régulation des conflits internationaux et la construction européenne rêvées par Jean Monnet relèvent de ce même souci de considérer avec la même déférence sa propre vie et celle d'*autrui*. Ce principe a transcendé même les religions chrétiennes et juives, dans lesquelles on en trouve l'empreinte constante, parfois pour s'y opposer, mais parfois aussi pour finir par l'intégrer dans leur doctrine…

On pourrait dire de la civilisation européenne qu'elle n'évolue qu'à mesure que devient toujours plus concrète la réalité de l'autre. L'histoire des femmes en est l'illustration frappante. Pendant des siècles, elles ont été confondues avec leurs statuts, qui sont des abstractions : mère, épouse, maîtresse, vierge, putain. Au mépris des risques qu'elles encouraient, depuis le « siècle de Périclès », des femmes – et quelques hommes avec elles – n'ont cessé de protester contre leur réduction à des abstractions. Si elles ont fini par trouver un écho, c'est qu'elles se sont appuyées sur cette philosophie de l'altérité pour dénoncer la contradiction de cette réduction lorsqu'elle s'accommode de l'idée qu'une moitié de l'humanité peut dominer l'autre en raison d'idées abstraites. Si aujourd'hui les choses ont considérablement évolué, c'est que la réalité de l'*être femme* ne peut plus être ignorée, et qu'elle ne saurait être, en droit, distinguée de l'*être homme*. L'évidence s'en est culturellement répandue, la loi a été modifiée en conséquence, et si le chantier n'est pas achevé, il a d'ores et déjà profondément modifié le paysage anthropologique. Autrui n'est pas l'abstraction de sa sexualité, de son origine, de ses opinions, de sa religion, de ses infirmités, de son âge, mais d'abord un être de chair dont la légitimité à vivre est identique à la mienne. C'est sans doute cette idée-là, parce qu'elle ne cesse de hanter la culture européenne et s'exprime dans le principe des droits humains universels, qui est son élixir de longue vie. Pour ce que l'on sait des autres civilisations, elles ont établi leur puissance sur des théologies dont découlait un ordre totalitaire où les individus étaient des abstractions au service de la pérennité du pouvoir. Mais comme les dieux éternels durent moins longtemps que la réalité humaine, quand les premiers subirent une décadence ou une intrusion du monde extérieur, la seconde ne s'est pas battue pour les maintenir en vie. Les civilisations suivent peut-être, à leur manière, les lois de Darwin. La plus perfectionnée entraîne la disparition de la plus simple.

Encore faut-il s'entendre sur le qualificatif « perfectionné ». Il ne s'agit pas d'une somme de valeurs morales, mais d'attributs qui lui confèrent une meilleure potentialité de survie. Si, malgré les innombrables catastrophes qui jalonnent son histoire, la civilisation européenne ne s'est pas effondrée, c'est qu'elle repose moins sur des théologies locales sujettes à l'usure du temps que sur la conscience culturelle de la réalité existentielle des individus.

Pour la première fois de son histoire, la culture européenne est menacée de disparition. Le détournement de l'usage d'Internet par les réseaux sociaux est sans aucun doute un tournant historique. On a mis sur le marché ces machines de guerre sans réfléchir une seconde aux conséquences sur la vie sociale et culturelle. C'est comme si, après avoir inventé la bombe atomique, on s'était empressé de la distribuer à tout le monde au prétexte qu'il y avait un marché.

Étrangement, et malheureusement, ce n'est pas la droite, mais la gauche antilibérale qui défend le plus âprement cette soumission à la dictature d'un certain marché. La raison en est simple. Elle y trouve un outil de propagande parfaitement adapté à la paranoïa qui l'inspire. Il suffit de faire l'expérience de dénoncer les réseaux sociaux et d'observer d'où viennent les insultes, les condamnations et les menaces. Essentiellement de l'extrême gauche et de l'extrême droite. Dis-moi qui tu hantes...

Ce n'est pas un hasard si les réseaux sociaux sont le catalyseur de la radicalisation et du passage au terrorisme. La police ne s'y trompe pas. La première chose qu'elle fait après un attentat, c'est d'aller fouiller dans les ordinateurs des suspects. Le terrorisme et les réseaux sociaux s'appuient sur le même principe fondamental. Pour le terroriste comme pour l'utilisateur des réseaux sociaux, *autrui*, après tant de siècles d'efforts intellectuels pour mettre en lumière sa réalité concrète, redevient brutalement une abstraction.

Il suffit d'observer à quoi servent les réseaux sociaux au niveau mondial et au niveau individuel. Au niveau mondial, à fragiliser les démocraties pluralistes en biaisant leurs consultations électorales au profit de courants extrémistes. On l'a vu avec le Brexit et l'élection de Trump, voies d'eau que l'arche européenne n'a pas fini d'écoper. Au niveau individuel, à la prolifération de contrevérités qui témoignent d'un mépris grandissant pour une réalité qui n'a même plus le statut d'argument. Or, – faut-il rappeler ce détail ? – *autrui* fait partie intégrante de cette réalité qui n'a plus d'importance, et – détail supplémentaire – chacun d'entre nous est l'*autrui* d'un autre.

Les réseaux sociaux ne sont pas le cancer de la démocratie, ils en sont la maladie d'Alzheimer. Ils coupent le fil entre les mots et les choses. *Autrui* disparaît derrière deux écrans. L'écran de celui qui s'adresse à lui, et celui devant lequel il reçoit le message. Il est une abstraction qui se confond avec une multitude d'*utilisateurs*. Pour avoir l'illusion d'avoir un effet sur cette abstraction, il faut laisser se déchaîner les pulsions les plus tonitruantes. Si, au XVIIᵉ siècle, Mᵐᵉ de Sévigné écrivait de sa plus belle écriture, dans une lettre à sa fille, « je suis bien loin d'abonder dans mon sens », ce temps est révolu. Aujourd'hui Cosmos 12 poste à Keren des Pommes : « Si t'abondes pas dans mon sens, je vais venir abonder dans ton cul. »

Au procès des persécuteurs de Mila (voir l'entrée « Mila »), il était difficile de mettre en doute la sincérité des prévenus quand ils disaient prétendre ne pas avoir conscience de la gravité de leurs actes. Quand on tapote sur un clavier des insultes, des menaces de mort, de viol, de torture, d'humiliation, entraîné par des dizaines d'autres qui tapotent les mêmes incitations au crime, le tout sous pseudonyme, comment se sentir responsable de son acte au moment où on le commet ? Personne ne leur verse un seau d'eau glacée sur la tête pour qu'ils redescendent sur terre et comprennent que celle à laquelle on adresse ces menaces est une personne de chair, de nerfs, de cœur, avec des vagues de peur, de doute, d'angoisse et de tristesse qui viennent battre le petit bateau de sa joie de vivre ?

La peur fondamentale de l'*utilisateur* qui passe son temps à *compter ses amis* et qui tambourine n'importe quoi sur son clavier pour attirer leur attention et augmenter leur nombre, c'est celle de la solitude. Ils sont prêts à dire n'importe quoi pour augmenter la chaleur du troupeau numérique. Hélas, comme il est virtuel, sa chaleur l'est aussi, et sa démesure virtuelle (j'ai trois mille amis, ou trois cent mille...) ne réussit jamais à compenser son absence de réalité. Plus elle brille par son absence, plus augmente la frustration, et plus on tapote n'importe quoi pour conjurer la solitude. Pourtant, ce n'est que dans la solitude, et le dialogue que l'on y entretient avec soi-même, qu'on mesure la valeur d'autrui. Sans ce consentement à la solitude, où l'on apprend à se contenter de soi-même pour n'être ni le tyran de l'autre ni sa victime, l'idée même de la liberté est inimaginable. Prisonnier derrière son écran, l'utilisateur expérimente une autre solitude, infiniment plus insupportable, et qui consiste à vivre avec des gens qui n'existent pas plus qu'on existe pour eux.

Sur les réseaux sociaux, les individus sont réduits au profil abstrait que leurs pulsions narcissiques immédiates dessinent. Loin de vouloir gagner en réalité, l'*être utilisateur* poursuit sans relâche le but aberrant de s'abstraire toujours davantage, de n'être plus que le reflet des jugements, des avis ou des indignations qu'il émet compulsivement. Comme il s'adresse à un *être utilisateur* acharné à la même besogne, il ne peut plus être question ici d'une quelconque notion de responsabilité, celle-ci n'étant comptable que de la réalité. Entre figures abstraites, il n'y a pas d'offense. Que des triangles rectangles se menacent de mort entre eux n'a aucune conséquence réelle.

Mais personne n'est un triangle rectangle. Et les outrages, les diffamations, les menaces, les appels au meurtre et au viol, quand ils sont publiés, quand ils circulent publiquement et qu'ils entraînent une surenchère de violence, ont, hélas, des conséquences dans la vie réelle. Fatalement, un certain pourcentage d'*êtres utilisateurs* font irruption dans une réalité dont ils ignorent à peu près tout, pour traduire en acte la barbarie sans limites qui s'exprime sur leurs écrans. On l'a vu avec l'assassinat de Samuel Paty et avec toutes les autres agressions terroristes qui sont devenues monnaie courante dans tous les pays européens. Au point que le scoop ne tient désormais guère plus de vingt-quatre heures, et occupe de plus en plus rarement la une des journaux.

Pour la première fois dans l'histoire humaine, un moyen interactif de déréalisation vient s'opposer, avec une puissance sans précédent, aux efforts millénaires de la civilisation pour faire de chaque individu une réalité.

Quand, pendant une pandémie qui menace chaque individu réel, le président de la République décide de la vaccination obligatoire pour les soignants et de l'usage d'un passe sanitaire, l'*être utilisateur* qui, en tant qu'être abstrait, n'a rien à craindre du Covid se précipite sur son clavier pour dénoncer une dictature totalitaire en marche et la disparition des libertés. Il ignore qu'il est déjà, et de son propre gré, le prisonnier volontaire d'un système totalitaire, enfermé dans l'addiction numérique qui lui fournit tous les jours sa dose de chimère.

C'est en prenant connaissance de ce qui circule sur les réseaux sociaux que les acteurs de la vie politique prennent désormais la température de la société, et c'est le plus effrayant des biais cognitifs. Dans la vie réelle, les individus ne pensent pas comme ça, ne s'expriment pas comme ça, ne se conduisent pas comme ça. L'*être utilisateur* n'a rien à voir avec cet *autrui* dont la politique, de droite ou de gauche, a le devoir de garantir les libertés et protéger la vie. Si les réseaux sociaux deviennent la boussole des partis politiques, il faut arrêter de parier sur la survie de notre société pluraliste.

La prescription est un bon exemple. Si l'on a défini très précisément les crimes imprescriptibles – terrorisme, crime contre l'humanité –, c'est que d'autres ne le sont pas. En droit démocratique, la prescription est fondamentale pour de multiples raisons, qui vont du risque d'erreur judiciaire à l'impossibilité de juger certains faits parce que leur contexte est si lointain qu'il est difficile d'y démêler les responsabilités. Trop de vérités ont changé, et mieux vaux laisser courir un vieux coupable que de condamner un vieil innocent. Par ailleurs, pour certaines condamnations, au bout d'un certain temps, il y a effacement du casier judiciaire. Ce droit à l'oubli est un droit démocratique fondamental.

Avec les réseaux sociaux, ce droit est d'ores et déjà supprimé, et on n'a pas fini d'en découvrir les conséquences. Ça ne fait que commencer.

Imaginons-nous adolescent de quatorze ans, normalement confus. Projetons-nous à cet âge, en train de confier nos enthousiasmes, nos indignations, nos amours, nos haines et notre opinion sur la société à notre compte TikTok, et des crétineries homophobes, antisémites, sexistes, etc. Puis le temps passe. Notre adolescence ignorante est loin derrière nous. Nous avons pris conscience de l'ignominie et de la stupidité de ce que nous avions publié à propos de choses dont on ne savait même pas ce qu'elles signifiaient, et nous finissons par oublier tout ça.

Nous avons l'âge des responsabilités, et notre travail nous récompense. On nous propose, parce qu'on en a les compétences, d'être ministre, ou bien on se présente à l'élection présidentielle, ou encore, on est nommé à la tête d'une entreprise publique. On est mort. Dans les quarante-huit heures qui suivent, les posts TikTok de vos quatorze ans font la une des journaux et tournent en boucle sur les chaînes d'info en continu.

Dans quelques années, quand les adolescents d'aujourd'hui seront en âge d'accéder à des postes modestes ou importants, le phénomène sera monnaie courante. La vie démocratique se résumera à un jeu de massacre sur fond d'imprescriptibilité de la mémoire numérique. C'est une mémoire parfaitement ineffaçable. Il est impossible qu'une publication quelle qu'elle soit ne soit pas archivée quelque part, ne serait-ce que sous la forme de copie d'écran reproduite un nombre de fois incalculable. C'est foutu. Outre la mise au ban des meilleurs d'entre nous susceptibles de servir la société, les vies individuelles, dès lors que la loi est impuissante à les protéger socialement, ne sont plus des sujets de droit, mais soumises à l'arbitraire de la dictature de l'opinion. C'est à ce moment précis que le parthénon démocratique s'effondre sur la tête de ceux qu'il est censé protéger.

C'est avec une indifférence bovine que nous regardons passer les signes de notre ruine. Revenons une fois encore aux réactions face à la pandémie, parce que c'est un cas d'école. Les pouvoirs publics, pour protéger la vie de tous, décident de la généralisation du passe sanitaire. Cette mesure de précaution marginalise socialement les antivax, qui font semblant de s'en plaindre tout en adorant ça. L'antivax fait partie de cette cohorte hargneuse pour laquelle *être*, c'est d'abord *être victime*. Ils décident donc de manifester contre les mesures gouvernementales, et leurs manifestations sont, toute la journée, au sommet de la hiérarchie de l'information dans la plupart des journaux, dans toutes les radios et dans toutes les chaînes d'info en continu. Pourquoi ? Parce que, pour hiérarchiser leurs bulletins, les rédactions se fondent sur la fébrilité de l'activité que cette protestation produit dans les réseaux sociaux.

Les chiffres parlent pourtant d'eux-mêmes. Ils sont trois mille à Paris, deux mille à Marseille, mille à Nantes... En tout, ils sont à peu près dix ou vingt mille, dix fois plus au plus fort de la mobilisation, dans un pays de plus de soixante-sept millions d'habitants. Même pas un stade de foot pour un match de première division. On multiplie les micros-trottoirs pour que 0,0002 % de la population ait droit à 80 % d'un temps de parole utilisé par les antivax pour contester des données scientifiques de l'ARN messager alors qu'ils ignorent où se trouve leur propre péroné.

Cette stupéfiante visibilité que les grands médias offrent à des opinions aberrantes nourrit une paranoïa sociale dont ces mêmes médias sont les premières victimes. Ce serait à n'y rien comprendre si les rédactions n'avaient pas fini par faire comme tout le monde : confondre le monde réel avec celui des réseaux sociaux devenus les nouveaux phares de l'information devant lesquels ils courent comme des lapins affolés.

Dans les techno-dictatures comme la Chine, le pouvoir utilise avec le plus grand profit le système interactif et intrusif des réseaux sociaux pour contrôler et traiter les citoyens en fonction d'une notation – fondée sur la dénonciation – et du crédit social qu'elle induit. Par exemple, en dessous d'un certain nombre de points, on n'a droit qu'à un logement avec des toilettes collectives, à soixante kilomètres de l'usine ou du bureau.

Comme dans les bonnes séries policières, les coupables sont trop évidents. On a même inventé l'acronyme Gafa ou Gafam (pour Google, Apple, Facebook, Amazon, Microsoft) pour désigner les inventeurs et les exploitants du système. C'est simple et pratique : on sait que les Gafam, c'est mal, et nous, c'est bien. Mais quand la simplicité rend compte de la réalité, c'est qu'on a oublié quelque chose.

Les petits génies qui ont imaginé et mis au point le système ne se sont pas dit : « C'est génial, ça va tout foutre en l'air, ça va être le chaos, youpi ! » Il est beaucoup plus probable qu'ils se sont dit : « C'est génial, c'est un nouveau mode de communication amusant, interactif, à la fois personnel et collectif, ça devrait marcher. » Ils avaient certainement le projet d'offrir un objet nouveau, séduisant et distrayant, pas une machine de guerre. Ils sont d'ailleurs conscients de la tournure dramatique de leur entreprise. Récemment – bizarrement ça n'a pas fait grand bruit –, Facebook et Instagram ont annoncé qu'ils allaient offrir la possibilité de ne plus faire apparaître les *likes* et les petits cœurs qui comptabilisent les approbations. Or, ce sont les moteurs de l'addiction. C'est en proportion des *likes* et des cœurs qu'on existe dans les réseaux. Que reste-t-il d'un agrégé d'histoire ou de philosophie quand il vérifie chaque soir qu'il a un nombre suffisant de petits cœurs sur son compte pour pouvoir dormir tranquille ? C'est dire la puissance destructrice du système... En offrant la possibilité de les rendre facultatifs – sans les supprimer, ce qui serait sans doute une catastrophe industrielle –, Facebook et Instagram avouent leurs doutes sur l'innocuité de ce qui fait leur succès. En Chine, c'est le Parti communiste qui distribue les *likes* et les pouces tournés vers le bas...

Si le transfert de légitimité des institutions démocratiques à l'opinion numérique est un crime, les coupables n'en sont pas quelques dizaines de bricoleurs de génie devenus trop riches et trop puissants au point d'enjamber les lois sans que les États osent broncher. Le coupable, c'est tout le monde. Personne en Europe n'a jamais obligé quiconque à ouvrir un compte Facebook, Twitter, Instagram ou TikTok pour y publier tout ce qui lui passe par la tête. Les pervers dont nous sommes les victimes, ce ne sont pas les Gafam, c'est nous, qui nous sommes engouffrés dans un système qui encourage en nous le pervers prêt à tout pour collectionner des *likes*.

Au fond, les créateurs des réseaux sociaux sont des rousseauistes. Ils postulent que, dans l'état de nature, l'homme est bon, et que c'est la société qui le pervertit. Alors ils ont créé un état de nature virtuel dans lequel l'individu sera *naturellement* vertueux. Ils découvrent tardivement – et non sans angoisse – que, dans l'état de nature, fût-il virtuel, l'homme est un danger public pour l'homme. Nos libertés sont en train d'être attaquées par un monstre, mais les réseaux sociaux ne sont que le prince charmant qui réveille le monstre au bois dormant. Avant d'accuser les Gafam, il faudrait se demander pourquoi nous avons fait leur fortune et leur puissance.

Pour résoudre le problème, étant donné l'urgence, on peut imaginer au moins quatre méthodes plus ou moins brutales, outre l'indispensable rétablissement de l'égalité devant l'impôt auquel ils échappent en grande partie.

Première méthode. Parier que les gestionnaires des réseaux, qui commencent à avoir des doutes sur les conséquences anthropologiques des *likes* et des pouces retournés, vont opérer des réformes drastiques pour réguler le système. Pari perdu d'avance.

Deuxième méthode. Puisqu'il s'agit de publications, exiger que soit nommé un directeur de publication par pays, qui sera responsable pénalement des propos publiés, comme c'est le cas pour tous les autres organes de diffusion. Un directeur de journal peut être condamné pour un courrier des lecteurs. Pourquoi pas un directeur de Facebook ou de TikTok ? En droit français, on peut attaquer indifféremment et simultanément l'auteur d'un propos délictueux et son éditeur. Au nom de quoi les réseaux sociaux échappent-ils au droit commun ? À quelle frilosité démocratique doivent-ils de pouvoir se soustraire à l'égalité devant les lois sur la presse de 1881 ? Pourtant, ces lois fondent notre liberté d'expression, et seuls le régime de Vichy et l'occupation allemande avant eux les ont mises entre parenthèses ! En Europe, et dans tous les États de droit pluralistes, depuis plus d'un siècle, il n'existe aucune publication sans responsable pénal. Une exception aussi massive que celle des réseaux sociaux ridiculise toute la construction juridique garantissant la liberté d'expression. Elle prouve, non sans obscénité, qu'au terme du rapport de force la justice des hommes s'incline devant la puissance des réseaux.

Troisième méthode. De toute urgence, interdire les réseaux sociaux aux moins de dix-huit ans, ne serait-ce que pour leur garantir une mémoire numérique vierge lorsqu'ils entrent dans l'âge adulte. Un autre argument plaide en faveur de cette mesure : le temps qu'ils ne passeront plus devant leur écran, ils le passeront dans la réalité, laquelle, si l'on y songe, est quand même l'unique objet de l'apprentissage de la vie. Il sera bien assez temps, plus tard, d'adhérer à toutes sortes de lubies. En abandonnant les enfants dans l'état de nature virtuel des réseaux, on se prépare à voir débarquer une génération de martiens qui voient le monde en *likes* et en pouces retournés. De quels outils culturels disposeront-ils pour faire prospérer l'héritage de la démocratie pluraliste ?

Quatrième méthode. Démanteler purement et simplement les réseaux sociaux jusqu'à ce qu'on élabore un système de publication numérique pour lequel s'appliquera le droit commun qui stipule que nul auteur et nul éditeur de contenus ne sauraient être déchargés de leur responsabilité.

Cette dernière solution n'est que polémique. Elle ne sera sans doute jamais adoptée. Ce serait, pensera-t-on, d'une violence inouïe... Sans doute, mais si l'on y réfléchit bien, ce serait moins dramatique et moins violent qu'une panne de chaudière qui nous contraint à grelotter sous les draps et à prendre une douche glacée en plein hiver...

RÉSILIENCE

Pff... J'aimerais m'arrêter à ce soupir typographique mais ma conscience professionnelle m'enjoint d'en rajouter un peu. Parfois, je rêve d'une discussion où personne ne prononcerait ce mot. Même le vendeur de chaussures auquel on signale qu'on est un peu à l'étroit vous répond : « Oui, mais le pied est résilient... » Le mot s'applique à tout, aux rescapés de la Shoah comme aux cors aux pieds. Pour surmonter un divorce, des placements maladroits à la Bourse, le vol de mon ordinateur avec toutes les photos de mon stage de surf, la défaite du PSG en demi-finale de la Ligue des champions, l'angoisse de savoir à quel moment Greta Thunberg va enfin nous faire un petit sourire, la disparition de Dick Rivers, le vertige métaphysique qui étreint le mâle humain quand il apprend combien de femelles le mâle bonobo peut se taper dans une même journée, il n'y a qu'un remède : la résilience. Vers la fin des années 1960, il y eut une période un peu folle où tout le monde s'est mis à collectionner des porte-clefs. Aujourd'hui, on collectionne les résiliences.

Stop ! Déjà dans « résilience », il y a « résilier ». On ne résilie pas la réalité d'un passé comme un contrat d'assurance ! Comment fait-on pour vivre après avoir, on ne sait pourquoi, échappé à l'anéantissement ? On l'ignore, ça dépend de chacun. Certains, comme Primo Levi, finissent par se suicider. D'autres mettent toute leur énergie à exprimer une joie de vivre désespérée. De toute façon, ça ne peut être contenu dans un gentil petit mot qui sous-entend que celui qui le prononce est bienveillant et qu'il a trouvé le bon concept pour désigner la possibilité rassurante que l'autre soit guéri de ce qu'il a vu, entendu et subi. Il suppose non seulement que la pire des épreuves peut être surmontée, mais que, sans l'épreuve, nous ne connaîtrions pas cette chose précieuse qu'est la résilience. La chronologie de la résilience ne tient pas debout. Ce qui préside au travail de prétendue résilience n'intervient pas après le traumatisme, mais avant et pendant. C'est là que la résilience pose les limites indicibles de l'inégalité entre les individus. Certains sont dotés d'une puissance d'exister hors norme, et ceux-là seront assez forts pour exister avec tous les stigmates de leur passé. D'autres sont plus fragiles et seront détruits par le souvenir de la barbarie à laquelle ils ont échappé ou qu'ils ont subie. Chacun d'eux mérite que toute la psychologie du monde – pour ne pas dire tout l'amour du monde – se penche sur son cas. Tout cela est affreux, et ne laisse guère de place à des mots qui tintinnabulent gentiment aux oreilles, comme les petits porte-clefs des années 1960. Boris Cyrulnik, qui a popularisé la résilience, n'est peut-être pas coupable de toutes les sauces auxquelles son concept est désormais servi, mais il pourrait quand même prendre quelques distances avec l'engouement grotesque dont il fait l'objet.

Le corps n'oublie jamais rien, il ne résilie jamais rien, il ne pardonne rien. Apollinaire est sans doute le poète français le plus singulier – le plus merveilleux... – du XXe siècle. Dans les tranchées de la Grande Guerre, pataugeant dans la boue au milieu des rats et des cadavres, dévoré par les parasites, il osa écrire : « Ah Dieu ! que la guerre est jolie / Avec ses chants ses longs loisirs ». La critique bien-pensante, pacifiste et obtuse lui en a longtemps voulu. Elle aurait préféré Apollinaire *résilient*, sans chercher à comprendre son humour tragique. Au cœur du drame, son génie ne misait pas sur le pardon pour l'impardonnable, mais sur l'allégresse.

STATISTIQUE

STATISTIQUE

En sociologie, science mathématique qui consiste, en additionnant des phénomènes, à dégager une moyenne représentative de l'ensemble. C'est intéressant, mais à manier avec circonspection. Faute de quoi on pourrait conclure qu'un individu jouit d'une température idéale lorsqu'il a la tête dans le congélateur et le cul dans le four.

TABAC

TERRORISME

TABAC

Plante dont les feuilles séchées se fument dans une cigarette, un cigare ou une pipe.

Pourquoi le tabac se fume-t-il ? Il est notable que les premières cigarettes sont plutôt désagréables, et procurent une sorte de nausée plutôt qu'une satisfaction. On ne recommence que par mimétisme, parce que l'on voit fumer des gens que l'on admire ou que l'on respecte, comme Gary Cooper ou Ava Gardner. Le tabac ne donne du plaisir que lorsque l'on commence à être accro, et qu'en fumant on comble un manque. Mais le fait est là, le comblement de ce manque est un plaisir bien que le tabac en lui-même soit sans grand effet, en tout cas rien de comparable à l'alcool ou à la drogue. Son seul effet est sa toxicité, mais sans autre bénéfice notable. Toutes les addictions sont des paris perdus, mais celui du tabac est d'autant plus intéressant que, d'entrée de jeu, il n'y a rien à gagner, sauf un manque – juste pour le plaisir d'y satisfaire une fois qu'on en est prisonnier.

Cela montre à quel point, au fond, les joueurs ne jouent que pour perdre. Sans le risque de perdre, évidemment, le jeu perd tout son intérêt. Si Dieu, quand il créa pour Adam et Ève le jardin d'Éden, avait eu l'idée d'y installer un casino, ne serait-ce qu'avec une seule roulette, Adam et Ève n'auraient jamais eu l'idée d'en partir. Et Dieu comprit que sa créature lui échappait quand il constata qu'elle ne pouvait pas vivre sans jouer avec le hasard. Pour le pire, en fumant deux paquets par jour quand on s'appelle Gainsbourg, et pour le meilleur, quand le même compose *La Javanaise*. Car, dans les deux cas, il y a un pari. Dans la composition, choisir un écart de notes ou la modification d'une tonalité relève d'un pari. La magie opère ou pas, comment le savoir avant qu'elle ne se manifeste ? La musique n'est pas une science exacte, et pourtant seule sa perfection la justifie. Et d'une certaine façon, la vie en dépend, autant, mais d'une autre façon, qu'elle dépend de la consommation de nicotine.

Si l'on pouvait, d'un trait de plume, rayer le tabagisme des habitudes humaines, ça se saurait. Les campagnes antitabac sont nécessaires et obtiennent des résultats. Mais depuis quelque temps leur efficacité est sérieusement menacée. Jusqu'à une époque récente, on prévenait que le tabac est mauvais pour la santé. Beaucoup de gens en ont été convaincus, et la consommation a diminué. La hausse du prix est un argument parmi d'autres. Mais il y a désormais un autre discours qui, en prétendant les renforcer, désamorce les campagnes antitabac. Un discours selon lequel non seulement le tabagisme est toxique, mais il est mal. Il est devenu immoral de fumer, au point qu'aux États-Unis il est courant de considérer le fumeur comme un paria.

Autant l'argument sanitaire trouve un écho dans les consciences, autant l'argument moral est un pousse-au-crime. Le fumeur fume en sachant parfaitement que c'est un pari perdu, il joue précisément parce que c'est « mal ». Si on lui dit que c'est mal, ça ne fait que l'encourager à continuer.

C'est la maladie de notre époque ; la morale se faufile partout, et surtout là où elle ferait mieux de la boucler. Elle veut se substituer à tout, à la recherche, au droit, à la politique ; elle se mêle de tout, et quand il s'agit de vraies questions auxquelles elle devrait répondre sans faillir, elle ne sait plus où donner de la tête. Que fumer soit bon ou mauvais pour la santé ne regarde pas une morale qui a toujours eu un bon siècle de retard sur le droit. D'ailleurs, si ça n'était pas le cas, le droit n'aurait jamais été inventé puisqu'il n'aurait servi à rien.

La vérité, c'est que ce n'est pas mal de fumer. Le petit plaisir que cela procure, si obscur et faible soit-il, loin d'être un mal, est évidemment un bien. Et comme beaucoup de biens de ce genre, il est un bénéfice dérisoire contre un déficit massif. C'est un bien qui est mauvais. C'est ce que les campagnes antitabac faisaient comprendre avec succès, jusqu'au moment où des hygiénistes à mentalité de curé ont décrété, en montrant du doigt les fumeurs : « Et en plus, c'est mal ! »

Alors, mettez-vous à la place des fumeurs, ils en ont rallumé une.

TERRORISME

Idéologie de justicier qui, au nom d'une justice suprême qu'il prétend incarner, condamne à mort des innocents. À première vue, le terroriste est un crétin analphabète que la civilisation a laissé sur le bord du chemin. C'est ce qu'expliquent de nombreux sociologues qui considèrent que les terroristes sont des désespérés que nos sociétés démocratiques bourgeoises ont gravement négligés. Ce jugement est d'autant plus séduisant qu'il ne repose sur rien. S'il était crédible, pourquoi le même terrorisme se manifesterait-il dans des sociétés aussi dissemblables que celles du Danemark, de l'Afghanistan, de la Suède, du Mali, de l'Angleterre, de la Syrie, de l'Algérie, de l'Allemagne, de la France ou du Yémen ? Faut-il une autre preuve que le terrorisme n'est pas un problème social mais une guerre politique ?

D'ailleurs, dans les années 1950, les promoteurs du terrorisme du FLN n'étaient pas des immigrés issus de cités de banlieue. C'étaient des intellectuels qui vivaient dans le 6e arrondissement de Paris, et qui passaient leurs journées au Flore, où le Perrier-tranche coûte le prix d'une choucroute garnie. On se souvient de ce que disait Sartre en 1961 : « Car, en le premier temps de la révolte, il faut tuer : abattre un Européen, c'est faire d'une pierre deux coups, supprimer en même temps un oppresseur et un opprimé : restent un homme mort et un homme libre. » Les frères Kouachi, Amedy Coulibaly, Oussama ben Laden n'auraient pu dire mieux pour justifier leurs crimes. Tout est là. Dans la rencontre improbable de la brute sanguinaire et de l'agrégé de philosophie qui se bat pour l'Algérie devant un café qui coûte le prix d'un dromadaire. Sans les intellectuels qui leur donnent un sens fédérateur – justiciers dans un monde injuste –, les brutes sanguinaires ne seraient que quelques cas isolés, comme les forcenés et les pyromanes. Mais grâce à la religion et à l'idéologie qui les justifient, les terroristes sont des manières de héros qui suscitent des vocations.

Au lendemain d'actes terroristes qui épouvantent le pays, tribunes et analyses fleurissent dans les journaux sérieux. Il s'en trouve toujours un pourcentage significatif pour condamner le terrorisme, mais non sans rappeler quelques bonnes raisons pour commettre ces crimes évidemment abominables, que « nous réprouvons fermement, mais... ». C'est de ce « mais » dont sont malades nos sociétés démocratiques. Car il n'y a pas de « mais ». La lutte contre le terrorisme, contre ce qui l'inspire et contre ce qui le justifie est une question de vie ou de mort pour les sociétés démocratiques, constitutionnelles et pluralistes. En Europe, la cause du terrorisme n'est pas l'injustice sociale ni le racisme. En Europe, le terrorisme a deux causes. La première est dans notre refus que la liberté en général et la liberté d'expression en particulier soient soumises au respect de dogmes religieux qui contredisent les principes fondateurs des démocraties laïques. La seconde est dans l'existence de l'État d'Israël et la composante juive de la population européenne.

Rien à voir avec les problèmes d'ascenseurs, la qualité des terrains de foot et le montant des subventions aux associations de Chanteloup-les-Vignes.

Bizarrement, ceux qui condamnent le terrorisme *mais* expliquent pourquoi les victimes sont aussi un peu coupables sont les mêmes que ceux qui lèvent les bras au ciel et hurlent à l'assassinat des libertés quand, pour traquer les criminels, on propose des lois pour mieux les détecter, les surveiller et les arrêter. Certes, des dérives sont possibles et il est normal de faire preuve de vigilance. N'empêche qu'ils seraient plus crédibles si leur vigilance s'exerçait avec la même fougue contre la transgression des droits fondamentaux – droit des femmes, des enfants, des homosexuels, des Juifs – dans les milieux dont sont issus les terroristes.

Lorsque la Révolution française institue le lien entre liberté et sûreté, elle veut garantir au citoyen qu'il ne sera plus victime de l'arbitraire du pouvoir politique. Sous le régime de la peur, on ne peut pas parler de liberté. Nos régimes parlementaires doivent leur légitimité à la sûreté et à la liberté qu'ils garantissent. Le pouvoir politique européen a changé de paradigme. La menace d'arbitraire ne vient plus du pouvoir déconstruit par Michel Foucault, mais du sein de la population où s'exerce une terreur civile devant laquelle recule la liberté.

C'est la raison pour laquelle nos prétendus vigilants sont en contradiction avec la Révolution française, dont ils ne cessent de se réclamer, lorsqu'au nom de la liberté ils refusent les mesures de sûreté.

On peut tout à fait concevoir que, sous le coup du drame, le pouvoir fasse une erreur politique, ou mieux encore, qu'un État dictatorial, comme la Turquie, profite d'un acte terroriste pour arrêter tous les juges, les journalistes, les écrivains et les coiffeurs. Et pourquoi les coiffeurs ? Parce qu'on ne prend jamais assez de précautions.

Mais depuis que la France est attaquée par le terrorisme, si l'on est sérieux, on admettra que ni Giscard, ni Mitterrand, ni Chirac, ni Sarkozy, ni Hollande, ni Macron n'ont manifesté le désir de profiter des attentats pour suspendre les droits fondamentaux dans le but de s'accrocher au pouvoir ! Tous ont cherché les moyens de parer à la menace sans défoncer l'édifice des libertés civiles. Qu'ils aient été de bons ou de mauvais présidents est une autre affaire. La base de leur culture politique les rend fondamentalement hostiles à la dictature, ne serait-ce que parce qu'ils sont convaincus, avec raison, que ça finit toujours mal.

La loi sur le séparatisme d'Emmanuel Macron est une excellente loi, à ceci près qu'elle aurait dû être votée par tous les pays européens, au mieux le 14 février 1989, date à laquelle l'ayatollah Khomeyni a mis à prix la tête de Salman Rushdie, au pire en septembre 2001, après la misérable conférence de Durban qui enrichit l'antiracisme en y intégrant l'antisémitisme. Au cas où l'on n'aurait pas compris le message, une semaine plus tard, Ben Laden attaquait les Twin Towers. C'est avec plus d'une génération de retard que les Européens acceptent enfin d'ouvrir les yeux et de nommer leur ennemi. C'est à la faveur de cet aveuglement que le terrorisme s'est enraciné en Europe.

Le terrorisme a un point commun avec le coronavirus, il frappe à l'aveugle. C'est précisément ce qui, au fond, séduit les antivax, les anti-passe sanitaire et ceux qui condamnent le terrorisme avec des « mais ». En frappant les autres, il frappe des êtres abstraits dont je ne fais pas partie. Pour qu'ils condamnent le terrorisme ou finissent par accepter la vaccination et le passe sanitaire, il faudrait qu'ils baignent dans une flaque de sang avec une jambe arrachée, où qu'ils étouffent en réanimation. Tant que la catastrophe est pour les autres, au fond, ils s'en réjouissent parce qu'ils en réchappent. Du coup, ils se croient d'une race supérieure à celle des victimes, la race des plus malins que les autres. La race des égoïstes et des imbéciles.

La lutte contre le terrorisme est bien loin d'être une science qui fonctionne avec des théorèmes, des preuves et des résultats. Hélas, quoi qu'on en dise, de même que le terrorisme n'a pas « rien à voir avec l'islam », il n'a pas « rien à voir avec l'immigration », l'ancienne et la nouvelle. Chaque attentat le prouve. La lutte contre le terrorisme passe par des actions de police et de justice, mais elle passe aussi par une modification substantielle de la philosophie de l'immigration. Il est devenu évident qu'il faut accueillir mieux et moins. Les critères d'adhésion à la culture de la démocratie pluraliste doivent être clairement établis et requis pour obtenir un titre de séjour.

Le Danemark – pays exemplaire dans l'accueil des étrangers et des réfugiés –, depuis l'affaire des caricatures, a pourtant connu plusieurs attaques terroristes et vit sous la menace de groupes radicalisés. La Première ministre Mette Frederiksen, sociale-démocrate issue de la gauche de son parti, vient de renvoyer chez eux les réfugiés originaires de zones désormais pacifiées. Elle sous-traite le droit d'asile avec le président du Rwanda et finance l'accueil des réfugiés sur place. Débordée par le nombre d'immigrés et les problèmes de séparatisme qu'ils entraînent dans son petit pays, elle a décidé d'un arrêt brutal de l'immigration. On n'en a pas beaucoup parlé, mais elle a provoqué un choc dans les chancelleries européennes. Beaucoup ont protesté, mais mollement... Quand ils constatent qu'elle a fait perdre les trois quarts de ses électeurs à l'extrême droite et qu'elle a pour elle 80 % de l'opinion, y compris une bonne partie de celle de l'immigration installée, ça les fait réfléchir...

Enfin, mais ce sera long et lent, la lutte contre le terrorisme passe par une réforme des programmes scolaires. Aucun élève ne devrait sortir de ses dix ans d'école obligatoire sans une solide culture démocratique qui passe par la connaissance des institutions, de la Constitution, de l'histoire des libertés et de ceux qui les ont conquises et défendues. Le tout irrigué par une philosophie laïque pour laquelle la reconnaissance de la réalité du corps de l'autre est indissociable de la reconnaissance de ma propre réalité, réalités aussi légitimes l'une que l'autre dans leur aspiration universelle à la paix et à la liberté.

En décapitant un enseignant, l'assassin de Samuel Paty et ses commanditaires nous ont indiqué précisément où se situait le bastion ultime qu'ils cherchent à prendre. À terme, c'est l'enseignement qui sera notre naufrageur ou notre sauveteur. C'est à nous de voir. À nous de décider si la réalité du corps des enfants d'aujourd'hui sera légitime demain dans son aspiration universelle à la paix et à la liberté.

Sinon, elle ne sera légitime que dans son aspiration à croire des aberrations théologico-politiques, et on ne va pas rigoler tous les jours.

VACCINATION
VICTIME
VOILE ISLAMIQUE

VACCINATION

Introduction dans le corps d'une substance qui, en déclenchant une réaction immunitaire, évite de tomber malade. Au XVIIIe siècle, la variole décimait les populations. Les gueux comme les familles royales étaient fauchés par le fléau. Les plus chanceux en sortaient défigurés, la plupart mouraient. Certains médecins d'avant-garde prônaient la vaccination, dont l'idée était sans doute venue de Chine. La famille d'Autriche, ravagée par la variole, fut parmi les premières à tester le nouveau remède. Mais en France, c'est jeune Louis XVI qui, en 1778, décida de se faire vacciner et de rendre publique sa décision pour montrer l'exemple et convaincre le peuple d'accepter la vaccination.

Déjà à l'époque les passions se déchaînaient entre ceux qui étaient favorables au progrès scientifique – et parmi eux le malheureux Louis XVI, qui n'avait pas que des défauts – et ceux qui y voyaient la perdition de l'humanité. Les plus farouchement opposés à la vaccination étaient les membres du clergé. Leur argument n'était pas nouveau, mais il n'a pas pris une ride, puisque c'est le même qui prévaut aujourd'hui dans ce qu'il faut bien appeler la « communauté » des antivax.

Les prêtres condamnaient le principe de la vaccination comme tous les artifices diaboliques qui s'opposent à la nature et la corrompent. Le raisonnement est simple : vouloir modifier ce que Dieu a créé ne peut être inspiré que par Satan. D'où le mot d'ordre : on ne touche pas à la nature, parce que toucher à la nature, c'est toucher à Dieu.

Parmi les décisions plus ou moins heureuses prises par Louis XVI, il s'en trouve deux à mettre au crédit de son courage et de son mérite. En accordant à La Fayette des fonds pour secourir la Révolution américaine, il a permis à la liberté de traverser l'Atlantique pour tenter sa chance dans le Nouveau Monde, et il s'est fait vacciner contre la variole alors qu'il était croyant et que les prêtres le menaçaient de la damnation éternelle. En encourageant la science et la démocratie, Louis XVI, qui a laissé l'image d'un benêt, révèle néanmoins que toute personnalité est un écheveau plus complexe qu'on ne se plaît à le croire. À cette époque, en France, on pensait que pour le démêler, la méthode la plus sûre était la guillotine. Pour le malheur de Louis XVI, ce n'est que près de deux siècles plus tard que Robert Badinter découvrit le vaccin contre la peine de mort.

À la fin du XIXe siècle, la science vaccinale, grâce à Pasteur, avait fait des pas de géant, mais les esprits n'étaient pas calmés pour autant. Les prêtres, mais aussi tout un tas de charlatans qui siégeaient dans les académies, dénoncèrent le principe de la vaccination, sur la base du même argument selon lequel « ce n'est pas naturel ». Ils annonçaient une apocalypse, un complot qui visait à empoisonner l'humanité, à dérégler l'équilibre naturel voulu par Dieu, ou par la nature. Sur quelle observation s'appuyaient-ils pour affirmer que Dieu et la nature voulaient quoi que ce soit ? Aucune, évidemment.

On pourrait croire que, confrontés aux démentis spectaculaires de la science, aux preuves d'efficacité irréfutables accumulées, et aux milliards de vies, de toute évidence, sauvées par les vaccins, bref, on pourrait croire que, confrontés à la réalité, les adorateurs de la divine nature se fussent un peu calmés. Il n'en est rien. Que ni la *nature divine* ni la *divine nature* n'aient jamais donné la moindre preuve de leur existence, contrairement aux vaccins bien réels qui sauvent des vies bien réelles, n'a aucune importance pour les militants antivaccination.

Pour le comprendre, il faut se reporter à l'entrée « Identité ». Être antivaccin est identitaire. L'antivaccin est généralement une personne qui souffre de n'être rien et qui trouve un sens à sa vie en s'opposant à quelque chose – généralement à n'importe quoi, comme les antennes-relais, les vaccins, les médias, les OGM, les Juifs, le gluten, etc. L'identité est d'autant plus forte qu'elle se construit sur l'opposition à une évidence admise par l'écrasante majorité. Être minoritaire et marginalisé renforce l'image originale et courageuse que l'on a de soi-même. En conséquence, plus la cause est absurde – par exemple, l'opposition aux vaccins –, plus on se sépare du reste de la société, et plus le moi identitaire jouit.

Raisonner un antivax revient non pas à le convaincre d'arrêter de mettre les autres en danger de mort en ne pensant qu'à sa gueule, mais à lui faire renoncer à une jouissance narcissique qui donne du sens à son existence, ce qui est beaucoup plus délicat. L'antivax a gardé cette part d'enfance qui, lorsqu'elle demeure chez l'adulte, peut provoquer une troisième guerre mondiale. Quand on prévient un enfant que, s'il continue à se goinfrer de bonbons, dans dix ans il hurlera de douleur chez le dentiste, et qu'il s'en fout parce que « dans dix ans, ça n'existe pas », que reste-t-il au parent soucieux du bien-être de sa progéniture ? L'autorité. L'idéal, c'est que la compréhension arrive avant, ce qui rend inutile l'exercice de l'autorité. Mais parfois, l'autorité doit précéder, et la compréhension suivra, ou non. Quelle importance ?

Maintenant que nous avons renoué avec les grandes épidémies que nous avions fini par croire éradiquées à jamais, la vaccination est un impératif sanitaire, social, économique et politique. Si la petite jouissance narcissique de quelques-uns contraint les autres à des confinements à répétition, l'indice de qualité sociale, économique et politique ne manquera pas de s'effondrer. Il va falloir choisir entre ne pas oser demander à une poignée d'antivax de redescendre sur Terre et sauver les populations grâce à des vaccins qui sont des merveilles de la science.

L'antivaccin est un identitaire qui, généralement, s'ignore. Il produit de l'identité comme Monsieur Jourdain fait de la prose. Et comme tous les identitaires, l'antivaccin n'a qu'une idée très abstraite de celui qui n'est pas d'accord avec lui. Tellement abstraite que, si on lui dit que son refus de se faire vacciner met en danger la vie des autres, ça ne lui fait ni chaud ni froid. Aux yeux d'un opposant aux vaccins, quelqu'un de favorable aux vaccins est un être dérisoire, dénué de réalité, et dont la mort participe à la grande épuration que la nature a décidé d'accomplir.

Pendant l'année 2021, le Covid-19 est devenu la première maladie nosocomiale dont furent victimes les patients entrés à l'hôpital pour autre chose, contaminés par des soignants qui refusaient de se faire vacciner !

La réalité tragi-comique, c'est que la moitié des soignants que la population applaudissait chaque soir aux fenêtres est directement responsable d'un nombre de décès que les statistiques répugnent à calculer étant donné leur nature scandaleuse. Il va de soi que l'autre moitié des soignants méritait l'expression de notre gratitude...

Néanmoins les chiffres font apparaître que plus le niveau social décroît – médecins, infirmières, aides-soignantes, personnels d'entretien – plus se renforce la conviction antivaccinale. Il est clair que, comme dirait Lacan, *ça* parle d'autre chose.

Être antivaccin, en France, au XXIe siècle, en pleine épidémie planétaire, a peu à voir avec un doute scientifique et tout à voir avec une posture politique qui signifie « Et puis quoi encore ? Je ne vais pas me faire injecter leur saloperie pour faire plaisir à Macron ! » Être « contre les vaccins », c'est être « contre le système ».

Plus le niveau culturel est bas, plus on trouve d'antivax, ce qui prouve une fois de plus que l'ignorance est la pire des injustices. La pauvreté est souvent injuste, mais l'ignorance, c'est l'injustice même. C'est la raison pour laquelle il ne faut pas perdre de vue l'humanité souffrante qui s'exprime chez les antivax. De là à modifier une politique sanitaire parce qu'ils crient plus fort que les autres, il y a une marge.

En revanche, il y a des antivax qui n'ont aucune excuse. Le Pr Luc Montagnier, du haut de l'autorité de son prix Nobel de médecine, est coupable de fournir clefs en main aux ignorants leurs fantasmes paranoïaques. Après avoir soutenu les élucubrations de Jacques Benveniste sur la mémoire de l'eau, il a déclaré pouvoir soigner la maladie de Parkinson de Jean-Paul II avec du jus de papaye… Au terme de quel raisonnement scientifique ? Sans doute qu'il a vu une cohérence entre « pape » et « papaye », et qu'il en a conclu que boire du jus de papaye équivalait à une transplantation entre donneurs compatibles. Bref, le voilà maintenant qui soutient, contre toutes les enquêtes internationales, que le virus du Covid a été fabriqué en laboratoire et que ce sont les vaccins qui produisent les variants… Conclusion : il faut refuser la vaccination.

Il est évident que le virus va obéir au principe darwinien, et que plus il y aura de personnes vaccinées, plus il cherchera à survivre en variant. Mais le problème ne peut se résoudre qu'en accélérant la vaccination, jusqu'à ce que chaque malade transmette la maladie à moins d'une personne. C'est ainsi et jamais autrement qu'on vient à bout d'une épidémie quand on a la chance de posséder un vaccin.

Reste un problème philosophique non résolu, soulevé au XVIe siècle par Étienne de La Boétie dans son *Discours sur la servitude volontaire*. Il se demande pourquoi les foules se laissent tyranniser par une petite poignée d'individus qui tiennent le pouvoir. Pourquoi, alors qu'ils sont supérieurs en force et en nombre, les hommes courbent-ils l'échine devant leur bourreau ?

La Boétie écrivait à l'époque des monarchies absolues. Il serait bien étonné de constater que, dans nos États modernes où les peuples choisissent leurs gouvernants au terme d'élections démocratiques, si le problème demeure, les termes en sont inversés. Il faut désormais reformuler le problème ainsi : pourquoi le peuple, son gouvernement et ses représentants élus à la majorité, au risque de la maladie et de la mort, courbent-ils l'échine devant une minorité ignorante qui ajoute la propagation de l'irresponsabilité à la propagation du virus ?

Sauf à considérer que l'ignorance possède une légitimité qui lui donne le droit de s'opposer à la légitimité du savoir, c'est incompréhensible. Mais alors, que faut-il penser d'une société qui s'enorgueillit d'avoir gravé la fraternité dans sa devise, et qui considère que l'ignorance est légitime ?

VICTIME

Personne abusée, flouée, ayant subi un préjudice de la part d'un tiers ou au cours d'un événement naturel ou social. On peut être victime de la guerre, d'un tremblement de terre, d'un comptable indélicat, d'un assassin, d'une piqûre de moustique ou de l'incivilité d'un voisin qui joue de la batterie les fenêtres ouvertes. Il est regrettable que le même mot désigne les morts de la Shoah et le touriste qui découvre en arrivant que sa chambre vendue avec vue sur la mer donne sur le parking des autocars. La peur connaît des degrés. L'inquiétude, la crainte, la frayeur, l'épouvante, la terreur, la panique... Le mot « victime » n'a pas bénéficié d'un tel souci de la nuance. On est victime. C'est un état dramatique de privation de quelque chose qui ne connaît aucune gradation lexicale.

D'où le statut le plus souvent ridicule de la victime. La personne qui affronte une tragédie donne envie de la secourir, contrairement à beaucoup de victimes qui n'inspirent qu'une franche envie de rire et de les laisser barboter dans les larmes qu'elles versent sur elles-mêmes.

Tout le monde un jour ou l'autre est victime de quelque chose. Il y a deux façons de réagir. La première est de se dire : « Oui, je suis la victime d'un préjudice, mais je suis aussi beaucoup d'autres choses beaucoup plus satisfaisantes. Je survis au préjudice parce que je ne me résume pas à ce dont il me prive. » La seconde est de se dire : « Je suis une victime, c'est mon identité, c'est au nom du préjudice que j'agis, que je pense, et que j'instaure mon rapport avec la société. » Si l'on accorde à la victime toute la réparation du préjudice, en y ajoutant même quelques bonus, elle n'aura de cesse de trouver une autre raison d'être victime afin d'exister.

Passé un certain âge, combien de repas amicaux se transforment en bilans de santé, en comptes rendus d'analyses d'urine et de radiographies du genou, en description de la dégradation du voisin atteint d'une maladie auto-immune et du cancer du sein de la postière ? Sitôt que l'on commence à douter de sa propre existence, le premier réflexe est d'apparaître victime – d'une maladie, du temps qui passe ou d'autre chose – parce qu'on attend de la pitié des autres qu'elle nous fasse exister, comme des enfants qui ne pleurent que pour être consolés.

C'est la raison pour laquelle « Je suis victime » n'a pas du tout le même sens que « Je suis une victime ». Pour celui qui « est victime », il y a une ou deux raisons bien précises à son état de victime. Pour celui qui « est une victime », les raisons sont générales. C'est une sorte de complot historique et social qui le définit d'abord comme victime. Une victime peut être blanche, noire, riche, pauvre, malade ou en bonne santé, elle est avant tout une victime.

Être une victime est davantage la conséquence d'un tempérament et d'un caractère que des réalités objectives de préjudices que d'autres subissent sans se réduire pour autant à leur statut de victime. Il y a des victimes accidentelles et des victimes identitaires.

Revenons à l'obligation du passe sanitaire votée par un Parlement élu – détail qui a son importance – au suffrage universel et validé par le Conseil constitutionnel, afin de lutter contre la diffusion du Covid-19 et de son variant Delta. C'est un sujet idéal de réflexion philosophique. Face au passe sanitaire, il y a d'un côté ceux qui se vivent comme victimes potentiels d'une maladie qu'ils peuvent transmettre à autrui, et de l'autre ceux qui sont les victimes d'un régime totalitaire qui les prive de toutes leurs libertés. Il est évident que les premiers, outre qu'ils sont victimes du virus et de la crise qu'il provoque, ont un grand nombre d'autres cordes à l'arc de leur identité, tandis que les seconds ne sont rien d'autre que des pures victimes. Ils n'existent que dans l'ivresse de leur autovictimisation qui fait parler d'eux à la télé. En réalité, ils sont victimes du culte de leur propre personnalité. Ils reproduisent eux-mêmes dans leur vie personnelle les dégâts que les dictateurs font subir aux individus qu'ils tyrannisent.

Il y a deux sens au mot « personnalité ». Le premier, c'est ce que l'un perçoit de l'autre, à partir d'un inextricable faisceau d'impressions où dominent quelques traits de caractère tels que le charme, l'autorité, la timidité, l'agressivité, la bienveillance, l'hypocrisie, la droiture, etc. Le second, c'est l'image de lui-même que l'un prétend donner à l'autre. Ces deux personnalités n'ont le plus souvent rien à voir l'une avec l'autre. La personnalité que l'on se construit consciemment est la première des prisons, avec le plus tyrannique des geôliers : soi-même. Celui qui se définit comme une victime, par peur de n'être plus rien, s'interdit de devenir autre chose. J'y suis, j'y reste, quitte à me fâcher avec tout le monde. On ne sort pas de ce piège en se cherchant une autre personnalité, mais au contraire en renonçant à toute personnalité, à ce *moi* vociférant qui se prend pour l'*être*, et en se résignant à n'être que ce qui devient.

Convaincre une victime professionnelle que le bonheur a quelque chose à voir avec une certaine indifférence à l'effet que l'on fait est sans doute voué à l'échec. Le problème est trop ancien et on arrive toujours trop tard. Pourtant, nos meilleurs souvenirs ne sont-ils pas les moments d'oubli de notre moi comédien et martyr ?

VOILE ISLAMIQUE

Pièce de tissu couvrant la tête, ou tout ou partie du visage. Son origine religieuse n'est pas clairement attestée. Il s'agirait plutôt de la traduction religieuse d'un mélange mal dosé de narcissisme et de testostérone, mais nous manquons encore d'expérimentations randomisées pour conclure à une vérité scientifique. En dissimulant tout ou partie du visage et les cheveux, le voile islamique vise à interdire de susciter des pensées libidineuses chez les hommes, lesquels, comme chacun sait, ne peuvent pas se retenir d'accomplir immédiatement l'acte sexuel sans lui demander son avis avec une personne qui n'est pas un homme et qui possède des cheveux et un visage découverts. Provoquer un tel trouble à l'ordre public est considéré comme un péché. Le voile islamique est exclusivement réservé aux femmes. En effet, les hommes peuvent sortir barbe et cheveux au vent, en débardeur si c'est l'été, sans risquer une seconde de commettre un péché en suscitant des pensées libidineuses chez les femmes. Or, le fait est abondamment documenté, les femmes, pas moins que les hommes, sont affligées de pulsions libidineuses qui s'éveillent à la vue d'un objet de désir pourvu de cheveux, d'un visage et de biceps. Entendons-nous bien, nous parlons ici d'une société où l'homosexualité n'est pas envisageable.

En résumé, les femmes doivent se cacher pour ne pas faire perdre la raison aux hommes, mais les hommes peuvent mettre en valeur leurs signes virils au risque de faire perdre la raison aux femmes. Le voile islamique est donc une coutume selon laquelle les hommes doivent impérativement garder toute leur tête, mais si les femmes la perdent, cela n'a aucune importance.

Or, c'est littéralement ce qui se produit. En la cachant, les femmes perdent leur tête, tandis que les hommes la gardent. C'est ainsi que, dans nos sociétés modernes fondées sur l'égalité des droits des individus quels que soient leur sexe et leur origine, on croise encore des hommes qui ont le droit d'avoir une tête et des femmes qui font comme si elles n'en avaient pas. Le désir des hommes est noble, et ne doit être sollicité qu'au moment où ils le choisissent. Le désir des femmes est accessoire, et leurs tourments libidineux n'ont aucune importance.

La tête et le désir féminins, par conséquent, ont manifestement une valeur moindre que la tête et le désir masculins. Que le voile soit ou non un signe religieux – si l'on veut, pour éviter les débats stériles, oublions que le voile est porté par des femmes musulmanes – n'est pas l'essentiel. Pour toute personne dotée d'un minimum de jugement, il est indubitable qu'entre deux personnes, l'une pouvant, parce qu'elle est un homme, exhiber sa virilité dans l'espace public, et l'autre devant, parce qu'elle est une femme, dissimuler sa féminité, existe une inégalité fondamentale. Que cette inégalité aille à l'encontre des principes de base des sociétés civilisées, et que peu s'en offusquent, passe encore. Il subsiste, dira-t-on, bien d'autres inégalités dans les sociétés civilisées. Mais le plus stupéfiant, c'est qu'il se trouve des féministes pour défendre le voile, et même prétendre que le voile est féministe. Pour le prouver, on trouve tout un fatras d'arguties comme l'affirmation d'une identité, la volonté révolutionnaire de s'assumer comme femme musulmane dans un pays où le racisme est systémique, la liberté de choisir comment s'habiller, etc.

Mettons de côté des jeunes filles un peu mystiques et les vieilles dames que le temps qui passe rapproche de la religion. La plupart des femmes qui, dans les pays démocratiques, portent le voile le font pour plusieurs raisons. D'abord pour faire acte de soumission, sinon aux hommes, du moins à un précepte prétendument religieux qui établit l'autorité masculine. Ensuite, évidemment, pour défier une société dans laquelle elles ont choisi de vivre en la détestant plus ou moins secrètement. Le voile est un langage qui murmure un reproche aux femmes non voilées. C'est ainsi que c'est entendu, chacun en est bien conscient. C'est d'ailleurs la raison pour laquelle la plupart des femmes voilées se plaignent qu'on les regarde de travers. Elles ne peuvent imaginer qu'un retour négatif, puisque la valeur du voile en Occident réside dans la puissance du reproche qu'il adresse à la société.

Le voile est un signe de vertu supplémentaire dénié à celles qui ne le portent pas. Le voile est un mieux, par rapport au non-voile. C'est la raison pour laquelle le voile est un piège. S'il ne crée pas la discrimination qu'il cherche à dénoncer, en revanche, il l'encourage consciemment. En Europe, une femme qui se voile sait parfaitement qu'elle se coupe d'une majorité de la société dans laquelle elle vit, qu'elle a peu de probabilités de faire sa vie en dehors de son cercle communautaire, et son seul bénéfice sera de pouvoir dénoncer cette discrimination. Elle en a le droit, bien sûr. Elle a également le droit d'ignorer que, dans les pays musulmans où le port du voile est obligatoire et son absence punie par de la prison et des châtiments corporels, des femmes risquent leur peau en marchant tête nue dans l'espace public, au nom de leur amour d'une liberté et d'une égalité de droit qui leur sont déniées.

C'est pourquoi le voile islamique est polysémique. Là, symbole de l'oppression théologico-politique, ici, symbole de l'héroïque résistance théologico-politique dans un monde de mécréants.

Il y a des êtres qui se sentent exister par le regard de leurs amis, d'autres par le regard de leurs ennemis. On peut le dire autrement : des gens se sentent vivre grâce à ce qu'ils aiment, d'autres grâce à ce qu'ils haïssent. Ou plus simplement : j'accepte ce que je suis et j'y ai ma part de responsabilité, ou bien j'ai un ego qui me fait souffrir et je n'ai pas fini de vous le faire payer.

Qu'elles soient laïques, religieuses, archaïques, modernes, libérales ou totalitaires, toutes les sociétés ont des rituels. Commémorations, enterrements, fêtes diverses, épousailles et autres événements moins spectaculaires sont accompagnés de rituels. Lorsqu'ils sont cruels, arbitraires, dangereux, les sociétés, lentement, les évacuent et les remplacent par d'autres. Par exemple, en France, on ne sacrifie plus guère de vierges au solstice d'été mais on offre toujours des cadeaux aux enfants à Noël, on fête les anniversaires, on mange souvent du fromage entre le plat et le dessert, bref, on s'est débarrassé des rituels les plus débiles pour garder les plus agréables. Les rituels sont des fictions indispensables. Ils manifestent une entente nécessaire entre les individus. Ils sont le signe qu'au-delà de leurs désaccords ils ont des rendez-vous qui leur rappellent que ce qui lie dans le temps long est plus profond que leurs affrontements quotidiens.

Comme tous les éléments de rituel, le voile est un artifice qui cherche à contester le principe d'égalité de statut entre femme et homme. Pendant des siècles, et sans doute depuis l'aube de l'humanité, c'est la fiction du principe d'inégalité homme-femme qui a régné. Puis, comme on a cessé de sacrifier des vierges au solstice, on a établi le principe d'égalité des droits des deux sexes, parce qu'on a fini par convenir que c'était beaucoup plus agréable à vivre pour la majorité. On considère que l'abandon des rituels injustes est un progrès. Et quand un rituel vient contester ce progrès, il est normal, sain, rassurant, que toutes les voix qui tiennent non seulement à l'adoucissement des mœurs, mais aussi à leur prospérité, s'élèvent pour ouvrir le débat sur la question philosophique du voile islamique, non pour l'interdire, mais pour en analyser et pour en critiquer le message.

On a parfaitement le droit de porter un voile dans la rue, mais on a aussi le droit de trouver ça choquant, disgracieux et antipathique, sans pour autant préjuger avec certitude de la valeur de la personne qui le porte.

Au lendemain des divers attentats islamistes qui ont traumatisé la France et l'Europe, il fallait, reconnaissons-le, un certain courage à ces femmes pour arborer fièrement leur voile dans les rues. Aux autres, il a fallu un courage encore plus grand pour ne pas l'interpréter comme une injure. Au fond, tout le monde en est conscient, et c'est humain.

Ce petit bout de tissu qui pèse quelques grammes, qui se froisse et s'envolerait au moindre coup de vent s'il n'était retenu par quelques épingles, est la version portative de la muraille de Chine, de la ligne Maginot ou du limes romain, lesquels avec le temps ont tous fini par prouver leur vanité. C'est un secret de polichinelle que le port du voile, au fond, vise à protéger les sociétés claniques de la séduction qu'exerce la liberté cosmopolite. Mais on objecte : et si ma liberté, c'est de me voiler ?

C'est quand on en arrive là que se pose le problème de la définition de la liberté (voir l'entrée « Liberté »).

WIKIPÉDIA

WOKE

WOODY ALLEN

W

WIKIPÉDIA

Réseau de dénonciation en ligne, dont la forme est celle d'une encyclopédie universelle, disponible gratuitement partout et pour tous. L'originalité du projet tient surtout à l'idée – qui passe pour un sommet de la pensée démocratique – que les utilisateurs sont aussi les contributeurs. Quant à la régulation qui consiste à séparer le faux du vrai, elle est entièrement assumée par ce que l'on appelle en économie la « main invisible du marché ». La popularité de Wikipédia transcende tous les clivages politiques, mais il est étrange que les antilibéraux les plus acharnés soient des défenseurs inconditionnels d'un objet qui est l'expression la plus délirante d'un ultralibéralisme décomplexé. Tout simplement parce que tout le monde *like* Wikipédia. En l'espace de quelques années, Wikipédia, en se substituant à toutes les encyclopédies, est devenu l'outil de fichage totalitaire le plus consulté par les démocrates.

Avant toute chose, il faut reconnaître à Wikipédia que *la plupart* des informations qu'on y trouve sont fiables et vérifiées. Mais le problème, c'est que, dans une encyclopédie, *toutes* les informations doivent l'être. C'est ce qui reste, quand on a épuisé *la plupart*, qui discrédite toute l'entreprise.

Évidemment, si l'on cherche la date de la bataille de Marignan, les raisons du procès de Galilée, l'île où était détenu le capitaine Dreyfus ou le prénom de la dernière gouvernante de Marcel Proust, on trouve la bonne réponse. Dans les grandes lignes, tout ce qui touche à l'Histoire est traité avec prudence. La prise de Bastille n'y est pas datée du 12 janvier 1712. L'Histoire, c'est un peu le produit d'appel de Wikipédia. Le souci d'exactitude pour les choses passées se présente comme une garantie d'exactitude pour les choses présentes. Pourtant, c'est loin d'être le cas. Par exemple, pour le Premier Empire, les contributeurs anti-bonapartistes vont publier des erreurs que les bonapartistes vont corriger, ou l'inverse, et au bout du compte, les erreurs vont disparaître. Les anti-bonapartistes, bien que passionnés, ne vont pas passer leur vie à noircir la fiche Wikipédia de Napoléon, ni les bonapartistes à l'embellir. Si l'exactitude des faits historiques finit par l'emporter, il n'en va pas de même pour les fiches des acteurs contemporains.

C'est toute la perversité de Wikipédia. Les personnalités qui interviennent dans le débat public pour des raisons politiques, journalistiques, culturelles, voire scientifiques, et qui contredisent les idées défendues par des militants radicaux d'une cause quelconque, ont elles aussi leur fiche Wikipédia. C'est là que tout part en vrille. Ce n'est pas tant que tout soit faux dans leur fiche, loin de là, mais la présentation de leur vie et de leur œuvre est truffée de malveillances, de rapprochements diffamants, de commentaires fielleux et d'omissions. Les plus fortunés payent – très cher – des spécialistes pour corriger inlassablement les passages infamants de leur fiche. Les autres se résignent à ne jamais consulter la leur, afin de pouvoir dormir tranquilles. Autrefois, lorsqu'un journaliste ou un écrivain connu partait faire un reportage dans un pays où l'on ignorait son existence, il pouvait sur place faire les rencontres nécessaires à son travail, sans avoir des interlocuteurs croyant tout savoir de lui pour avoir lu sa fiche Wikipédia.

Lorsque je faisais des reportages en Russie, en Chine, au Mozambique, voire aux États-Unis, combien de rendez-vous auraient été annulés, combien d'interlocuteurs auraient refusé de me parler ou bien m'auraient raconté n'importe quoi si Wikipédia avait existé à l'époque ? Je parle de ma propre fiche Wikipédia parce qu'elle est un exemple parmi des milliers d'autres. J'engage le lecteur à lire aussi les discussions entre les usagers pour sa modification. Elle est intégralement à charge, et rédigée comme un avis de recherche. J'ai appris que des contributeurs qui contestaient son contenu ont tenté à plusieurs reprises de le modifier et que, dès le lendemain, leurs modifications avaient été supprimées. Ils ont fini par faire ce que je fais moi-même et que je leur aurais conseillé : ils ont abandonné le combat. Combien sont dans mon cas, affligés d'une « e-réputation » qui biaise leur vie professionnelle, sociale et affective ? Est-ce le droit ? De quelle justice s'agit-il ?

Depuis quand autorise-t-on n'importe qui, pour peu qu'il soit déterminé à nuire, à publier, *sous le sceau de la neutralité encyclopédique*, des propos visant à discréditer des citoyens ? Depuis la création de Wikipédia.

Quand de tels portraits à charge sont publiés dans *Mediapart*, dans *Valeurs actuelles*, dans *L'Humanité* ou *Le Monde*, les choses sont différentes. Ces journaux ont le droit de penser et d'écrire ce qu'ils veulent de qui ils veulent. Les journaux d'opinion expriment des opinions. Le lecteur sait ce qu'il lit et où il le lit. En revanche, quand la plupart des journalistes nourrissent leurs portraits précisément en consultant les fiches Wikipédia, ça devient franchement toxique. Quand le son d'une sono repasse dans les micros, il fait une boucle qui produit un sifflement insupportable qu'on appelle l'« effet Larsen ». L'information qui tourne en boucle entre Wikipédia et le journaliste produit un effet Larsen pénible qui n'est pas pour rien dans l'érosion des lecteurs de la presse d'information.

Le mélange des genres – documentation encyclopédique et organe d'opinion – fait de Wikipédia un fusil à lunette qui dégomme tout ce qui dépasse de la médiocrité intellectuelle ambiante. Dans le monde parfait de Wikipédia, il ne fait pas bon dévier d'une certaine ligne militante aberrante, *woke*, anti-israélienne, antieuropéenne, anti-laïque, décoloniale, et autres passions à la mode. Par exemple, comparée à la mienne, la fiche de Tariq Ramadan est un modèle de prudence, elle pèse le pour et le contre, le cite quand il se justifie, et donne la parole à des défenseurs quand il est attaqué. Je n'ai pas vérifié, mais il y a fort à parier que la fiche d'Hitler est beaucoup plus objective que la mienne.

En réalité, Wikipédia n'est pas une encyclopédie, mais un réseau social (voir l'entrée « Réseaux sociaux »), avec tout ce que ça charrie de bombes démocratiques.

On fera remarquer que les fiches malveillantes et biaisées sont minoritaires, et c'est peut-être vrai. Mais ce n'est pas un argument. Le problème, ce n'est pas leur nombre, c'est leur existence.

Wikipédia pourrait prétendre à son identité d'encyclopédie si, par exemple, elle n'autorisait que les fiches concernant des personnes mortes depuis au moins trente ans. Après une génération, la poussière retombe, le travail des historiens commence, les hystéries de l'opinion sont passées à autre chose, et l'encyclopédiste peut espérer puiser une eau un peu moins trouble.

Contrairement aux vivants, les morts n'ont plus d'amis, plus de famille, ne cherchent pas de travail, et se fichent qu'on aille cracher sur leur tombe. Pourtant, dans Wikipédia, les morts sont beaucoup mieux traités que les vivants. Dès sa conception, le système de Wikipédia contient sa propre perversion, parce que les passions haineuses des contributeurs ne se heurtent généralement qu'au fatalisme, à la fatigue et, dans le meilleur des cas, à l'ignorance des personnes qu'elles visent.

L'opinion se révolte contre le fichage supposé des individus par l'État, au moment où, grâce à Wikipédia, elle-même alimente à jet continu la plus gigantesque entreprise de fichage des intellectuels que le monde ait jamais connu. Peut-être contre la volonté de ses créateurs, la montagne d'informations historiques qu'offre Wikipédia se révèle n'être que l'alibi encyclopédique du plus séduisant des organes de désinformation, de censure et de flicage dont puissent rêver les tyrans. Plus besoin d'éliminer les opposants, l'opinion s'en charge.

WOKE

Idéologie post-postmoderniste. En France, les figures les plus célèbres de la pensée postmoderne sont Michel Foucault, Jacques Derrida et Gilles Deleuze. Celles du post-postmodernisme *woke* français ne sont pas encore parvenues à la célébrité, mais la compétition est ouverte. On trouve déjà quelques élus d'extrême gauche de la mairie de Paris, quelques maires EELV et un nombre assez conséquent de professeurs d'université en voie de se faire un nom. On n'a guère d'informations sur les personnalités qui, demain, incarneront le post-post-postmodernisme, mais certains profils comme Cyril Hanouna offrent déjà un modèle prometteur d'intellectuels capables d'accomplir la synthèse qui mettra tout le monde d'accord.

Woke signifie « éveillé ». Terme apparu dans le rap il y a quelques années signifiant « éveillé aux injustices et aux humiliations de toutes les victimes ». L'adhésion au « wokisme » est la version urbaine du retour de l'individu à l'état de nature. Le *woke*, comme l'animal dans la nature, vit dans la crainte d'être battu, dévoré, chassé, affamé, assoiffé, traqué, offensé, à moins qu'il ne soit un grand prédateur. Dans le monde *woke*, comme dans la nature qui est son modèle référent, il n'y a que des victimes et des prédateurs. Le militant *woke* urbain occupe la fonction qu'ont les vers nettoyeurs dans le monde sauvage. Sitôt qu'une plaie s'ouvre dans un corps ou qu'un cadavre s'offre à la dégustation, ils arrivent en masse et leur appétit vorace fait pétiller la charogne.

Diverses études révèlent que les militants *woke* sont généralement les enfants de parents surprotecteurs issus de la classe bourgeoise. La surprotection des parents a consisté à prendre en charge la résolution de tous les conflits auxquels leurs enfants étaient confrontés. Devenus adultes, incapables de résoudre le moindre problème personnel par eux-mêmes, ils font appel aux tribunaux ou à l'administration universitaire, ou à la hiérarchie de l'institution pour qu'elle agisse et élimine ce dont ils sont victimes. Ce dont ils sont victimes, c'est souvent un regard déplacé, une parole qui se voulait drôle mais qui les a humiliés, mais ça peut aussi être une œuvre artistique dont ils jugent qu'elle les met en danger en les agressant en tant que membres de la communauté sexuelle ethnique ou religieuse dont ils réclament.

Comme toute idéologie découlant du postmodernisme, le « wokisme » a son vocabulaire de concepts, lesquels ne sont pas très clairs dans la mesure où il est très difficile de comprendre à quelle réalité ils font allusion. Ce n'est pas un problème, d'ailleurs, puisque la réalité n'est pas l'objet du « wokisme ». L'objet du « wokisme », c'est la victime. Tout le lexique du « wokisme » n'est qu'une paraphrase ou une déclinaison de l'idée de victime.

Trigger, c'est un déclencheur potentiel d'humiliation ou d'agression que l'on peut subir en découvrant, par exemple, le titre du roman d'Agatha Christie, *Les Dix Petits Nègres*. Dans ce cas, les personnes agressées en réfèrent à l'autorité qui fait pression pour que le titre soit modifié. On peut aussi obtenir que l'on place des *triggers warning* dans les œuvres littéraires, les films, les séries, pour avertir qu'on va tomber sur quelque chose de choquant, d'offensant ou d'humiliant.

Intersectionnel propose qu'une même victime ait le droit d'accumuler les discriminations pour devenir une supervictime. Si l'on est une transgenre lesbienne, obèse et myope, on est une victime intersectionnelle. La multiplication des causes de victimisation a l'avantage de multiplier le nombre d'agresseurs et de prédateurs potentiels. Dans la pêche au coupable, l'intersectionnalité marque un progrès aussi décisif que le passage de la canne à pêche au filet dérivant.

Racisme systémique ne désigne pas un problème anthropologique, mais un système criminel dont les sociétés démocratiques pluralistes ont l'exclusivité. On ne parle pas de racisme systémique en Iran, ni en Chine, ni en Syrie, ni en Corée du Nord ; seuls les pays comme l'Allemagne, la France ou la Suède sont convaincus de prospérer grâce à l'organisation d'un système criminel de discrimination.

Étrangement, alors que depuis plus d'une génération la génétique a rendu inopérant et dénué de toute réalité scientifique le concept de race, le « wokisme » le ressuscite avec ses « études critiques de la race ». Elles s'appuient sur l'appartenance ethnique pour organiser les solidarités et les actes de résistance. En découlent d'autres concepts, comme *racisé*, *privilège blanc*, *privilège hétérosexuel*, *blanchité*, *genré*, *non genré*, *fluidité*, *non-fluidité*, *indigéniste*, *décolonial*...

Le *woke washing* est le résultat obtenu par les *woke* lorsqu'ils contraignent une entreprise à modifier des éléments de sa marque susceptibles de présenter une menace ou une offense pour une catégorie de victimes. La marque Lego, par exemple, a décidé de cesser de faire de la publicité pour ses commissariats, sur pression du mouvement Black Lives Matter. Mais c'est aussi l'eau d'Évian qui s'est platement – eau plate oblige ? – excusée d'avoir incité à boire de l'eau alors que le ramadan venait de commencer.

Dans l'idéologie *woke*, seule la victime a droit à la parole et à la considération. Son existence trouve son sens dans un combat pour l'effacement d'un système dominant qui conspire contre elle.

Le « wokisme » est basé sur l'idée qu'il existe dans la société une puissance dominante qui complote contre toutes les victimes. D'où l'impossibilité, pour un *woke*, de débattre avec quelqu'un qui n'est pas victime puisque, forcément, il complote contre lui.

Le « wokisme » français n'est pas précisément un courant populaire. Il est encore cantonné à une classe d'âge plutôt jeune issue d'un milieu aisé proche de La France insoumise et d'Europe Écologie-Les Verts. Il connaît néanmoins un franc succès dans les universités, autant chez les étudiants que chez les enseignants, lesquels, le plus souvent, s'y convertissent pour éviter les ennuis. Les grandes entreprises, la presse, la culture s'y soumettent. Les sciences sociales, naturellement, sont très investies par les *woke*. Sans surprise, il commence à pénétrer les universités de science et de médecine. On attend avec impatience les nouveaux critères de recherche qu'il imposera au système. La théorie quantique, si difficile à comprendre, deviendra-t-elle limpide expliquée en écriture inclusive ? Il faut voir...

On retiendra du « wokisme » qu'il s'agit d'une idéologie qui vise à éliminer de la société, de l'Histoire, et de la culture en général, tout ce dont un individu peut être victime. Il s'agit donc de protéger toutes les victimes en dénonçant tous les bourreaux.

Toutes les victimes ? Les Juifs, victimes du plus grand génocide du XXe siècle, et qui subissent encore aujourd'hui un antisémitisme qui en fait des cibles désignées du terrorisme islamique, échappent totalement aux préoccupations de l'idéologie *woke*. Est-ce un oubli ? une distraction ? ou un aveu ? On n'a pas entendu non plus ses militants à propos des femmes afghanes ou des fillettes enlevées par Boko Haram.

Il faut dire qu'il y a d'autres urgences : *Mediapart* a récemment consacré une longue étude aux chansons de Georges Brassens, pour en condamner le machisme et la misogynie. On pourrait croire que c'est absurde et dérisoire. Il n'en est rien. Les chansons de Brassens sont des propriétés collectives qui génèrent du lien entre les individus les plus divers. Or, c'est précisément ce lien que le « wokisme » veut rompre en faisant de chacun la victime de tous.

On le voit, le « wokisme » est plus subtil qu'il ne paraît. Le statut de victime dépend de la nature de l'agresseur. S'il s'agit d'une personne racisée qui maltraite une personne non racisée, cette dernière ne peut être considérée comme une victime, contrairement à son agresseur, qui l'est par nature, un peu comme Obélix avec la potion magique parce qu'il est tombé dedans quand il était petit.

Le « wokisme » est un mouvement politique. Chaque manifestation de « wokisme » – professeur de l'université Evergreen contraint de démissionner et de fuir, pièces de théâtre déprogrammées, œuvres littéraires mises à l'index, accusation de racisme systémique dans la police française, etc. – envoie des wagons d'électeurs vers l'extrême droite. La victoire la plus spectaculaire du mouvement *woke* en Amérique a été l'élection de Donald Trump. On pourrait croire à première vue que la manœuvre est aberrante. Pas du tout. Le but du penseur *woke* est de provoquer des situations dramatiques qui prouveront, *a posteriori*, qu'il avait raison de les dénoncer *a priori* avant même qu'elles existent. Si, depuis longtemps, les partis populistes et racistes ont intégré dans leur stratégie tous les bénéfices qu'ils peuvent tirer du « wokisme », ce dernier y voit aussi son avantage. Si l'extrême droite arrive au pouvoir, le nombre de victimes explosera et permettra au « wokisme » un développement inespéré.

L'individu *woke* est convaincu qu'il est né avec le big bang. L'univers commence avec lui. Avant lui, il n'y avait rien. Tout ce qui a précédé sa naissance, et que, par ailleurs, il ignore superbement, est à la fois mal et non avenu. Cela peut sembler contradictoire, mais c'est comme ça. C'est d'ailleurs la devise *woke* : « C'est comme ça. »

Précisons qu'il va de soi que le racisme, le machisme, les inégalités de traitement en fonction des origines ou des choix des individus et toutes sortes de discriminations existent. On est bien obligé d'admettre que, depuis quelques générations, la conscience qu'en ont prise les sociétés démocratiques les a notablement réduites. On peut regretter la lenteur avec laquelle s'abolissent les préjugés, mais aussi se réjouir de leur ringardisation qui semble inéluctable. C'est tout le problème du « wokisme », pour lequel l'individu ne parvient à la plénitude de l'être qu'en accédant au statut de victime tel qu'il est défini par l'idéologie, c'est-à-dire ni Blanc ni Juif. C'est la raison pour laquelle il n'y a jamais aucune raison de se réjouir. C'est interdit. Reconnaître la bonne volonté de l'adversaire, passer l'éponge et sortir des verres pour arroser ça est inimaginable dans l'idéologie *woke*. Cela signifierait qu'en prenant une part de responsabilité – par exemple, en reconnaissant les problèmes que pose le séparatisme dans les sociétés pluralistes – on devient capable de résoudre un conflit par soi-même. Plutôt crever.

WOODY ALLEN

Célèbre réalisateur de cinéma américain, accusé par son ex-femme, Mia Farrow, d'abus sexuels sur ses enfants. Si Woody Allen a sa place dans un dictionnaire philosophique d'aujourd'hui, ce n'est pas tant parce qu'il a réalisé quelques très bons films que parce qu'il est un cas d'école. Poursuivi par des accusations infamantes, il a rencontré toutes les difficultés possibles pour publier ses Mémoires aux États-Unis, et son éditeur français habituel y ayant renoncé, c'est Stock qui a fini par les publier. Leur lecture est édifiante. Woody Allen y rapporte le résultat des enquêtes de police et des décisions de justice concernant les accusations dont il fait l'objet. Elles le blanchissent définitivement. On peut toujours penser que Woody Allen a réussi à berner la police et les tribunaux, mais, vu les circonstances et les dispositions actuelles de la justice américaine dans ce genre d'affaires, les probabilités sont minces que Woody Allen ait pu bénéficier d'une quelconque négligence ou d'une bienveillance coupable.

Certes, aux yeux de l'opinion qui, instinctivement, avale goulûment tout ce qui la conforte, que Woody Allen se soit marié avec une fille adoptive *adulte* de Mia Farrow n'est pas pour arranger son cas. Sauf que ça n'a strictement rien à voir, ni psychologiquement, ni humainement, ni juridiquement. Par ailleurs, même s'il existe divers profils pédophiles, on ne trouve dans la vie et dans l'œuvre de Woody Allen ni une quelconque attirance destructrice pour les enfants, ni l'aveuglement narcissique qui sont les points communs de la plupart des pédophiles. Woody Allen n'a pas choisi un métier qui le met en contact avec des enfants, et ses films racontent au contraire des histoires d'amour avec des actrices adultes parfaitement maîtresses de leur charme et de leur humour.

Pour les cinéphiles, Woody Allen est un des plus grands cinéastes de son époque. Pourtant, et bien qu'il ait été innocenté par une des justices les plus sévères du monde en la matière, l'œuvre et l'homme ont désormais le statut de parias. Les dessins satiriques, les blagues, les allusions diffamatoires s'attachent à son nom et le poursuivront sans doute, vu son âge, jusqu'à la mort.

Imaginons qu'il soit vraiment innocent, comme c'est probablement le cas, et comme la justice l'a reconnu. Tentons de nous mettre cinq minutes dans la peau d'un Woody Allen innocent faisant l'objet d'accusations infamantes dans le monde entier. Imaginons que l'opinion, comme il arrive souvent, fasse erreur. Imaginons les amis qui n'en sont plus vraiment, les proches qui s'éloignent, les producteurs qui ne répondent plus au téléphone, votre boulanger, d'ordinaire affable, qui vous rend la monnaie froidement, les gens qui se chuchotent on ne sait quoi à l'oreille en vous désignant quand vous passez dans la rue… Le monde s'écroule et il faut rester debout. « En attendant, écrit Woody Allen, la presse m'assimila à une flopée d'hommes inculpés et reconnus coupables de crimes sexuels, ou accusés d'avoir harcelé quantité de femmes en de nombreuses occasions, bien que, dans mon cas, on ait conclu au caractère infondé des charges. » Vous avez quatre-vingts ans et il faut tout recommencer de zéro, sans baisser la tête.

Et pour nous, pour le public, quelle perte ! Verra-t-on plus jamais un film de Woody Allen sans penser à l'infamie supposée de l'auteur ? En doutant de l'innocence de Woody Allen, on perd l'innocence de tout spectateur devant un bon film. On perd aussi une admiration affectueuse. Les artistes sont des gens que l'on connaît rarement personnellement, mais qui parfois nous sont aussi proches que des intimes pour la confiance qu'on leur fait.

Aujourd'hui, de nombreuses célébrités sont accusées de délits sexuels, parfois à raison, mais « quelquefois » à tort. Ce sont ces « quelques fois » qui posent un problème, parce que ces « quelques fois », si elles ne connaissent pas le même sort pénal que les coupables, partagent avec eux la même mise à mort par l'opinion.

Et comme ce genre d'affaires se multiplie, il apparaît que ces mises à mort sont un scandale démocratique : elles contreviennent au fondement de notre droit.

Comment sortir de ce processus qui, en se répétant, finit par rendre acceptable l'inacceptable ? Si l'accusé innocent est un inconnu et qu'il est blanchi, comme l'a été Woody Allen, l'affaire est terminée. C'est un souvenir pénible, mais la vie reprend. Si l'accusé est une grande vedette, une personnalité en vue ou un artiste de renommée mondiale, l'accusation qui se révèle infondée n'a pas les mêmes conséquences. Le soupçon adore la célébrité, et il ne démordra plus jamais s'il plante ses crocs dans une personnalité publique. Brûler ce que l'on a admiré est la plus autovalorisante des vengeances de l'amour, parce qu'on y devient enfin supérieur à ce qu'on admirait.

On ne peut que se réjouir profondément et se rassurer sur les progrès possibles de la nature humaine quand on constate que les crimes sexuels, qui faisaient autrefois l'objet d'un silence criminel, sont désormais dénoncés et sanctionnés par les tribunaux. La question n'est pas là.

La question est celle, au mieux de l'indifférence, ou au pire de la gourmandise, que suscite le châtiment de l'innocent, châtiment qui est à l'origine de tous les crimes contre l'humanité. En l'occurrence, l'opinion est coupable, mais comment ne pas se demander comment elle se nourrit ? Ne serait-il pas urgent de réfléchir à la manière journalistique de présenter ces affaires spécifiques qui touchent des gens célèbres ? Non pas parce qu'ils doivent bénéficier d'un privilège, mais au contraire parce que leur position dans la société les expose à l'incalculable préjudice d'un opprobre public auquel le commun des mortels n'est pas confronté. Et surtout, une fois l'innocence avérée, ne faudrait-il pas que soient suffisants le temps passé à faire circuler l'information et la qualité des commentaires afin de laver définitivement le soupçon ? Ça n'est nullement le cas aujourd'hui, où le moment de l'accusation est infiniment plus bruyant que le moment de la réhabilitation, ne serait-ce qu'à cause du nombre de commentateurs qui se sont légèrement trompés, et qui préfèrent parler d'autre chose.

On pourrait citer le cas de Kevin Spacey, qui connut le préjudice d'un boycott immédiat et d'un énorme nombre d'heures de suspicion médiatique, lui aussi innocenté, mais dont la réhabilitation n'a pas tenu plus d'une journée dans les médias et n'a pas dépassé l'entrefilet dans la presse. Pourtant, ces mises au pilori explosives, suivies d'une réhabilitation aussi discrète qu'inefficace, sont un sujet de réflexion dont l'actualité et la gravité devraient susciter quelques tribunes de politiques, de juristes, de sociologues et de philosophes. Ce somnambulisme n'est pas un signe de bonne santé intellectuelle.

Les Mémoires de Woody Allen ne sont pas très drôles. On le sent moins pétillant que de coutume, mais on comprend pourquoi. Il n'en ressort pas particulièrement sympathique, ni antipathique d'ailleurs. On dirait qu'il se sauve parce qu'au fond de lui rien n'est plus important que le cinéma, la création, l'invention. Sa vie déborde de travail et il ne peut pas s'en passer. Il ne trouve plus d'argent en Amérique, l'Europe lui fait encore suffisamment crédit pour qu'il puisse continuer à tourner. Mais c'est en vain que, dans ce gros livre, on cherchera à collectionner les bons mots et les trouvailles. Contrairement à son habitude, sa part extraordinaire n'étant plus sortable, il y dévoile sa part ordinaire d'être humain absorbé par la tâche austère de fabriquer de la fantaisie avec ses angoisses. Il ne se montre pas comme quelqu'un de particulièrement généreux ni aimable. Pourtant, il n'a pas pu s'empêcher d'offrir au lecteur deux ou trois bonnes blagues, comme quoi il est sans doute meilleur qu'il ne paraît. Dans le dernier chapitre, il écrit qu'après son incinération il voudrait qu'on disperse ses cendres près d'une pharmacie.

Difficile de trouver plus profondément athée que Woody Allen. C'est donc pour rire, et seulement pour rire, qu'il imagine qu'après la mort il risque d'avoir encore besoin d'un Lexomil. Surtout s'il continue à lire le *New York Times*, qui n'a jamais jugé opportun de douter un moment de sa culpabilité.

La question est béante : quand l'opinion dresse un pilori parce qu'elle ne prend pas l'information au sérieux, où, quand, comment et pourquoi le journalisme a-t-il failli ? Est-ce l'impopularité numérique et les tsunamis d'opinions aberrantes dans les réseaux sociaux qui tétanisent les rédactions ? ou les actionnaires ? ou les journalistes vedettes qui risquent chaque jour de connaître le même sort ? C'est l'hypothèse optimiste. L'hypothèse pessimiste, c'est qu'on se délecte tellement de ces mises à mort civiles de célébrités qu'on n'a pas trop envie de savoir si elles sont justifiées. Voir tomber les grands rassure les petits. Ce n'est pas pour surprendre Woody Allen, qui note dans ses Mémoires : « Je considérais la vie comme tragique ou comique selon mon taux de glycémie, mais je l'ai toujours tenue pour absurde. »

ZOLA (ÉMILE)

Z

ZOLA (ÉMILE)

Écrivain français qui arrive vers la fin d'un arc miraculeux dans l'histoire de l'art littéraire, qui commence avec Chateaubriand et Victor Hugo et s'achève avec Proust et Apollinaire. Grands et petits maîtres, tous eurent un moment de génie. Cette période s'étend de la mort de Robespierre – et des premiers chapitres des *Mémoires d'outre-tombe* – à la fin de la Grande Guerre – aux dernières lignes d'*À la recherche du temps perdu*. Entre-temps passent Napoléon, la Restauration, Darwin, Einstein, Nietzsche et Freud. En un siècle et quelques années, on est passé de l'idée de la guillotine épuratrice au divan salvateur. Et ce siècle, en France, fut celui de la littérature et de l'Histoire. Jamais le roman n'eut pareille matière, mais jamais il n'eut pareils auteurs. Après Balzac, qui meurt en 1850, que reste-t-il à raconter ? Une pareille comète ne passe que tous les trois ou quatre siècles. La dernière fois, c'était Shakespeare. Après Balzac, il faut être musicien, ou peintre, mais romancier... Pourtant, ils relèvent le gant, et parmi eux, Zola, lequel s'attaque à une œuvre aussi ambitieuse, par son amplitude, que *La Comédie humaine*. Se rend-on compte de l'athlétique énergie vitale qu'il faut déployer pour offrir à son siècle, à son peuple, à son public – puisqu'il faut l'appeler par son nom – le récit où chacun va retrouver son histoire ? Avant eux, le monde avait six ou sept mille ans, les provinces étaient des horizons, et Dieu avait posé l'humanité sur terre. Au fond, les choses étaient plus simples. Quand ils arrivent, le monde a des millions d'années, tous les continents sont découverts, l'univers est infini, et l'on ne reconnaît aucune cause sérieuse à l'apparition de l'espèce humaine. Tout devient complexe, les peuples, les classes, les langues s'enchevêtrent, les sciences bouleversent tous les savoirs anciens, l'économie et la politique font ménage à trois avec le journalisme... Pour représenter une telle société où palpitent tant de formes mutantes, on comprendrait qu'un peintre figuratif fût tenté par le raccourci de l'abstraction à quoi se résolurent les peintres du siècle suivant. Mais les écrivains du XIXe siècle ont relevé leurs manches, et ils ont peint, avec génie, les détails de cette multitude. À ces artistes, et parmi eux Émile Zola, nous devons toute notre gratitude, parce qu'ils n'étaient pas seulement des romanciers, ils étaient aussi des poètes aux charmes puissants.

Émile Zola, au faîte de la gloire, a pris le risque d'affronter la haine d'un public qui l'adulait en défendant le capitaine Dreyfus, accusé et condamné à tort parce qu'il était juif. Grâce à Zola, Dreyfus a été innocenté. L'affaire a pris des années, et Zola ne vécut pas assez pour en connaître la fin. En revanche, il connut l'exil et les injures. On peut se demander à quoi sert la philosophie. Elle peut au moins servir à désirer avoir en soi quelque chose d'Émile Zola. Pourquoi ? C'est Anatole France, dans l'éloge qu'il prononça sur sa tombe, qui répond à la question : parce qu'« il fut un moment de la conscience humaine ».

Références

Ah !

- Léo Ferré, « Avec le temps ».
- Ricky Gervais dans *The Late Show With Stephen Colbert*, épisode n° 283 du 1er février 2017 sur CBS.
- Guillaume Apollinaire, *Calligrammes. Poèmes de la paix et de la guerre (1913-1916)*, « L'adieu du cavalier ».

Algorithme

— André Gide, *Les Faux-monnayeurs*, partie III, chap. 14.

Amour

— Baruch Spinoza, *Éthique*, III, 13, scolie, « *Amor nihil aliud est, quam laetitia, concomitante idea causae externae* ».
— Dante Alighieri, *La Divine Comédie*, Le Paradis, Chant 33 : « *L'amor che move il sole e l'altre stelle* ».

Art

— Baruch Spinoza, *Éthique*, V, théorème 29ff.
— Henri Bergson, *Le Rire. Essai sur la signification du comique*, chap. III, 1.

Beauté

— Charles Baudelaire, *Les Fleurs du mal*, « La beauté ».

Boomer

— Georges Brassens, « Hécatombe ».
— Clément Rosset, *Loin de moi. Étude sur l'identité*, Minuit, 1999, p. 86.
— Clément Rosset, *La Force majeure*, Minuit, 1983, p. 102.

Colonisation

— Michel de Montaigne, *Essais*, livre I, chap. 31 « Des cannibales ».

Culture

— Hanns Johst, *Schlageter*, acte I, scène 1. Reprise et adaptation par plusieurs dignitaires nazis de la phrase originale : « *Wenn ich Kultur höre... entsichere ich meinen Browning !* » (« Quand j'entends parler de culture... je relâche la sécurité de mon Browning ! »).
— William Shakespeare, *Le Marchand de Venise*, acte III, scène 1, trad. Jean-Michel Desprats.
— François Villon, « Ballade des pendus ».

Divertissement

— Blaise Pascal, *Pensées*, Brunschvicg 168.
— *Ibid.*, 142.
— *Ibid.*, 62.
— *Ibid.*, 63.
— *Ibid.*
— *Ibid.*, 60.

Drogue

— Charles Baudelaire, *Les Fleurs du mal*, « Épigraphe pour un livre condamné ». Avec le vers à la deuxième personne du singulier : « Et vas cherchant ton paradis ».
— Charles Baudelaire, *Le Spleen de Paris* ou *Petits poèmes en prose*, 33, « Enivrez-vous ».

— Michel de Montaigne, *Essais*, livre III, chap. 9 « De la vanité ».
— Friedrich Nietzsche, *Ainsi parlait Zarathoustra*, IV, « La chanson ivre », 12.

Écologie

— Ernst Haeckel, *Generelle Morphologie der Organismen*, Berlin, 1866, vol. II, chap. « *Oecologie und Chorologie* », p. 286. Ouvrage non traduit en français.
— Alexis Carrel, *L'Homme, cet inconnu*, édition de 1935, chap. 8, 7, p. 238. « Nous ignorons tout de la genèse du génie. Nous ne savons pas comment déterminer dans le plasma germinatif une évolution progressive, comment provoquer, par des mutations appropriées, l'apparition d'êtres supérieurs. Nous devons nous contenter de favoriser l'union des meilleurs éléments de la race par le moyen indirect de l'éducation, par certains avantages économiques. »
— Alexis Carrel, *L'Homme, cet inconnu*, édition de 1943, p. 389. « Le conditionnement des criminels les moins dangereux par le fouet, ou par quelque autre moyen plus scientifique, suivi d'un court séjour à l'hôpital, suffirait probablement à assurer l'ordre. Quant aux autres, ceux qui ont tué, qui ont volé à main armée, qui ont dépouillé les pauvres, un établissement

euthanasique, pourvu de gaz appropriés, permettrait d'en disposer de manière humaine et économique. Le même traitement ne serait-il pas applicable aux fous qui ont commis des actes criminels ? Il ne faut pas hésiter à ordonner la société moderne par rapport à l'individu sain. »
— William Shakespeare, *Macbeth*, acte V, scène 5.

Égalité

— On confond souvent le *Manifeste des égaux*, de Sylvain Maréchal, avec le *Manifeste des plébéiens*, de Babeuf. Et c'est souvent aussi que l'on attribue le *Manifeste des égaux* à Babeuf. C'est pourtant Sylvain Maréchal qui en est l'auteur.
— Jean-Jacques Rousseau, *Discours sur l'origine et les fondements de l'inégalité parmi les hommes*, seconde partie.
— Karl Marx et Friedrich Engels, *Manifeste du parti communiste*, II. « Prolétaires et communistes ».

Europe

— Jean Monnet, *Allocution au National Press Club*, Washington, 30 avril 1952, fac-similé consultable sur http://aei.pitt.edu/14364/1/S4.pdf
— Paul Valéry, *La Crise de l'esprit*, deuxième lettre.

— Jorge Luis Borges, *Atlas*, « Le commencement », trad. Françoise Rosset, Paris, Gallimard, 1988.
— Charles Baudelaire, *Les Fleurs du mal*, « Épigraphe pour un livre condamné ». Avec le vers à la deuxième personne du singulier : « Et vas cherchant ton paradis ».
— Nietzsche, *Humain, trop humain*, II, « Le voyageur et son ombre », 6, trad. Henri Albert.

Genre

— William Shakespeare, *La Tempête*, acte IV, scène 1, trad. Pierre Leyris, Flammarion, coll. « Garnier Flammarion/Théâtre bilingue », 1993, p. 224.

Identité

— William Shakespeare, *Othello*, acte I, scène 1.

Innocent

— Lewis Carroll, *Les Aventures d'Alice au pays des Merveilles*. En divers chapitres, surtout au chapitre 8.

Interprète

— Isaac Newton, *Principes mathématiques de la philosophie naturelle*, chap. « Axiomes, ou lois du mouvement », première loi, trad. du latin par Émilie du Châtelet.

— Marcel Proust, *La Prisonnière*, chapitre premier, Gallimard, 1923, p. 231-232.
— *Ibid.*, p. 233.

Journaliste

— Honoré de Balzac, *Illusions perdues*, IIe partie « Un grand homme de province à Paris ».
— Michel de Montaigne, *Essais*, livre II, chap. 10, « Des livres », éd. Gallimard Quarto.
— Nietzsche, *Fragments posthumes*, Été-automne 1882 : 3[1], 168. « Encore un siècle de journaux, et tous les mots pueront. » [« *Noch ein Jahrhundert Zeitungen – und alle Worte stinken.* »] Écho à *Ainsi parlait Zarathoustra*, « De la lecture et de l'écriture » : « Encore un siècle de lecteurs, et l'esprit lui-même puera. » [« *Noch ein Jahrhundert Leser – und der Geist selber wird stinken.* »]

Juif

— Shakespeare, *Hamlet*, acte III, scène 1, trad. André Gide.

Laïcité

— Jean de La Fontaine, « Le chartier embourbé ».

Martin Luther King

— James M. Washington, *The Essential Writings and Speeches of Martin Luther King*, Harper, San Francisco, 1991, p. 16 à 20.

Moi

— Blaise Pascal, *Pensées*, Brunschvicg 455.
— René Descartes, *Discours de la méthode pour bien conduire sa raison et chercher la vérité dans les sciences*, IVe partie.

Morin (Edgar)

— Edgar Morin, « Du mythe chinois », *Arguments*, n° 23, 3e trimestre 1961.

Musique

— Mozart, *Les Noces de Figaro*, acte 1, n° 6.

Nature

— Héraclite, *Fragments*, 123.
— Montaigne, *Essais*, livre III, chap. 2, « Du repentir ».

Pape

— Évangile selon saint Matthieu, chap. 16, versets 17-18.

— *Ibid.*, chap. 26, verset 34.
— *Ibid.*, chap. 19, verset 24.

Religion

— Freud, *L'Avenir d'une illusion*, chap. 10, trad. Marie Bonaparte, revue par l'auteur, 1932.

Réseaux sociaux

— René Descartes, *Discours de la méthode pour bien conduire sa raison et chercher la vérité dans les sciences*, IVe partie.
— Mme de Sévigné à Mme de Grignan, lettre du 15 janvier 1690.

Résilience

— Guillaume Apollinaire, *Calligrammes. Poèmes de la paix et de la guerre (1913-1916)*, « L'adieu du cavalier ».

Terrorisme

— Frantz Fanon, *Les Damnés de la terre*, préface de Jean-Paul Sartre, Maspero, 1961.

Woody Allen

– Woody Allen, *Soit dit en passant. Autobiographie*, trad. Marc Anfreville et Antoine Cazé, Stock, 2020.

Zola (Émile)

– Anatole France, *Discours sur la tombe d'Émile Zola*, 5 octobre 1902.

Table des matières

B

C

D

E

N

O

P

R

S

T

V

W

Z

Composition et mise en pages
Nord Compo, à Villeneuve-d'Ascq

Achevé d'imprimer en mars 2022
sur les presses de Normandie Roto Impression s.a.s.
61250 Lonrai
N° d'impression : 2201348

Imprimé en France

IMPRIM'VERT

PEFC™
10-31-2541

Certifié PEFC

Ce produit est issu de forêts gérées durablement et de sources contrôlées

www.pefc-france.org